COURS D'ADMINISTRATION

à l'usage spécial

DE MM. LES OFFICIERS

PROPOSÉS POUR LE GRADE DE MAJOR

Par M. GRANDAMY

APPENDICE

A LA DEUXIÈME ÉDITION

POUR RÉPONDRE AU PROGRAMME DU 3 OCTOBRE 1865,
INSÉRÉ AU JOURNAL MILITAIRE OFFICIEL

(2e semestre 1865, page 260).

PARIS,
LIBRAIRIE MILITAIRE.
J. DUMAINE, LIBRAIRE-ÉDITEUR DE L'EMPEREUR,
Rue et Passage Dauphine, 30.

1866

APPENDICE

AU

COURS D'ADMINISTRATION

à l'usage spécial

DE MM. LES OFFICIERS

PROPOSÉS POUR LE GRADE DE MAJOR

Paris. — Imprimerie de Cosse et J. Dumaine, rue Christine, 2.

COURS D'ADMINISTRATION

à l'usage spécial

DE MM. LES OFFICIERS

PROPOSÉS POUR LE GRADE DE MAJOR

Par M. GRANDAMY

APPENDICE

A LA DEUXIÈME ÉDITION

POUR RÉPONDRE AU PROGRAMME DU 3 OCTOBRE 1865,
INSÉRÉ AU JOURNAL MILITAIRE OFFICIEL

(2ᵉ semestre 1865, page 260).

PARIS,
LIBRAIRIE MILITAIRE.
J. DUMAINE, LIBRAIRE-ÉDITEUR DE L'EMPEREUR,
Rue et Passage Dauphine, 30.

1866

AVERTISSEMENT.

Le programme des connaissances exigées des capitaines proposés pour l'avancement, et présentés spécialement pour les fonctions de major, ayant été modifié par décision ministérielle du 3 octobre 1865, *Journal militaire*, page 260, il était devenu nécessaire de compléter le Cours d'administration à l'usage spécial de MM. les capitaines proposés pour le grade de major, afin que ces officiers pussent, comme par le passé, trouver toutes les parties du programme réunies dans un seul ouvrage.

Nous publions aujourd'hui un Appendice à cet ouvrage.

Cet Appendice est divisé en deux parties.

La première partie comprend, outre toutes les matières nouvelles du programme, qui ont été traitées avec les développements qu'elles comportent, certaines parties telles que : le *recrutement*, la *dotation de l'armée*, les *pensions militaires*, etc., qui étaient traitées d'une manière succincte et qui ont été refaites.

La deuxième partie comprend, sous forme d'*errata*, toutes les modifications qui ont été apportées aux matières de l'ancien programme, depuis l'impression de l'ouvrage, en 1863.

Un renvoi portant indication de la page et de la ligne

fait connaître à quelle partie du Cours elles doivent être ajoutées.

Le *Cours d'administration*, ainsi complété à l'aide de l'*Appendice*, pourra servir non-seulement à MM. les officiers proposés pour les fonctions de major; mais à tous ceux qui s'occupent d'administration, et en particulier aux officiers chargés de faire le cours aux sous-officiers, car il évitera aux uns et aux autres des recherches minutieuses dans tous les numéros du *Journal militaire officiel*, puisqu'ils y trouveront tout ce qui a rapport aux matières ci-après ainsi réparties :

Cours d'administration.	Pages.	*Appendice.*	Pages.
		Première partie.	
Etat civil des militaires	44	Recrutement	1
Casernement	68	Dotation de l'armée	26
Lits militaires	92	Comptabilité spéciale de la dotation	41
Campement	114		
Logement chez l'habitant	119	Administration des jeunes soldats de la deuxième portion du contingent	47
Hôpitaux	130		
Transports généraux	174		
Subsistances	204	Pensions militaires	60
Chauffage et éclairage	235	Gratifications renouvelables	76
Solde et Revues	263	Avancement	83
Administration et comptabilité	381	Justice militaire	118
Gestion des ordinaires	449	Etat des officiers	135
Habillement	486	Blanchissage du linge de la troupe	146
Armement	530	Service de marche	150
		Feuilles de route	150
		Frais de route des militaires isolés	155
		Convois militaires	162
		Ecoles régimentaires	171
		Deuxième partie.	
		Annotations et modifications survenues depuis 1863	177

Programme des connaissances exigées des capitaines proposés pour l'avancement et présentés spécialement pour les fonctions de major, substitué à celui du 11 août 1857.

Paris, 3 octobre 1865, *Journal militaire*, p. 260.

EXAMEN ORAL.

RECRUTEMENT.

Formation du contingent.	Loi du 21 mars 1832.
Immatriculation	Instruction du 20 mars 1832.
Libération.	Instruction du 4 juillet 1832.
Deuxième portion du contingent	Circulaire ministérielle du 10 janvier 1864.
Envoi dans la réserve.	Instruction du 28 juillet 1844.
Dotation de l'armée	Loi du 26 avril 1855.
	Décret impérial du 9 janvier 1856.
Rengagements	Loi du 24 juillet 1860.
Engagements après libération	Décret du 6 octobre 1860.
Remplacements.	Instruction du 24 juillet 1860.

AVANCEMENT.

Avancement	Loi du 14 avril 1832.
	Ordonnance du 16 mars 1838.

PENSIONS ET SECOURS.

Pensions militaires	Loi du 11 avril 1831.
	Ordonnance du 2 juillet 1831.
	Loi du 5 juillet 1861.
	Instruction ministérielle du 11 août 1861.
Gratifications renouvelables.	Instruction ministérielle du 26 janvier 1857.
	Décret du 20 août 1864.
	Circulaire ministérielle du 24 décembre 1864.

JUSTICE MILITAIRE.

Organisation des tribunaux militaires. .	Code de justice militaire du 9 juin 1857 (livres 1er et 2e).
Compétence des tribunaux militaires. . .	
Poursuite des déserteurs et des militaires en état de fuite.	Circulaires des 16 février, 16 septembre 1847 et 11 juin 1854.

ÉTAT CIVIL.

Constatation de la naissance des enfants des militaires.	
Constatation du mariage des militaires . . .	
Constatation du décès des militaires . . .	Instruction du 8 mars 1823.
Actes concernant les militaires hors de l'Empire.	Circulaire du 17 août 1831.
Actes conservatoires des intérêts de ces militaires.	

ÉTAT DES OFFICIERS.

Activité...............	
Disponibilité...........	
Réforme................	Loi du 19 mai 1834.
Non-activité............	
Conseils d'enquête.......	Ordonnance du 21 mai 1836.

CASERNEMENT.

Organisation des logements et des accessoires de casernement dans les pavillons et dans les casernes..	
Ameublement des pavillons et des casernes..	Titres 4, 5, 6, 7 et 8 du règlement du 30 juin 1856.
Occupation des pavillons et des casernes par les troupes........	
Evacuation des pavillons et des casernes...	

LITS MILITAIRES.

Composition des fournitures et demi-fournitures, distributions, rechanges, réintégration dans les magasins.........	Instruction du 2 novembre 1841. Marché en cours d'exécution.

CAMPEMENT.

Prestations................	Règlement du 11 juin 1811.
Mode d'exécution du service.......	Règlement du 25 janvier 1845.

LOGEMENT CHEZ L'HABITANT.

Règles à observer.—Ce que doivent les habitants aux militaires logés chez eux...	Loi du 10 juillet 1791. Règlement du 20 juillet 1824.

HÔPITAUX.

Admission des malades et leur mouvement dans les hôpitaux militaires......	
Disposition des effets et des armes des militaires malades, morts et évadés.....	Titres 5 et 7 du règlement du 1ᵉʳ avril 1831.

SERVICE DE MARCHE.

Frais de route des militaires isolés.	Principes d'allocation......	1ʳᵉ partie de l'ordonnance du 20 décembre 1837 (titres 1, 3, 5, et chapitres 1, 2 et 3 du titre 6).
	Application de ces principes aux parties prenantes......	
	Paiement des mandats et délivrance des effets......	2ᵉ partie de la même ordonnance. Décret du 15 juin 1853.
	Régularisation dans les corps de troupes........	*Instruction provisoire du 31 août 1863.*
Transports généraux de la guerre......		*Traité du 2 septembre 1861.*
Convois militaires............		*Instruction du 3 mai 1863.*

SUBSISTANCES MILITAIRES.

Distributions...............	Titres 4 et 5 du règlement du 1ᵉʳ septembre 1827.
Totalisations...............	
Expertises.................	
Nature et qualité des denrées.......	Formules des principaux cahiers.
Vivres de campagne...........	Cahiers des charges employés pour l'exécution du service des subsistances militaires (*Journal militaire* de 1854, nᵒ 62).
Liquides...................	
Fourrages..................	
Approvisionnement de siége.......	

CHAUFFAGE ET ÉCLAIRAGE.

Allocations aux troupes..........	Chapitres 2, 3 et 4 de l'instruction du 30 juin 1840.
Allocations aux corps de garde......	
Totalisations...............	
Mode d'exécution de service.......	

ADMINISTRATION ET COMPTABILITÉ.

Ensemble des dispositions sur l'administration et la comptabilité des corps de troupes.	Ordonnance du 10 mai 1844.
Habillement...............	Circulaire ministérielle du 15 décembre 1846. Cahier des charges des 29 mai 1850, 14 octobre 1854 et 2 novembre 1860. Instruction du 17 juin 1854.
Armement................	Règlement du 1ᵉʳ mars 1854.
Administration des jeunes soldats de la deuxième portion du contingent...	Règlement du 27 décembre 1860. Circulaire ministérielle du 26 août 1861 (administration et comptabilité); Circulaire ministérielle du 26 août 1861 (habillement).
Comptabilité spéciale de la dotation dans les corps de troupes..........	Instruction du 4 décembre 1863.
Ecoles régimentaires..........	Règlement du 28 décembre 1835.
Ordinaires................	Ordonnance du 2 novembre 1833. Règlement du 14 décembre 1861.

SOLDE ET REVUES.

Définitions générales du service de la solde.	1ʳᵉ partie, titres 1, 2 et 3. 2ᵉ partie, titres 1, 2, 3 et 4. 3ᵉ partie, titres 1, 2 et 3 de l'ordonnance du 25 décembre 1837.
Diverses positions............	
Prestations en deniers..........	
Prestations en nature...........	
Tenue des contrôles des hommes et des chevaux.	
Etablissement des feuilles de journées...	
Revues...................	
Décomptes de libération.........	

COMPOSITIONS ÉCRITES.

Le sujet des compositions écrites sera pris dans diverses parties de service indiquées au présent programme.

Ce sujet, qui devra être le même pour tous les candidats, sera tiré au sort dans une série préparée à l'avance par le président.

La commission indiquera la forme à donner au sujet, qui devra être traité séance tenante, sans le concours d'aucun livre, règlement ou instruction.

NOTA. MM. les capitaines, proposés pour le grade de major, sont prévenus que tous les règlements nouveaux, en tant qu'ils se rapporteront à l'administration intérieure des corps, feront partie du programme d'examen, dès l'année qui suivra leur promulgation.

PREMIÈRE PARTIE.

SUPPLÉMENT

AU

COURS D'ADMINISTRATION.

RECRUTEMENT.

L'armée se recrute par des appels, des engagements volontaires, des rengagements et des engagements volontaires après libération.

La loi du 21 mars 1832 et celle du 26 avril 1855 sont les deux principales lois qui fixent les règles d'après lesquelles s'opère le recrutement de l'armée ; elles sont le complément l'une de l'autre.

La loi de 1832 pose en principe que nul n'est admis à servir dans les troupes françaises, s'il n'est Français ou naturalisé, et que tout Français se doit à la défense de son pays ; elle fixe la durée du service à sept ans. Elle autorisait les jeunes gens, définitivement compris dans le contingent cantonal, à se faire remplacer ; mais ce mode de remplacement a été supprimé par la loi du 26 avril 1855 qui crée une dotation de l'armée.

Les jeunes gens compris dans le contingent annuel obtiennent l'exonération du service au moyen de prestations versées à la Caisse de la dotation et destinées à assurer leur remplacement dans l'armée par la voie du rengagement d'anciens militaires.

En cas d'insuffisance du nombre des rengagements et des engagements volontaires après libération comparé à celui des exonérations, des remplacements sont effectués par voie administrative.

Tous les ans, le Corps législatif fixe la force du contingent appelé pour le recrutement de l'armée.

Le contingent est formé après une série d'opérations auxquelles concourent les autorités civiles et militaires.

Ces opérations peuvent se diviser en trois groupes distincts : *opérations préliminaires, formation du contingent, versement du contingent dans l'armée.*

OPÉRATIONS PRÉLIMINAIRES.

Établissement, examen et rectification des tableaux de recensement.

(Voir l'Instruction du 26 novembre 1845, relative aux opérations préliminaires pour la formation des contingents annuels.)

Les maires procèdent, chaque année, dans le mois de décembre, au recensement des jeunes gens nés ou domiciliés dans leur commune, qui ont atteint ou atteindront l'âge de vingt ans pendant le cours de l'année, et en dressent la liste par ordre alphabétique autant que possible.

Cette liste, complétée et annotée au moyen de tous les renseignements qu'ils peuvent se procurer, sert à faire les premières inscriptions sur la minute du tableau de recensement qui doit être ouvert dans chaque commune, le 1er janvier suivant, et sur lequel sont portés les jeunes gens qui, ayant l'âge requis, ont leur domicile légal dans le canton :

1° Sur la déclaration à laquelle sont tenus les jeunes gens, leurs parents ou tuteurs;

2° D'office d'après les registres de l'état civil et de tous autres documents ou renseignements.

Les tableaux sont publiés et affichés dans chaque commune, et un avis, publié dans les mêmes formes, indique le jour et le lieu où il sera procédé à leur examen et au tirage au sort.

Examen et rectification des tableaux de recensement par le sous-préfet assisté des maires.

Cet examen se fait au chef-lieu de canton, en séance publique, devant le sous-préfet assisté des maires du canton.

Le tableau est lu à haute voix; les jeunes gens, leurs parents ou ayants cause sont entendus dans leurs observations.

Le sous-préfet statue après avoir pris l'avis des maires, et le tableau rectifié, s'il y a lieu, est définitivement arrêté et revêtu de leurs signatures. Les jeunes gens omis sont inscrits sur le tableau de l'année qui suit celle où l'omission a été découverte, à moins qu'ils n'aient trente ans accomplis.

Si l'omission était le résultat de manœuvres frauduleuses, les jeunes gens pourraient être poursuivis judiciairement et punis d'un emprisonnement de six mois à un an. Dans le cas de condamnation, les premiers numéros leur sont en outre attribués.

Opération du tirage au sort.

Les opérations du tirage au sort commencent alors immédiatement. Les communes tirent dans l'ordre indiqué par le sort; les jeunes gens, ou à leur défaut leurs parents ou le maire, dans l'ordre alphabétique du tableau.

Le sous-préfet, après s'être assuré que le nombre des numéros est égal à celui des jeunes gens inscrits, retire les premiers numéros et les affecte aux jeunes gens omis les années précédentes et condamnés pour fraude.

La liste par ordre de numéro est dressée au fur et à mesure du tirage; il est fait mention des cas et motifs d'exemption ou de déduction que les jeunes gens se proposent de faire valoir devant le conseil de révision; le sous-préfet ajoute ses observations.

L'opération du tirage achevée est définitive et ne peut être recommencée sous aucun prétexte.

S'il arrivait que le nombre des jeunes gens fût supérieur à celui des numéros déposés dans l'urne, ceux qui n'auraient pas eu de numéro seraient dégagés de leurs obligations militaires.

La liste du tirage est lue, arrêtée et signée de la même manière que le tableau de recensement et annexée avec ledit tableau au procès-verbal des opérations. Elle est ensuite publiée et affichée dans chaque commune du canton.

Une expédition est envoyée par les sous-préfets au préfet pour servir à la répartition du contingent de la classe.

Le préfet forme un état indiquant, par arrondissement et par canton, le nombre des jeunes gens inscrits sur la liste du tirage de la classe et l'adresse au Ministre de la guerre.

FORMATION DU CONTINGENT.

Répartition du contingent.

Le contingent à fournir, chaque année, pour le recrutement de l'armée, est réparti, par décret impérial, entre les départements, proportionnellement au nombre des jeunes gens inscrits sur les listes du tirage de la classe appelée.

Il est sous-réparti de la même manière par le préfet de chaque département en conseil de préfecture. (Loi du 8 mai 1837.) Le résultat de la répartition et de la sous-répartition est publié et affiché dans chaque commune avant l'ouverture des opérations du conseil de révision.

Opérations des conseils de révision.

Les opérations du recrutement sont revues dans chaque département, par un conseil de révision qui juge en séance publique :

1° Les réclamations auxquelles ces opérations ont pu donner lieu.

2° Les causes d'exemption et de déduction que les jeunes gens ont à faire valoir.

3° Les demandes de remplacement et de substitution entre parents jusqu'au sixième degré et enfin celles d'exonération.

Composition des conseils.

Les conseils de révision sont composés ainsi qu'il suit :

Le préfet, président. (A son défaut un conseiller de préfecture délégué par lui.)

Un conseiller de préfecture.
Un membre du conseil général du département. ⎱ désignés
Un membre du conseil d'arrondissement. . . . . ⎰ par le préfet.
Un officier général ou supérieur (désigné par l'Empereur).

En cas d'absence du préfet, la présidence revient au conseiller de préfecture délégué.

Le membre militaire siége à la droite du président.

Le conseiller de préfecture à la gauche.

Le conseiller général à la droite de l'officier général ou supérieur.

Le conseiller d'arrondissement à la gauche du conseiller de préfecture.

Un membre de l'intendance assiste aux opérations du conseil; il y est entendu toutes les fois qu'il le demande et peut faire consigner ses observations au registre des délibérations.

Sa présence est nécessaire pour valider les opérations; elle est consignée au procès-verbal.

Il se place à la droite du conseil, mais ne siége pas.

Les décisions du conseil ne sont valables que si quatre membres au moins y ont concouru et si elles ont passé à la majorité de trois voix.

S'il survient une circonstance qui empêche le membre militaire de siéger, le conseil de révision doit attendre, pour continuer ses opérations, que le remplacement de ce membre ait été effectué.

Le sous-préfet ou le fonctionnaire par lequel il aurait été suppléé pour les opérations du tirage et les maires doivent assister aux séances du conseil dans l'étendue de leur arrondissement ou du canton. Le sous-préfet a voix consultative.

Tous les membres du conseil et les fonctionnaires qui assistent aux séances doivent être en costume officiel.

L'officier de recrutement suit le conseil dans sa tournée et assiste aux séances, même lorsque les visites des jeunes gens ont lieu à huis clos; il prend note de l'aptitude physique des jeunes gens pour les différentes armes. Il est secondé par un sous-officier spécialement chargé de mesurer la taille des jeunes gens et de donner leur signalement.

Le conseil est assisté par un officier de santé militaire en activité de service et ayant au moins le grade de médecin-major, que désigne l'intendant militaire de la division, après s'être concerté avec le général commandant cette division et avec le préfet du département.

Il convient de ne pas désigner des officiers de santé, pour assister les conseils, dans les départements où ils sont employés.

Avant de commencer son itinéraire, le conseil examine au chef-lieu les jeunes gens étrangers au département et résidant dans ce département, qui en ont fait la demande au plus tard le jour du tirage au sort.

Le résultat de cet examen est envoyé sans perte de temps au préfet du département. (Instruction ministérielle du 18 mai 1840. Art. 30.)

Le conseil de révision doit se transporter dans les divers cantons; toutefois, suivant les localités, le préfet peut réunir dans le même lieu plusieurs cantons pour les opérations du conseil.

L'itinéraire est déterminé par le préfet, et les jeunes gens qui, d'après leur numéro, peuvent être appelés à faire partie du contingent, sont convoqués par des ordres individuels signés par le sous-préfet et remis sans retard par les maires aux familles. S'ils ne se rendent pas à la convocation, ou s'ils ne se font pas représenter, ou s'ils n'obtiennent pas un délai, il est procédé comme s'ils étaient présents.

Exclusions.

Rayés des tableaux de recensement.

Sont exclus des rangs de l'armée :
1° Les individus qui ont été condamnés à une peine afflictive ou infamante.
2° Ceux condamnés à une peine correctionnelle de deux ans d'emprisonnement et au-dessus et qui en outre ont été placés, par le jugement de condamnation, sous la surveillance de la haute police et interdits des droits civiques, civils et de famille.

La loi du 21 mars 1832 indique (art. 13 et 14) les positions diverses donnant droit à l'exemption et à la dispense.

Les exempts sont remplacés dans l'ordre des numéros subséquents. Les dispensés sont considérés comme ayant satisfait à l'appel et comptés numériquement en déduction du contingent à fournir. L'exemption prime la dispense.

On doit engager les jeunes gens à se laisser visiter ; ils doivent être dans un état de propreté convenable.

La visite se fait à huis clos ; l'avis de l'officier de santé qui a visité le jeune homme est lu en public.

Exempts (art. 13).

1° Ceux qui n'ont pas la taille de 1 m. 56.
2° Ceux que leurs infirmités rendent impropres au service.
Ceux qui sont dans une position de famille définie par la loi.
3° Aîné d'orphelins de père et de mère.
4° Le fils unique ou l'aîné des fils, ou, à défaut de fils ou de gendre, le petit-fils unique ou l'aîné des petits-fils d'une femme actuellement veuve, ou d'un père aveugle ou entré dans sa 70° année.
5° L'aîné de deux frères appelés à faire partie du même tirage, si le cadet n'est pas libéré par son numéro et s'il est reconnu propre au service.
6° Celui dont un frère est sous les drapeaux à tout autre titre que pour remplacement.

Observations. — Il faut remarquer que le tableau des militaires considérés comme étant sous les drapeaux comprend :
1° Les jeunes gens qui n'ont pas passé au drapeau et qui ont été laissés dans leurs foyers en attendant leur mise en activité.

2° Les jeunes gens laissés dans leurs foyers comme soutiens de famille.

Ne sont pas considérés comme étant sous les drapeaux : — 1° Les sous-officiers et soldats porteurs de congés d'un an, ou renouvelables, ou de congés de réforme n° 2. (Infirmités antérieures à l'incorporation.)

2° Les gagistes non liés au service.

Dispensés. — Les dispensés ne confèrent pas l'exemption, à moins qu'ils ne renoncent à la dispense.

Militaires rengagés avec prime. — Le rengagé ou l'engagé volontaire après libération, qui accomplit un deuxième ou un troisième rengagement de sept ans, exempte son frère, conformément aux dispositions de l'art. 13 de la loi du 21 mars 1832. (Loi du 4 juin 1864.)

Jeunes gens exonérés et remplacés. — N'étant pas liés au service pour leur compte, ils ne confèrent pas l'exemption.

Obligations des conseils d'administration et des officiers du recrutement relativement à la délivrance des certificats de présence sous les drapeaux.

L'aptitude physique doit être constatée.

Le titre sous lequel sert le militaire doit être indiqué.

La durée des engagements volontaires doit être indiquée, ainsi que celle des rengagements ou des engagements volontaires après libération, leur date et l'époque à partir de laquelle ils commencent à courir. Il faut, en outre, constater si c'est en vertu d'un premier, d'un second ou d'un troisième rengagement ou engagement que les militaires dont il s'agit sont liés au service.

Si le militaire admis comme remplaçant s'est rengagé, le certificat doit le mentionner et porter les mêmes inscriptions que ci-dessus. (Instructions ministérielles du 3 mai 1844 et du 3 novembre 1864.)

7° Celui dont un frère est mort en activité de service ou aura été réformé ou admis à la retraite pour blessures reçues dans un service commandé, ou infirmités contractées dans les armées de terre ou de mer.

L'exemption accordée conformément aux numéros 6 et 7 doit être appliquée dans la même famille autant de fois que les mêmes droits s'y reproduisent.

Néanmoins, les exemptions déjà accordées aux frères vivants, en vertu de l'art. 13, à tout autre titre que pour infirmités, sont comptées en déduction desdites exemptions.

Le jeune homme omis, qui ne sera pas présenté par lui ou ses ayants cause, pour concourir au tirage de la classe à laquelle il appartenait, ne peut réclamer le bénéfice des exemptions indiquées par les numéros 3, 4, 5, 6 et 7, si les causes ne sont survenues que postérieurement à la clôture des listes du contingent de la classe.

Les cas d'exemption ou de déduction autres que ceux pour défaut de taille ou infirmités, sont jugés sur la production de documents authentiques et sur des certificats de trois pères de famille domiciliés dans le canton dont les fils sont soumis à l'appel ou ont été appelés.

Ces certificats, conformes aux modèles, doivent être signés par le maire de la commune du réclamant et par le sous-préfet.

Dispensés (art. 14).

1° Liés au service dans les armées de terre ou de mer.

2° Jeunes marins portés sur les registres matricules de l'inscription de la marine.

Ouvriers mariniers immatriculés.

3° Elèves de l'Ecole polytechnique et de l'école dite des Jeunes langues (employés 7 ans);

4° Membres de l'instruction publique.

Elèves de l'Ecole normale centrale de Paris.

Professeurs des institutions impériales des sourds-muets.

(Les uns et les autres ayant contracté un engagement décennal avant le tirage).

5° Elèves des grands séminaires, à la condition d'avoir reçu les ordres majeurs à 25 ans.

Ceux autorisés à continuer leurs études pour se vouer au ministère dans les autres cultes salariés par l'Etat, à la condition d'avoir reçu la consécration dans l'année qui suit celle dans laquelle ils auraient dû la recevoir.

6° Grands prix de l'Université ou de l'Institut (prix de Rome).

Les jeunes gens ayant droit à la dispense doivent être visités préalablement par le conseil de révision, et leur aptitude physique doit être reconnue. En cas d'inaptitude, ils sont exempts et non dispensés, et par conséquent non déduits du contingent.

7° Le frère du militaire qui accomplit un premier rengagement ou un premier engagement volontaire de 7 ans, après libération, dans les conditions de la loi du 26 avril 1855. (Loi du 4 juin 1864.)

Les dispenses conférées à ce titre sont assimilées, quant à leurs effets, aux exemptions accordées par application de l'art. 13 de la loi du 21 mars 1832, en ce qui concerne les déductions prescrites par le onzième paragraphe de cet article, relativement aux frères vivants, à tout autre titre que pour infirmités.

Substitutions et remplacements.

Le conseil de révision statue également sur les substitutions des numéros et les demandes de remplacement. D'après la loi du 17 mars 1858, le mode de remplacement établi par la loi du 21 mars 1832 est supprimé, si ce n'est entre frères, beaux-frères et parents jusqu'au 6° degré.

— 8 —

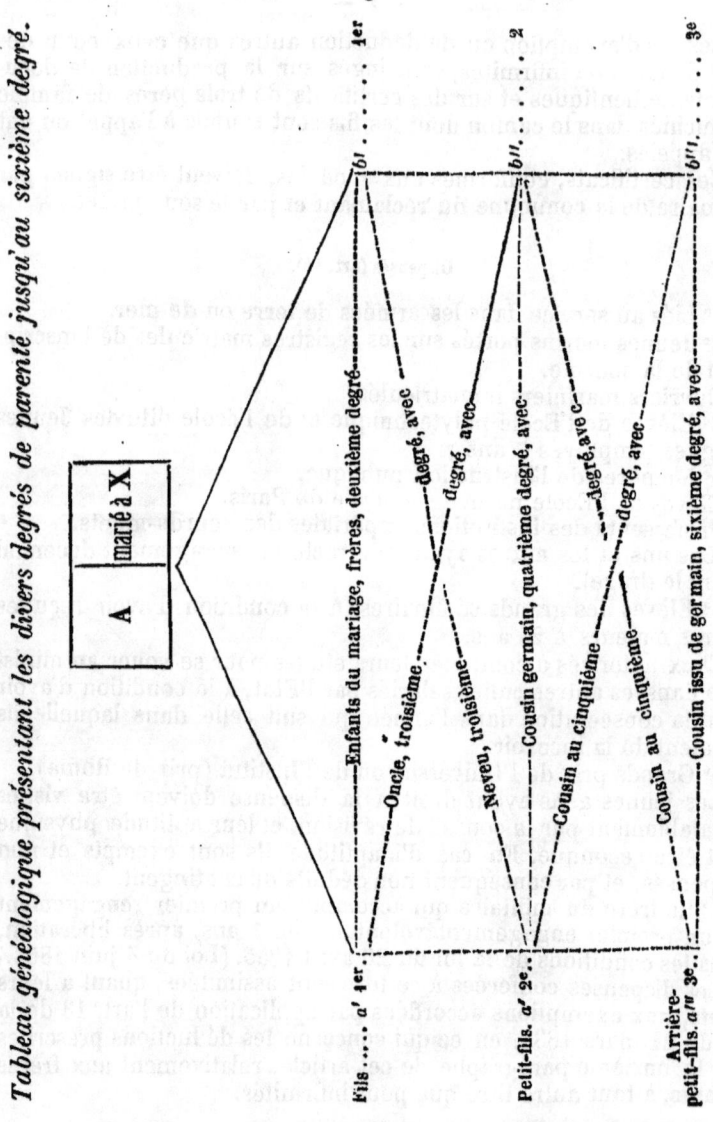

Substitutions.

La substitution de numéros autorisée par ladite loi ne peut également avoir lieu qu'entre frères, beaux-frères et parents jusqu'au 6ᵉ degré concourant au tirage de la même classe et dans le même canton.

Le substituant doit, en outre, être reconnu propre au service, et n'avoir obtenu l'exemption pour aucun des cas prévus par l'art. 13 de la loi du 21 mars 1832.

Les substitutions peuvent avoir lieu jusqu'au cinquième jour qui précède la mise en route des jeunes gens appelés à l'activité ; toutefois, ceux auxquels il est accordé des sursis de départ continuent à jouir de cette faculté jusqu'au cinquième jour qui précède l'expiration de ces sursis. (Circulaire ministérielle du 29 août 1862.)

L'acte de substitution est reçu par le préfet dans les formes prescrites pour les actes administratifs.

Le substituant exempte son frère, et le substitué n'est pas responsable, en cas de désertion, du substituant.

Remplacements.

Les justifications exigées par la loi du 21 mars 1832 (art. 19) sont maintenues, et le degré de parenté doit être constaté au moyen des actes de naissance et de mariage qui l'établissent, et le certificat de trois pères de famille domiciliés dans le canton.

Tout individu qui veut se faire remplacer doit avoir été compris définitivement dans le contingent.

Le remplaçant doit :

Etre Français et ne pas se trouver dans l'un des cas d'exclusion.

Etre libre de tout service et obligations imposés par la loi sur le recrutement ou par celle de l'inscription maritime.

Etre âgé de 20 à 30 ans au plus, ou de 20 à 35 ans, s'il a été militaire, ou de 18 à 30 ans, s'il est frère du remplacé.

N'être ni marié, ni veuf avec enfants.

Avoir au moins la taille de 1^{m}56, s'il n'a pas servi dans l'armée, et réunir les autres conditions requises pour faire un bon service.

N'avoir pas été réformé du service militaire.

Etre porteur des certificats exigés par les art. 20 et 21 de la loi.

(Art. 20.) Le remplaçant produira un certificat délivré par le maire des communes où il aura été domicilié pendant l'année, s'il ne compte pas une année de résidence dans la même commune.

Les certificats devront contenir le signalement du remplaçant et attester :

1° La durée du temps pendant lequel il aura été domicilié dans la commune ;

2° S'il jouit de ses droits civils ;

3° Qu'il n'a jamais été condamné à une peine correctionnelle pour vol, escroquerie, abus de confiance ou attentat aux mœurs. Il doit présenter de plus un bulletin délivré par le greffier du tribunal civil de l'arrondissement où il est né et indiquant les renseignements qui auraient été inscrits à son nom sur les casiers judiciaires.

(Art. 21.) Si le remplaçant a été militaire, outre le certificat du maire, il devra produire un certificat de bonne conduite du corps dans lequel il a servi en dernier lieu.

Le remplaçant doit être admis dans le conseil de révision du département dans lequel le remplacé a concouru au tirage.

La faculté de se faire remplacer devant le conseil de révision cesse cinq jours avant celui fixé pour le départ des jeunes soldats du chef-lieu du département.

Le remplacé est responsable du remplaçant, pour le cas de désertion, pendant un an à compter du jour où l'acte est passé devant le préfet. Avis est donné au remplacé par le corps, par l'intermédiaire du sous-intendant, qui transmet cet avis au préfet.

Un remplacé ne peut être admis comme remplaçant avant l'expiration de l'année de responsabilité.

Il peut s'engager.

Exonération.

Les jeunes gens compris dans le contingent annuel obtiennent l'exonération du service au moyen de prestations versées à la Caisse de la dotation et destinées à assurer leur remplacement dans l'armée par la voie du rengagement d'anciens militaires.

Le taux de la prestation individuelle payée pour obtenir l'exonération du service est fixé chaque année par un arrêté du Ministre de la guerre, qui est publié et affiché dans chaque commune, dix jours au moins avant le commencement des opérations du conseil de révision pour la classe appelée.

Pendant les opérations de la formation du contingent cantonal, le sous-préfet délivre successivement aux jeunes gens compris dans ce contingent, ou aux tiers qui en font la demande pour eux, un certificat indiquant leurs noms, prénoms, surnoms, âge, lieu de naissance, domicile et profession, ainsi que leur position sous le rapport du recrutement.

Les jeunes gens sont admis, sur la présentation de ce certificat, à verser à la Caisse des dépôts et consignations dans le département de la Seine ou entre les mains de ses préposés dans les départements (receveurs généraux ou particuliers) le montant de la prestation individuelle fixée pour l'année ou son complément dans le cas de versements antérieurs ; ce versement doit toujours avoir lieu dans le département où le jeune homme a concouru au tirage.

Dix jours après l'époque fixée pour la clôture des opérations du recrutement de la classe, le conseil de révision se réunit au chef-lieu et prononce, sur le vu des récépissés de versement accompagnés d'un certificat de non-opposition, dans le cas de versements faits avant l'appel, les exonérations qui ont été demandées. Les préfets délivrent aux jeunes gens un certificat constatant qu'ils ont été exonérés du service.

Formation de la liste départementale du contingent.

Le conseil de révision, après avoir statué sur les exemptions, déductions, substitutions, remplacements, ainsi que sur toutes les réclamations auxquelles les opérations du recrutement auraient pu donner lieu, arrête définitivement la liste du contingent de chaque canton, la signe, et les noms des inscrits sont proclamés.

Tous les jeunes gens définitivement inscrits prennent le nom de jeunes soldats.

Avant d'arrêter et de signer la liste du contingent, le conseil devra procéder nécessairement à la désignation des jeunes gens appelés conditionnellement pour suppléer ceux qui ont été ajournés.

Ces désignations ne devront porter que sur des hommes propres au service.

Le conseil déclare ensuite que les jeunes gens qui ne sont pas inscrits sur cette liste sont définitivement libérés.

Cette déclaration, avec l'indication du dernier numéro compris dans le contingent cantonal, est affichée et publiée dans chaque commune du canton.

Sont ajournés :

1° Les jeunes gens désignés par leur numéro pour faire partie du contingent cantonal et ayant fait des réclamations, dont l'admission ou le rejet dépendra de la décision à intervenir sur les questions judiciaires relatives à leur état et à leurs droits civils.

Ces questions sont jugées, contradictoirement avec le préfet, à la requête de la partie la plus diligente.

Les tribunaux statuent sans délai, le ministère public entendu, sauf appel.

2° Les jeunes gens prévenus de s'être rendus impropres au service militaire, soit temporairement, soit d'une manière permanente, sont déférés aux tribunaux par le conseil de révision.

3° Ceux dont les infirmités ne sont pas apparentes et peuvent être facilement simulées, le conseil de révision devant faire procéder, pendant ces délais, à des investigations scrupuleuses et même à des enquêtes sur les lieux.

4° Ceux auxquels le conseil de révision aura accordé un délai pour production de pièces justificatives ou pour cas d'absence, lequel délai ne pourra excéder vingt jours ; dans ce dernier cas, le Conseil prononcera le vingt et unième jour sans attendre la clôture de la liste départementale.

Dès que les délais accordés sont expirés et que les tribunaux ont statué sur les réclamations, qui leur auront été présentées, le conseil prononce de la même manière la libération des réclamants ou des jeunes gens désignés conditionnellement pour les remplacer.

Les décisions du conseil étant définitives, il ne pourra être statué ultérieurement que sur les demandes de substitution, de remplacement ou d'exonération.

Le conseil de révision, de retour au chef-lieu du département, réunit par une délibération les listes particulières du contingent de chaque canton et en forme une liste unique dite : *liste du contingent départemental*.

Cette liste est close, arrêtée et signée par tous les membres du conseil de révision au jour fixé par le décret relatif aux opérations de la classe appelée et remise ensuite entre les mains du préfet, qui en reste dépositaire.

Une expédition en est remise, tant au sous-intendant militaire qu'au commandant du dépôt de recrutement.

VERSEMENT DU CONTINGENT DANS L'ARMÉE.

Immatriculation immédiate par les commandants des dépôts de recrutement au titre des divers corps de l'armée.

A partir de ce moment, le contingent de chaque département se trouve à la disposition de l'autorité militaire, et le commandant de recrutement procède immédiatement à l'immatriculation, au titre des divers corps de l'armée, d'après la répartition numérique, réglée à l'avance par le Ministre de la guerre, de tous les jeunes soldats compris dans le contingent.

La désignation des jeunes soldats de chaque département pour les corps compris dans la répartition ministérielle est faite par les soins du général de brigade, commandant la subdivision, et à son défaut, par l'officier supérieur, membre du conseil de révision, assisté du commandant du dépôt de recrutement.

A cet effet, l'officier général ou supérieur se fait remettre la liste nominative établie par le commandant du recrutement pendant les opérations du conseil de révision, pour reconnaître l'aptitude militaire de chaque homme.

Le contingent de l'armée de mer est formé avant celui de l'armée de terre.

Les désignations pour chaque corps sont faites, dans les limites déterminées par la répartition ministérielle et autant que le permet la nature des ressources réelles des contingents départementaux, dans l'ordre déterminé d'après la taille suivant laquelle chacun des corps se recrute.

Les registres matricules destinés à constater dans les départements l'immatriculation des jeunes soldats sont conformes au modèle fixé par l'instruction du 4 juillet 1832.

Il y a par département et par classe un registre matricule pour chaque corps de l'armée de terre et de l'armée de mer qui se recrute dans le département.

Ces registres sont remplis et tenus au courant par les soins des commandants des dépôts de recrutement.

Il est fait mention de la position des jeunes soldats conditionnellement dispensés ou déduits.

Les mutations des jeunes soldats y sont inscrites jusqu'à leur incorporation.

Ces registres sont vus et vérifiés par le sous-intendant, et approuvés par le général.

Le sous-intendant militaire inscrit sur la liste du contingent départemental qui lui a été communiquée le corps pour lequel chaque soldat est désigné.

Les jeunes soldats inscrits sur le registre matricule sont, jusqu'à l'époque de leur mise en route, considérés comme étant dans leurs foyers en disponibilité. Les registres sont communiqués au préfet, et un sous-officier est mis à sa disposition pour l'inscription du corps sur la liste du contingent départemental, et pour en donner avis aux familles.

Division du contingent en deux classes.

Les jeunes soldats faisant partie du contingent et inscrits sur les registres matricules des corps pour lesquels ils sont désignés, sont divisés en deux classes, d'après l'ordre de leurs numéros et les proportions déterminées par les lois annuelles du contingent.

La première comprend ceux qui doivent être mis en activité.

Le seconde ceux qui sont laissés dans leurs foyers.

Afin de mettre chaque jeune soldat à même d'apprécier sa position, la déclaration, qui doit être publiée et affichée pour faire connaître le dernier numéro compris dans le contingent cantonal, devra indiquer également :

1° Le dernier numéro de la première portion de ce contingent qui est susceptible d'être appelée immédiatement à l'activité.

2° Le premier numéro de la deuxième portion de ce contingent.

Les jeunes soldats compris dans cette deuxième portion ne peuvent être mis en activité qu'en vertu d'un décret impérial, et ils sont considérés comme des militaires en congé, puisqu'ils sont inscrits sur les registres matricules des corps.

Des devancements d'appel à l'activité.

Les jeunes soldats définitivement compris dans la liste du contingent de leur canton, soit pour leur compte, soit en qualité de substituants ou de remplaçants, peuvent être admis à devancer l'appel à l'activité de leur classe, suivant les proportions déterminées par le Ministre spécialement pour chaque classe.

Ils doivent avoir la taille exigée et les qualités requises pour les corps dans lesquels ils demandent à être admis.

Ils doivent se présenter devant l'officier de recrutement, qui les fait visiter et leur fait délivrer, s'il y a lieu, un certificat d'aptitude. Les commandants des dépôts de recrutement sont responsables des frais occasionnés au Trésor, si les hommes sont renvoyés des corps avec des congés de réforme n° 2.

Ils se présentent ensuite chez le général commandant le département, qui autorise le devancement d'appel. Cette autorisation est inscrite sur le certificat d'aptitude.

Sur le vu de cette pièce, qu'il conserve dans les archives, le sous-intendant délivre une feuille de route et il fait connaître au commandant du dépôt les jeunes soldats autorisés à devancer l'appel.

Celui-ci fait parvenir au corps les contrôles signalétiques.

Les jeunes gens qui ne sont pas compris définitivement dans le contingent ne peuvent devancer l'appel qu'en contractant un engagement, et le service ne leur compte pour la libération que du jour de leur engagement.

De l'appel à l'activité.

Le Ministre de la guerre dispose de tout ou partie du contingent, en vertu de la loi du contingent annuel, au fur et à mesure des besoins, et il fait connaître les corps dans lesquels les jeunes soldats doivent être incorporés.

Sous-répartition du contingent.

Le sous-intendant militaire fait la sous-répartition proportionnelle du nombre d'hommes à fournir par canton suivant l'ordre absolu des numéros. Quelle que soit la position des jeunes soldats, il établit une feuille de route pour chacun des jeunes soldats qui se trouvent compris dans sa répartition et les envoie au préfet; celui-ci les transmet aux maires des communes, par l'intermédiaire des sous-préfets.

Mise en route des jeunes soldats.

Les ordres de route sont notifiés aux jeunes soldats par les maires, de manière qu'ils aient trois jours entiers pour se préparer au départ; mention est faite si l'ordre de route a été notifié au jeune soldat ou à une autre personne, et dans ce cas, les nom et prénoms de la personne sont indiqués.

En cas de changement de domicile depuis le tirage, les ordres de route sont transmis, suivant le cas, au maire de la commune ou renvoyés au préfet.

Les maires tiennent un registre des notifications, transmissions ou renvois des ordres de route.

Des extraits de ce registre sont envoyés au préfet et transmis au sous-intendant militaire, qui, après les avoir visés, les remet au commandant du dépôt de recrutement.

Le double de l'ordre de route des jeunes soldats domiciliés ou en résidence hors de l'Empire est renvoyé au Ministre.

Indemnité que reçoivent les jeunes gens à leur arrivée au chef-lieu du département.

A leur arrivée au chef-lieu du département, les jeunes soldats porteurs de l'ordre de route, qui leur a été notifié, reçoivent par les soins du sous-intendant militaire les indemnités de transport et journalières auxquelles ils ont droit à dater de leur départ et pour toutes les journées de marche.

Ils reçoivent en même temps une indemnité de station pour toute la durée de leur séjour au lieu de la revue : les indemnités sont celles fixées par le règlement (31 août 1863) pour les militaires isolés; elles sont payées sur un état nominatif dressé par les soins de l'officier de recrutement et ordonnancé par le sous-intendant militaire.

L'officier de recrutement paye ensuite à chaque jeune soldat le montant de son indemnité en présence du commandant du détachement : celui-ci doit émarger l'état récapitulatif, qui se trouve à la gauche du contrôle nominatif des jeunes soldats qui doivent voyager sous sa direction pour rejoindre leurs corps.

Revue de départ.

La revue des jeunes soldats appelés sous les drapeaux a lieu au jour et à l'heure fixés par l'officier général ou supérieur commandant la subdivision.

Le sous-intendant militaire et l'officier de recrutement y assistent.

Le général est accompagné d'un officier de santé, dont il prend l'avis. Il désigne définitivement les corps dans lesquels les militaires doivent être incorporés.

Sursis de départ.

Il accorde un sursis de départ aux hommes présents :

1° A ceux qui justifient de la nécessité de leur séjour dans leurs foyers pour des affaires d'intérêt ou de famille.

2° A ceux reconnus malades (on les envoie à l'hôpital).

Ceux qui ne peuvent assister à la revue doivent faire présenter leur feuille de route et produire, avec une déclaration des gens de l'art, un certificat du maire de leur commune, visé par le sous-préfet et attestant l'impossibilité de se rendre au chef-lieu. La durée du sursis est fixée par le général et inscrite par le sous-intendant sur l'ordre de route.

Renvoi devant la commission spéciale.

Les jeunes soldats qui, après avoir été examinés, ne sont pas jugés propres au service, sont renvoyés devant la commission spéciale du département, instituée par l'art. 15 de l'instruction ministérielle du 3 mai 1844, qui doit se réunir dans les vingt-quatre heures.

Elle est ainsi composée :
Général de brigade, président;
Sous-intendant militaire;
Commandant de la gendarmerie;
Commandant de recrutement.

Elle est assistée de deux officiers de santé désignés par le président.

Ceux reconnus impropres à tout service reçoivent un congé de réforme n° 2.

Ceux sur l'aptitude physique desquels la commission ne sera pas éclairée seront maintenus dans leurs foyers, et les commandants de recrutement prendront des notes sur leur compte (état physique, occupations, etc., etc.).

Ceux prévenus de s'être mutilés ou de s'être volontairement occasionné une maladie ou des infirmités seront signalés au général de division et déférés aux tribunaux.

En attendant le jugement, ils seront traités dans les hôpitaux ou mis en subsistance dans un corps de troupes. Après leur condamnation ils seront dirigés sur la deuxième compagnie de pionniers.

Les mutilés volontaires admis dans le contingent, sans avoir été déférés aux tribunaux, seront signalés sur les contrôles signalétiques, pour être, s'il y a lieu, envoyés dans une compagnie de discipline.

Les jeunes gens atteints de maladies syphilitiques ou cutanées doivent être admis immédiatement dans les hôpitaux.

Soutiens de famille.

Les jeunes soldats reconnus par le conseil de révision être le soutien indispensable de leur famille peuvent être laissés dans leurs foyers, dans une proportion déterminée par le Ministre et qui varie entre un et deux pour cent. Par la circulaire du 27 mars 1862 cette proportion est fixée à deux pour cent.

Les conseils de révision établissent une liste générale, par ordre de préférence, des demandes qui leur sont adressées avec les certificats de position de famille.

Celles fondées uniquement sur ce qu'ils n'ont pu justifier, en temps utile, de leurs droits à l'exemption ne sont pas admises, attendu que la loi accorde des délais suffisants pour se procurer les pièces nécessaires.

Si la position des soldats vient à changer, ils sont remplacés par les numéros subséquents.

Réclamations pour exemption et dispense.

Les réclamations ayant pour objet de faire valoir des droits à l'exemption ou à la dispense ne donnent pas droit aux sursis de départ, les décisions du conseil étant sans appel ; cependant le général de brigade, après avoir pris l'avis du préfet, transmet les pièces au général de division, qui en réfère au Ministre s'il y a lieu.

Changement de destination.

Le général de brigade statue sur les demandes de changement de destination pour les corps qui se recrutent dans le département, en veillant à ce qu'il n'y ait pas de déficit dans le contingent à fournir, par le département, aux armes spéciales.

Il transmet au général de division, qui autorise, s'il y a lieu, au nom du Ministre, les demandes de changement de destination pour les corps qui ne se recrutent pas dans le département.

Départ des jeunes soldats.

Les jeunes soldats réunis au chef-lieu du département sont mis en route dans les vingt-quatre heures, à partir de la revue passée par l'officier général ou supérieur commandant la subdivision.

Les recrues voyageant isolément sont traitées comme les militaires isolés. (Instruction ministérielle du 31 août 1863.)

Les recrues formant détachement sont transportées par les chemins de fer. Il est délivré au chef de détachement, au point du départ, une ou plusieurs réquisitions collectives pour les distances à franchir sur les voies ferrées et des mandats pour les voitures à collier pour la partie du trajet qui doit s'effectuer par étapes. Les recrues touchent par jour, dans cette position, leur solde de 55 centimes et leur ration de pain.

Les jeunes soldats voyageant isolément conservent leurs ordres de route sur lesquels le sous-intendant militaire inscrit l'itinéraire jusqu'à destination.

Ceux des jeunes soldats voyageant en détachement sont réunis par le sous-intendant militaire, qui les envoie au conseil d'administration des corps auxquels les hommes appartiennent.

Dans cet envoi sont comprises les secondes expéditions des contrôles établis pour constater les mutations survenues dans le détachement des jeunes soldats pendant la marche.

Les ordres de route individuels restent dans les archives du corps comme pièces à l'appui des registres matricules.

Le conseil d'administration a soin de faire comparer les signalements avec les contrôles signalétiques n° 7, et dans le cas où cette comparaison ferait remarquer des différences, le conseil d'administration devra les indiquer au sous-intendant militaire, qui s'entendra avec l'officier de recrutement pour voir d'où proviennent les erreurs et les signaler aussitôt au conseil d'administration.

Contrôles signalétiques.

Le commandant de recrutement dresse les contrôles signalétiques pour les jeunes soldats qui sont mis en route; il les envoie au corps pour les isolés, et les remet, pour ceux réunis en détachement, au commandant du détachement, qui annote dans la colonne d'observations toutes les mutations qui surviennent pendant la route.

Si, un mois après le jour fixé par l'ordre de route pour l'arrivée d'un jeune soldat, il n'a pas paru, le chef de corps envoie au commandant du dépôt de recrutement le contrôle signalétique, en certifiant au bas que l'homme n'a pas rejoint et qu'il ignore la cause du retard.

Arrivée au corps.

A l'arrivée au corps, le major constate l'identité des hommes avec le contrôle signalétique et les fait immatriculer sur les registres du corps.

Pour les jeunes soldats arrivés ensemble, cette immatriculation a lieu dans l'ordre des numéros de série.

Il les répartit ensuite dans les compagnies et fait donner de suite aux compagnies le numéro matricule de chacun.

Après avoir transcrit les mutations sur le contrôle du corps, le major appose son visa sur les deux états du détachement et les remet au chef du détachement qui se rend chez le trésorier pour régler les comptes de son détachement.

Envoi au Ministre des feuilles détachées de signalement.

Les conseils d'administration font parvenir au Ministre le duplicata des registres matricules dès qu'il est rempli complètement, c'est-à-dire lorsqu'il y a été porté mille immatriculations. (Décision ministérielle du 1er février 1865.)

DES ENGAGEMENTS.

La loi du 21 mars 1832 pose les appels comme base du recrutement de l'armée; elle admet les engagements comme moyen secondaire.

Les engagements comprennent, depuis la loi du 26 avril 1855 sur la dotation de l'armée, les engagements volontaires, les rengagements, les engagements volontaires après libération et les remplacements par voie administrative.

Les engagements volontaires sont contractés pour le corps désigné par l'engagé et dans la forme prescrite par la loi du 21 mars 1832, art. 34.

Les engagés volontaires ne peuvent, par suite, être changés de corps sans leur consentement.

Les art. 5, 13, 24 de l'ordonnance du 28 avril 1832 sont abrogés ainsi que les dispositions de l'ordonnance du 15 janvier 1837. (Décret impérial du 6 janvier 1865.)

ENGAGEMENTS VOLONTAIRES.

Tout homme qui n'est pas Français ou naturalisé Français ne peut contracter un acte d'engagement volontaire pour un corps de troupes françaises.

Tout Français qui demande à s'engager doit satisfaire aux conditions suivantes :

1° Avoir 17 ans accomplis.
2° Au moins la taille de 1 m. 56.
3° Jouir de ses droits civils.
4° N'être ni marié ni veuf avec enfants.
5° Être porteur d'un certificat de bonnes vie et mœurs délivré par

le maire de la commune de son dernier domicile ou par ceux des communes où il aura été domicilié dans le cours de l'année. (Et pour les engagements avec prime, d'un bulletin délivré par le greffier du tribunal de première instance du lieu de la naissance de l'engagé, indiquant les renseignements qui auraient pu être inscrits à son nom sur les casiers judiciaires.)

6° S'il a moins de 20 ans, justifier du consentement écrit de ses père, mère et tuteur. (Ce dernier devra être autorisé par une délibération du conseil de famille.)

7° Être sain, robuste et bien constitué.

8° Ne pas être âgé de plus de 30 ans, s'il n'a pas encore servi.

9° Avoir, selon l'arme à laquelle il se destine et le corps dans lequel il demande à entrer, au moins le minimum et au plus le maximum de taille fixé pour ces corps. (17 avril 1860.)

Remplir l'une des conditions d'aptitude ou exercer l'une des professions indiquées au même tableau.

10° Les militaires qui ont déjà servi peuvent s'engager jusqu'à 35 ans; mais, après 30 ans, cet engagement ne peut avoir lieu que pour un corps de l'arme dont ils ont fait partie, à moins qu'ils n'exercent une profession utile à l'arme dans laquelle ils veulent servir.

La durée de l'engagement est de 7 ans.

En cas de guerre, un décret impérial autorise les engagements pour 2 ans. Ces engagements ne donnent pas droit aux exemptions (6 et 7) comme étant sous les drapeaux.

Les engagements pour les tirailleurs indigènes peuvent n'être que de 4 ans (Décision ministérielle du 25 juin 1861), de 5 ans pour le régiment étranger (Décret impérial du 14 septembre 1864), et de 3 ans pour la garde impériale (Décret impérial du 17 juin 1857).

Tout Français qui veut contracter un engagement doit se présenter devant le chef du corps dans lequel il veut prendre du service, s'il est dans la place, ou devant l'officier de recrutement du département. (28 juin 1862.)

Celui-ci, après s'être assuré que l'engagé a la taille et les qualités requises pour le service militaire et l'arme à laquelle il se destine (Décret impérial du 30 avril 1860, tableau des conditions), fait constater, en sa présence, par un docteur ou par un officier de santé civil ou militaire, que l'engagé n'a aucune infirmité apparente ou cachée et qu'il est sain et robuste.

Ces formalités remplies, si l'homme est propre au service, l'officier lui délivre un certificat d'acceptation conforme au modèle en vigueur.

Ce certificat engage la responsabilité pécuniaire de celui qui le

---

(1) Pour les engagements avec prime.

délivre; les frais occasionnés au Trésor sont mis à sa charge, si l'engagé ne remplit pas les conditions exigées.

Les hommes qui, sans avoir jamais servi, s'engagent pour la garde impériale, reçoivent le certificat d'acceptation du chef de corps où ils désirent entrer. Le consentement de celui-ci doit être approuvé par le maréchal commandant en chef la garde impériale. (Décision impériale du 8 septembre 1860). Muni de ce certificat, le contractant se présente devant le maire du chef-lieu de canton, qui seul est appelé à dresser l'acte d'engagement.

Cependant, pour les corps indigènes d'Afrique (tirailleurs, spahis), et le régiment étranger, ils sont passés devant les fonctionnaires de l'intendance (*Journal militaire*, 2ᵉ semestre 1862, p. 548); mais ces actes ne constituent qu'un engagement administratif dont, pour les étrangers, le Ministre, et pour les indigènes, le général de division peut toujours prononcer l'annulation, sur la proposition du chef de corps, motivée sur la mauvaise conduite ou l'inaptitude. Les sous-intendants militaires ne doivent pas délivrer de feuilles de route aux hommes dont l'engagement n'aura pas été contracté devant un maire de chef-lieu de canton, et les chefs de corps ne doivent pas les recevoir.

Le maire doit s'assurer que l'homme qui demande à s'engager remplit les conditions voulues par la loi.

Les pièces que l'engagé a à produire sont :

1° Le certificat d'acceptation délivré par l'autorité militaire sur lequel mention est faite de la taille.

2° Son acte de naissance ou un acte de notoriété (art. 70 du Code civil), ou un titre produit conformément à l'art. 46.

3° Un certificat de bonnes vie et mœurs délivré par le maire de la commune où il a son domicile. (Ce certificat doit être légalisé par le maire et par le sous-préfet, si l'homme s'engage hors du département.)

Le maire doit constater l'identité du contractant au moyen du signalement inscrit sur le certificat de bonnes vie et mœurs et de celui du certificat d'acceptation délivré par l'autorité militaire, afin de s'assurer qu'il n'y a pas substitution de personne. Il lui fait déclarer en présence des deux témoins exigés par l'art. 37 du Code Napoléon :

Qu'il n'est ni marié ni veuf avec enfants.

Qu'il n'est lié au service de terre ou de mer, ni comme engagé volontaire, ni comme rengagé ni comme appelé, substituant ou remplaçant, ni comme inscrit maritime.

Cette déclaration est insérée dans l'acte d'engagement.

4° Si l'engagé a moins de 20 ans, il présente en outre le consentement écrit de ses père, mère ou tuteur (ce dernier dûment autorisé par une déclaration du conseil de famille).

Cette pièce doit être annexée à la minute de l'acte d'engagement, et mention en est faite.

5° S'il a déjà servi, le titre en vertu duquel il est rentré dans ses foyers ou a été congédié ou licencié.

Les pièces à produire pour les engagés volontaires sont exemptes du droit de timbre.

Les jeunes gens désignés par le sort pour faire partie du contingent de leur classe ne peuvent s'engager que jusqu'au jour de la clôture de la liste du contingent de leur canton. Passé cette époque, ils ne peuvent plus s'engager, mais ils peuvent être autorisés à devancer l'appel en choisissant le corps, dans les limites fixées par les instructions ministérielles. La durée de service de l'engagé compte du jour où il souscrit l'engagement.

Dans aucun cas, les engagés ne peuvent être envoyés en congé sans leur consentement.

Les maires doivent se conformer, pour dresser l'acte d'engagement, au modèle annexé à la circulaire du 26 janvier 1865.

Ils doivent donner lecture à l'engagé avant la signature de l'acte :

1° Des articles 2, 31, 32, 33, 34 de la loi du 21 mars 1832 relatifs aux engagés volontaires.

2° Des articles 16 et 17 de l'ordonnance du 28 avril 1832 concernant les engagés qui se trouvent hors de leur route et ceux qui ne rejoignent pas leur corps dans le délai d'un mois.

Les premiers peuvent être conduits de brigade en brigade, les seconds poursuivis comme insoumis.

3° De l'acte d'engagement.

Les certificats et toutes les pièces produites restent annexés à la minute de l'acte.

Immédiatement après la signature de l'acte d'engagement, l'engagé volontaire est mis en route et dirigé, par la voie la plus directe, sur le dépôt du corps auquel il est destiné. A cet effet, une expédition de l'acte d'engagement lui est remise, et, muni de cette pièce, il se présente chez le sous-intendant militaire, qui lui remet une feuille de route et le mandat d'indemnité de route nécessaire.

S'il n'y a pas de sous-intendant au chef-lieu du canton, le maire délivre à l'engagé une feuille de route ou sauf-conduit provisoire portant injonction de se présenter devant le premier sous-intendant militaire, dont la résidence se trouve sur la ligne à parcourir.

Le sous-intendant, devant lequel l'engagé est tenu de se rendre, se fait présenter l'expédition de l'acte d'engagement et la feuille de route, délivre ensuite une feuille de route et les mandats d'indemnité de route nécessaires, en tenant compte de cette indemnité à partir du lieu où l'engagement a été reçu.

Toutefois, si l'engagement n'a pas été contracté devant un maire de chef-lieu de canton, il ne délivre pas de feuille de route et il renvoie l'acte d'engagement au préfet. L'expédition de l'acte d'engagement est remise à l'engagé, et cette pièce sert à son incorporation à son arrivée au corps. Le maire devant lequel l'engagement a eu lieu adresse directement au sous-intendant militaire une expédition de l'acte d'engagement; celui-ci, après l'avoir portée sur les registres qu'il tient à cet effet, transmet cette expédition au conseil d'administration du corps sur lequel l'engagé a été dirigé.

Arrivée au corps.

A son arrivée au corps, l'engagé se présente chez le major, qui l'envoie chez le trésorier; celui-ci l'incorpore à la date de l'engagement, après s'être assuré de son identité.

Il est ensuite visité par le médecin-major du corps, et s'il est reconnu propre au service, il est immédiatement habillé; dans le cas contraire, il doit être renvoyé devant la commission spéciale du département, et on ne lui donne que les effets de petit équipement dont il a absolument besoin.

Si l'engagé entre à l'hôpital en route, le corps en est informé par un bulletin envoyé par le sous-intendant.

ENGAGEMENTS VOLONTAIRES APRÈS LIBÉRATION.

Les militaires libérés définitivement ne sont plus admis à se rengager; ils ne peuvent plus entrer dans l'armée qu'en contractant un engagement volontaire ou un remplacement par voie administrative. Toutefois, les militaires libérés depuis moins de 2 ans, après avoir servi pendant 4 ans au moins, peuvent contracter des engagements volontaires après libération donnant droit aux mêmes avantages que les rengagements. Ces engagements sont contractés dans les mêmes conditions que les rengagements. (Voir *Dotation de l'armée.*)

Les généraux commandant les subdivisions peuvent accorder des sursis de départ, d'un mois au plus, aux anciens militaires qui contractent un engagement volontaire après libération.

DES RENGAGEMENTS.

(Lois du 21 mars 1832, du 26 avril 1855, du 24 juillet 1860; Ordonnance royale du 28 avril 1832; Décret impérial du 26 avril 1855; Circulaire ministérielle du 2 mars 1863.)

Les rengagements sont d'une durée de 2 ans au moins et de 7 ans au plus.

Ils ne peuvent être contractés que par les militaires qui accomplissent leur septième année de service, soit dans l'armée active, soit dans le réserve, ou par les engagés volontaires qui sont dans la quatrième et dernière année de service.

La faculté de se rengager dans la quatrième année de service peut, en vertu d'un décret impérial, être étendue à tous les militaires indistinctement.

Quelle que soit la date du rengagement, il n'a d'effet qu'à partir du jour où cesse le service auquel le rengagé était tenu précédemment.

Durée réglée suivant l'âge des militaires.

La durée est réglée de manière que les militaires ne soient pas maintenus sous les drapeaux après l'âge de 47 ans (1).

Les militaires qui, après 7 années de service, sont retenus sous les drapeaux en attendant l'arrivée du contingent destiné à les remplacer, sont admis à contracter un rengagement dont les effets remontent au jour de l'expiration de leur service.

Les militaires qui n'ont jamais été liés au service qu'en vertu d'un remplacement peuvent être admis à contracter des rengagements donnant droit à la prime lorsqu'ils se trouvent dans leur septième année de service. Ceux des militaires qui ne se trouvent pas dans leur septième année de service ne peuvent se rengager que dans les conditions de la loi du 21 mars 1832. (Instruction ministérielle du 30 décembre 1856, p. 554.)

Tout militaire, qui veut contracter un rengagement doit s'adresser à son commandant de compagnie, qui soumet sa demande, soit au chef du corps auquel il appartient, soit au chef du corps dans lequel il a l'intention de continuer à servir.

Si sa demande est accueillie, il lui est délivré, après qu'il a été visité, un certificat d'acceptation signé par le chef de corps et par le médecin, portant :

1° Qu'il réunit les qualités requises pour faire un bon service ;

2° Qu'il a toujours tenu une bonne conduite pendant son séjour au corps ;

3° Qu'il peut rester ou être admis dans le corps pour lequel il se présente. Muni de cette pièce, le militaire se présente devant le sous-intendant militaire chargé de la police administrative du corps, qui dresse l'acte de rengagement.

Les militaires qui en font la demande peuvent obtenir, au moment même du rengagement, des permissions de six à neuf mois. (Décision ministérielle du 24 octobre 1859.)

Le sous-intendant envoie au corps un extrait de l'acte de rengagement et y indique la somme qui revient à l'homme.

Les militaires admis à souscrire des rengagements au titre d'un

---

(1) Circulaire ministérielle du 26 février 1866 relative aux rengagements. Des difficultés se sont élevées au sujet de l'application de l'article de la loi du 26 avril 1855, aux termes duquel la durée des rengagements doit être réglée de manière que les militaires ne soient pas maintenus sous les drapeaux après l'âge de 47 ans.

Afin de lever toute incertitude à cet égard, les corps de troupes se conformeront à l'avenir aux dispositions suivantes qui fixent l'interprétation à donner à cet article :

Les militaires comptant moins de 25 ans de service pourront toujours être admis à se rengager, lors même qu'ils seraient âgés de plus de 47 ans ou que leur rengagement devrait avoir pour effet de les maintenir sous les drapeaux au delà de cet âge.

Dans ce dernier cas, la durée de leur rengagement devra être réglée de manière qu'ils ne soient maintenus que pendant le temps nécessaire pour leur permettre d'acquérir des droits à la pension de retraite.

Les militaires comptant 25 ans de service ne pourront être admis à se rengager que si l'acte qu'ils souscrivent ne doit pas avoir pour effet de les maintenir sous les drapeaux après l'âge de 47 ans.

corps autre que celui où ils servent, doivent, à moins d'empêchement résultant du service ou de la discipline, être dirigés immédiatement sur le corps dont le chef a consenti à les recevoir.

Sous-officiers et caporaux.

Les sous-officiers et caporaux ou brigadiers ne peuvent être autorisés à se rengager avec leur grade pour un autre corps que celui où ils servent qu'autant qu'ils produisent un certificat délivré par le chef du nouveau corps et constatant qu'il peut disposer en leur faveur d'une place vacante.

Les sous-officiers et les caporaux ne peuvent être admis à se rengager pour un corps, qui sert hors la France, qu'après avoir fait la remise de leurs galons.

Les certificats d'aptitude aux sous-officiers détachés de leur corps pour un service spécial, tel que le recrutement ou les écoles, leur sont délivrés par leurs chefs de service. (Notes ministérielles, 1er avril 1836 et 9 septembre 1841.)

Militaires en congé temporaire.

Le militaire en congé temporaire peut être admis à contracter un rengagement devant le sous-intendant militaire de son département s'il produit :

1° Un certificat d'aptitude délivré par l'officier de recrutement portant qu'il réunit les qualités requises pour faire un bon service.

Cette pièce contient l'attestation du docteur qui a dû visiter l'homme.

2° Un certificat du chef de corps portant qu'il a toujours tenu une bonne conduite.

3° S'il est absent de son corps depuis plus de trois mois, un certificat de bonnes vie et mœurs délivré par le maire de la commune.

4° Un certificat du chef du corps, dans lequel il demande à entrer, constatant qu'il peut y être admis.

Militaires dans la réserve.

Le militaire faisant partie de la réserve peut être admis à contracter un rengagement en faisant les mêmes justifications que le militaire en congé.

Il doit fournir en outre :

L'autorisation de se rengager délivrée par le général commandant la subdivision. (*Journal militaire*, 1er semestre 1861, p. 31.)

Le militaire en congé ou faisant partie de la réserve qui a contracté un rengagement doit être mis en route immédiatement.

REMPLACEMENT AU CORPS.

Les militaires sous les drapeaux ont été admis par la circulaire ministérielle du 9 juin 1858 à user du bénéfice de la loi du 17 mars 1858, autorisant les remplacements entre parents jusqu'au sixième degré.

Ces remplacements sont laissés à l'appréciation des chefs de corps et des généraux de brigade, et s'effectuent devant les sous-intendants militaires chargés de la surveillance administrative des corps.

Le chef de corps fait dresser en double expédition un état de demande de remplacement (modèle joint à l'instruction du 3 décembre 1848) et l'adresse au général de brigade, commandant la subdivision, avec les pièces que le remplaçant a dû produire et un certificat d'aptitude (modèle joint à la circulaire du 21 février 1837).

Le remplaçant doit, outre la justification de sa parenté, présenter les justifications exigées par la loi du 21 mars 1832, déjà citées pour les remplacements devant les conseils de révision.

Le remplacé supporte toutes les dépenses d'habillement et d'équipement qu'occasionne l'incorporation de son remplaçant. Cependant, le remplacé, qui n'a pas été habillé, est dispensé de payer la première mise d'habillement, de même que celui qui n'a pas reçu d'effets de petit équipement, si le remplacement s'effectue dans le mois qui suit son arrivée.

L'indemnité d'habillement est versée par le remplacé dans une caisse publique. L'indemnité de petit équipement est versée dans celle du corps.

Au vu de l'autorisation de remplacement et du récépissé à talon constatant le versement, le sous-intendant militaire dresse l'acte de remplacement en trois expéditions, dont une est remise au remplacé. Sur le vu de cette pièce, le corps raye celui-ci des contrôles et incorpore le remplaçant.

Le remplaçant n'est tenu d'accomplir que le temps de service qui reste à faire au remplacé; toutefois, ce temps ne peut pas être de moins de trois ans, lorsque le remplaçant n'a pas servi dans l'arme à laquelle appartient le remplacé; en conséquence, l'immatriculation doit faire mention de ce fait, lorsqu'il y a lieu. (Ordonnance du 28 janvier 1837.)

Le service du remplaçant compte du jour où le remplacé est rayé des contrôles.

LIBÉRATION.

La durée du service des jeunes soldats appelés est de sept ans, qui comptent du 1er janvier de l'année où ils ont été inscrits sur les registres matricules des corps de l'armée.

Le 31 décembre de chaque année, en temps de paix, les soldats qui ont achevé leur temps de service reçoivent leur congé définitif.

Ils le reçoivent, en temps de guerre, immédiatement après l'arrivée au corps du contingent destiné à les remplacer.

Le temps pendant lequel un jeune soldat a été insoumis ne compte pas en déduction des sept années de service exigées.

Ne compte pas pour le temps de service exigé par la loi le temps passé en prison en vertu d'un jugement rendu par un tribunal civil ou par un conseil de guerre.

L'homme qui est libéré définitivement reçoit une feuille de

route pour se rendre dans ses foyers ; il a droit à l'indemnité de transport et journalière : sa masse lui est payée avant son départ.

Un congé de libération et un certificat de bonne conduite, s'il y a lieu, sont adressés par les soins du conseil d'administration au sous-intendant militaire, chargé du service du recrutement dans le département où l'homme s'est retiré.

Le congé de libération est signé :
1° Par les membres du conseil d'administration ;
2° Par le sous-intendant militaire ;
3° Par le général de brigade ;
4° Approuvé par le général de division.

Les hommes renvoyés par anticipation dans leurs foyers, à quelque titre que ce soit, reçoivent une feuille de route, et ils ont droit à l'indemnité de transport et journalière : ils reçoivent, par l'intermédiaire du sous-intendant chargé du service du recrutement dans leur département, un congé de libération provisoire et un certificat de bonne conduite.

Le congé de libération provisoire est signé :
1° Par les membres du conseil d'administration ;
2° Par le sous-intendant militaire ;
3° Approuvé par le général de brigade.

La masse ne leur est payée qu'à la libération définitive : elle est à cette époque, et après que la feuille de route a été renvoyée au corps, ou six mois après le départ de l'homme, si la feuille de route n'a pas été renvoyée, versée à la Caisse des dépôts et consignations, sur un mandat payable à 40 jours de date.

Le mandat est adressé par le corps au sous-intendant militaire avec un bordereau qui est renvoyé au corps.

DOTATION DE L'ARMÉE.

Une dotation de l'armée a été créée par la loi du 26 avril 1855. Elle est formée par les prestations versées à la Caisse de la dotation par les jeunes soldats compris dans le contingent annuel, pour obtenir leur exonération du service militaire, et destinées à assurer leur remplacement dans l'armée par le rengagement d'anciens militaires. Elle peut recevoir des dons et des legs, et à titre de dépôt des versements volontaires. Elle pourvoit aux paiements des allocations aux rengagés, aux engagés volontaires après libération et aux remplaçants par voie administrative. Elle a pour but d'augmenter le bien-être des anciens soldats au moyen d'une haute paye qui s'ajoute au chevron, et en outre de créer une réserve de fonds, qui permet, soit un établissement aux sous-officiers, caporaux et soldats quittant le service, soit l'amélioration des pensions de retraite, qui leur sont acquises après vingt-cinq ans de services effectifs.

Elle est gérée par l'administration de la Caisse des dépôts et consignations et constitue un service spécial, dont le budget et les comptes sont annexés à ceux du ministère de la guerre.

Recettes.

Les recettes de la Caisse de la dotation se composent :
1° Des versements faits par les jeunes appelés, compris dans le contingent, pour obtenir l'exonération du service militaire ;
2° Des versements faits dans le même but par les militaires sous les drapeaux ;
3° Des dons et legs faits à la dotation de l'armée ;
4° Des arrérages de rentes inscrites au nom de la Caisse de la dotation de l'armée et du produit de la vente de rentes ;
5° Des versements faits à titres divers.

Dépenses.

Les dépenses se composent du paiement :
1° Des allocations et hautes payes attribuées aux rengagés et aux engagés volontaires après libération, pour les corps qui se recrutent par la voie des appels, et des arrérages de rentes à payer chaque trimestre aux sous-officiers en conformité de l'arrêté ministériel du 20 février 1863 ;
2° Du prix des remplacements par voie administrative ;
3° Du surcroît de dépenses pour pensions des sous-officiers, caporaux ou brigadiers et soldats des corps qui se recrutent par la voie des appels ;
4° A titre de remboursement des sommes versées volontairement en vue de l'exonération ultérieure ;
5° Des rentes achetées en son nom ;
6° Enfin des dépenses occasionnées par l'administration de la Caisse de la dotation de l'armée, tant à la commission supérieure qu'à la Caisse des dépôts et consignations.

Les excédants disponibles sur les recettes sont successivement employés en achats de rentes sur l'Etat au titre de la dotation de l'armée.

Une commission supérieure, composée de 15 membres nommés par l'Empereur, surveille et contrôle toutes les opérations, et présente, chaque année, à l'Empereur un rapport sur la situation générale de la dotation.

Elle propose en outre, chaque année, au Ministre de la guerre, qui détermine par un arrêté :
1° Le taux de la prestation individuelle à verser par les jeunes gens compris dans le contingent ;
2° Le taux de la prestation au moyen de laquelle les militaires sous les drapeaux peuvent obtenir leur exonération ;
3° L'augmentation, s'il y a lieu, des allocations attribuées aux rengagements et aux engagements volontaires après libération autres que les hautes payes ;
4° Eventuellement, dans le cas d'insuffisance du nombre des rengagements et des engagements volontaires après libération com-

paré à celui des exonérations, le prix et le mode de paiement des remplacements à effectuer par voie administrative.

DE L'EXONÉRATION DU SERVICE.

1° Des jeunes gens compris dans le contingent.

Les jeunes gens compris dans le contingent annuel obtiennent l'exonération du service au moyen de prestations versées à la Caisse de la dotation et destinées à assurer leur remplacement dans l'armée, par la voie du rengagement d'anciens militaires.

Le taux de la prestation individuelle est fixé chaque année, sur la proposition de la commission supérieure, par un arrêté du Ministre de la guerre, qui est publié et affiché dans chaque commune *dix jours au moins avant le commencement des opérations des conseils de révision pour la classe appelée.* (Décret impérial du 18 février 1860) (1).

Pendant les opérations de la formation du contingent cantonal, le préfet ou le sous-préfet délivre aux jeunes gens, qui veulent se faire exonérer, un certificat indiquant leurs noms, prénoms, âge, lieu de naissance, domicile et profession, ainsi que leur position sous le rapport du recrutement (modèle n° 4); ceux-ci sont ensuite admis, sur la présentation de ce certificat, à verser à la Caisse des dépôts et consignations dans le département de la Seine ou entre les mains de ses préposés dans les autres départements (receveurs généraux ou particuliers) le montant de la prestation individuelle fixée pour l'année, ou, s'il y a lieu, le complément nécessaire pour porter au chiffre fixé le montant en capital et intérêts des versements faits avant l'appel.

Ces versements doivent être effectués dans les dix jours qui suivent l'époque fixée pour la clôture des opérations des conseils de révision. A l'expiration de ce délai, le conseil de révision, réuni au chef-lieu du département, prononce les exonérations, sur la présentation des récépissés de versements. Les récépissés de versements faits avant l'appel doivent être accompagnés d'un certificat de non-opposition, délivré par la Caisse des dépôts et consignations et affranchi du timbre.

Les décisions des conseils de révision sont définitives et irrévocables; elles sont inscrites pour chaque classe sur un registre spécial et mentionnées sur la liste du contingent cantonal.

Les jeunes gens compris conditionnellement dans le contingent, ou qui ont obtenu des délais, sont admis à profiter du bénéfice de l'exonération jusqu'au dixième jour qui suit la décision définitive, dont ils ont été l'objet de la part du conseil de révision.

Le préfet délivre aux jeunes gens un certificat constatant qu'ils ont été exonérés du service, et adresse au Ministre de la guerre un état numérique des exonérations effectuées.

---

(1) Par arrêté ministériel, en date du 11 avril 1866, le taux de la prestation individuelle a été fixé à 2,400 fr.

2° Des militaires sous les drapeaux.

Les militaires sous les drapeaux peuvent être admis à l'exonération du service, par le versement d'une prestation dont le taux est fixé chaque année par un arrêté du Ministre, sur la proposition de la commission supérieure (1).

Ils doivent préalablement adresser leur demande à leur capitaine, qui la soumet au colonel ; celui-ci ne doit admettre que les demandes fondées sur des motifs graves et sérieux, justifiés par des pièces authentiques, et dans des limites commandées par une sage réserve, la loi n'ayant pas créé, comme pour les jeunes gens de chaque classe, un droit absolu à l'exonération en faveur des militaires sous les drapeaux, mais seulement une faculté, dont l'exercice est nécessairement subordonné aux circonstances et soumis à l'approbation de leurs chefs hiérarchiques.

Si le colonel admet la demande d'exonération, elle est établie conforme (modèle G, circulaire ministérielle du 26 janvier 1856), et visée par le capitaine commandant la compagnie, escadron ou batterie et par le chef de corps.

Elle est ensuite soumise au général commandant la subdivision, qui la transmet par la voie hiérarchique au Ministre de la guerre, qui décide.

Les demandes de chaque corps sont adressées ensemble à la fin du dernier mois de chaque trimestre. (Voir circulaire ministérielle du 19 mars 1860.)

En cas d'approbation de la demande, il est remis à l'homme une déclaration pour l'admission à l'exonération, revêtue de l'avis favorable du colonel.

Sur la présentation de cette pièce, les préposés de la Caisse des dépôts et consignations reçoivent le montant de la prestation due, en raison du temps de service à faire par l'intéressé.

Pour le paiement du prix de l'exonération, toute fraction d'année de service à accomplir est comptée comme une année entière.

Dans le prix de l'exonération sont comprises les indemnités d'habillement et de petit équipement, précédemment exigées des militaires admis à se faire remplacer.

Les récépissés de ces versements font titre envers l'État, lorsqu'ils ont été soumis immédiatement au visa du contrôle placé près de la Caisse des dépôts et consignations, dans le département de la Seine, et dans les autres départements dans les vingt-quatre heures de leur date au visa du préfet ou du sous-préfet.

Les récépissés de versement sont présentés au conseil d'administration du corps qui prononce l'exonération et délivre aux militaires un certificat constatant qu'ils ont été exonérés du service (modèle 9). Ces exonérations sont inscrites sur les contrôles du

---

(1) Par arrêté ministériel, en date du 14 avril 1866, le taux de la prestation individuelle a été fixé à la somme de 450 fr. pour chaque année de service restant à accomplir.

corps, et donnent lieu à un acte spécial inscrit sur le registre tenu par le trésorier et auquel sont annexés les récépissés de versement et l'état des services de l'exonéré. Ce registre est coté et paraphé par le sous-intendant militaire.

3° Des militaires de la réserve ou en congé.

Il est statué, suivant le même mode, sur les demandes qui sont formées par des militaires dans la réserve ou en congé, sans que ceux-ci soient obligés de se rendre à leur corps.

Les commandants de recrutement font alors, à l'égard des militaires de la réserve, l'office de chef de corps et transmettent les demandes au général commandant la subdivision.(Circulaire ministérielle du 19 mars 1860.)

4° Des dispensés.

Les dispensés appelés à l'activité, comme ayant perdu leurs droits à la dispense, ne peuvent, s'ils le demandent, être exonérés qu'au corps dans lequel ils ont été primitivement immatriculés ou pour éviter des déplacements onéreux dans l'un de ceux qui se trouvent le plus rapprochés de leur résidence ; le prix qu'ils ont à payer est le même que celui fixé pour les militaires sous les drapeaux pendant l'année où a cessé le droit à la dispense.

5° Des rengagés et engagés volontaires après libération.

Si le militaire admis à se faire exonérer est un rengagé ou un engagé volontaire après libération, ou un remplaçant par voie administrative, il est tenu compte des sommes qu'il a reçues et de celles qui lui sont dues par l'Etat.

Lorsque la somme payée comptant à ce militaire est supérieure à la somme qui lui revient, il est tenu de verser à la Caisse de la dotation, en sus du prix de l'exonération, la portion de prime qu'il a reçue en trop.

Si, au contraire, la somme payée comptant est inférieure à la part proportionnelle qui lui est due, la différence est liquidée à son profit. (Circulaire ministérielle du 16 août 1859.)

Le décompte de la part proportionnelle est établi par jour jusqu'au jour inclusivement de la radiation des contrôles, en prenant pour base la totalité de la prime ou des annuités, au moyen de la proportion suivante :

	Nombre de jours donnant droit aux allocations.		Primes ou annuités.		Nombre de jours de service accomplis.		Part proportionnelle
A		: B		:: C		: X	

Conformément à ce qui a lieu pour la haute paye de chevrons, il est tenu compte des années bissextiles, et chaque mois compris fait est compté pour le nombre réel de jours qu'il contient.

Toutes les fois que, par application de la circulaire du 7 septembre 1855 et de celle du 26 janvier 1856, une demi-annuité aura été comprise pour une fraction comptée pour six mois et que le militaire aura *accompli intégralement*, avant sa radiation, le nombre de jours pour lequel la demi-annuité lui a été allouée, il a droit au complément intégral de cette allocation. Dans le cas contraire, le premier terme (A) de la proportion ne comprend que le nombre de jours pour lequel l'allocation est attribuée.

Premier exemple (1) :

Militaire rengagé pour sept ans dans sa septième et dernière année de service, à partir du 1er janvier 1860, et rayé des contrôles le 1er mars 1865.

Prime, 2000 fr., dont 1000 fr. payables comptant.

Décompte de la part proportionnelle :
$$2557 \text{ jours} : 2000 :: 1521 : X.$$
$$X = 1189,67.$$

Soit à payer, déduction faite des 1000 fr. déjà alloués, 189 fr. 67 c. Mais il doit à l'Etat 3 ans à 500 fr. = 1500 ; il devra donc rembourser, pour obtenir l'exonération, 1500 fr. moins 189 fr. 67 c., c'est-à-dire 1311 fr. 33 c.

Si, au lieu de se faire exonérer le 1er mars 1865, il ne se fait exonérer que le 1er mars 1867, le décompte de la part proportionnelle étant 2557 jours : 2000 fr. :: 2251 : X.
$$X = 1760 \text{ fr. } 65 \text{ c.}$$

Soit à payer, déduction faite des 1000 fr. déjà alloués, 760 fr. 65 c. Mais il doit à l'Etat un an ou 500 fr.; il recevra donc à son départ 760 fr. 65 c. — 500, c'est-à-dire 260 fr. 65.

Deuxième exemple:

Militaire rengagé pour trois ans, à partir du 1er janvier 1863, époque à laquelle il comptait douze ans onze mois et quatorze jours de service.

Avait droit pour un an et seize jours à une annuité et demie de 310 fr., soit 465 fr., dont 210 fr. payables immédiatement.

S'il est rayé des contrôles le 11 janvier 1864, la part proportionnelle est établie ainsi qu'il suit :

381 jours : 465 fr. :: 275 jours : X = 457 fr. 67 c.

Soit à payer, déduction faite des 210 fr. déjà payés, 247 fr. 67.

Mais il doit à l'Etat deux ans à 500 fr., total 1000 fr.; il devra donc rembourser, pour obtenir l'exonération, 1000 fr. moins 247 fr. 67 c., c'est-à-dire 752 fr. 33 c.

Si sa radiation ne s'effectue que le 17 janvier 1864, il a droit au complément d'une annuité et demie, soit 255 fr.; il ne devra donc rembourser que 497 fr. 33 c.

---

(1) Ces calculs ont été faits d'après les taux fixés antérieurement à l'arrêté ministériel du 11 avril 1866.

DES RENGAGEMENTS.

Les rengagements sont contractés sous les conditions et dans les formes voulues par la loi du 21 mars 1832, par l'ordonnance du 28 avril 1832 et par celle du 15 janvier 1837, sauf les modifications prescrites par les lois du 26 avril 1855 et du 24 juillet 1860 et les décisions complémentaires. (Voir *Des rengagements*, page 22, Recrutement.)

Un arrêté du Ministre de la guerre fixe chaque année, sur la proposition de la commission de la dotation de l'armée, les allocations auxquelles auront droit les militaires qui se rengagent.

Par arrêté ministériel du 11 avril 1866, elles sont fixées ainsi qu'il suit :

Le premier rengagement de sept ans donne droit :

1° A une somme de 2100 fr., dont 1000 fr. payables au moment du rengagement ou de l'incorporation, et 1100 fr. payables à la libération définitive du service.

2° A la haute paye de 0,10 c. par jour.

Tout rengagement contracté pour moins de sept ans donne droit, jusqu'à quatorze ans de service :

1° A une somme de 300 fr. pour chaque année de rengagement, dont 140 fr. payables au moment du rengagement ou de l'incorporation, et 160 fr. payables à la libération définitive ;

2° A la haute paye de rengagement de 10 cent. par jour.

Après quatorze ans de service, le rengagé n'a droit qu'à la haute paye journalière de 20 cent.

La portion de la prime de rengagement et les portions d'annuités payables comptant doivent être soldées au moment où le rengagement est contracté, que les militaires aient terminé ou non leur temps de service ; mais la haute paye journalière de 10 cent. n'est due qu'après l'expiration des sept années de service exigées par la loi du 21 mars 1832.

Pour les sous-officiers, la portion de la prime de rengagement ou les portions d'annuités payables comptant sont immédiatement employées à un achat de rentes 3 0/0 au nom du rengagé.

Les rentes sont achetées sans frais par la Caisse de la dotation de l'armée, et le titre de rentes incessible et insaisissable, en vertu de l'art. 18 de la loi du 26 avril 1855, est inscrit au nom du militaire sur le grand-livre de la dette publique, et reste déposé à la Caisse de la dotation de l'armée jusqu'à sa libération définitive.

Les militaires qui comptent plus de sept années de service ne sont pas admissibles à jouir des avantages attribués au premier rengagement de sept ans.

Dans ce cas ils ont droit :

Pour chaque année de leur nouveau rengagement jusqu'à quatorze ans de service accomplis, à l'annuité et à la haute paye journalière de 10 cent.

Les fractions d'année de service des militaires admis, en vertu de la loi du 26 avril 1855, à contracter des rengagements ou des engagements volontaires après libération, doivent être décomptées suivant les règles observées par le département de la guerre pour la liquidation des pensions de retraite.

En conséquence, la fraction excédant une année n'est pas admise dans le compte des services lorsqu'elle est de moins de quinze jours.

A partir de quinze jours et jusqu'à six mois et quatorze jours inclus, la fraction d'année est comptée pour six mois.

Enfin, la fraction est admise pour un an, lorsqu'elle est de six mois quinze jours au moins.

Premier exemple :

En prenant pour base le prix de l'annuité fixé à 320 fr. depuis 1864.

Un militaire ayant accompli huit ans cinq mois et dix-sept jours de service, à l'époque où commence à courir un rengagement qu'il a contracté pour une durée de sept ans, a droit, jusqu'à quatorze ans de service :

1° Pour cinq années entières, à cinq annuités de 320 fr., dont 310 fr. payables comptant, soit 700 fr. ;

2° Pour six mois et quatorze jours comptés pour six mois, à la moitié d'une annuité de 320 fr., dont 70 fr. payables comptant ;

3° A la haute paye journalière de 10 cent. pendant cinq ans six mois et quatorze jours ;

4° Après quatorze ans de service, c'est-à-dire pendant un an cinq mois et dix-sept jours, il reçoit seulement la haute paye de 0,20 c.

Deuxième exemple :

Un militaire comptant onze ans cinq mois et quatorze jours de service, au moment où commence à courir un rengagement qu'il a contracté pour une durée de cinq ans, a droit :

1° Pour les deux ans, six mois et seize jours comptés pour trois années, à trois annuités de 320 fr., dont 140 fr. payables comptant, soit 420 fr. ;

2° A la haute paye journalière de 10 cent. pour deux ans six mois et seize jours ;

3° Après quatorze ans de service, c'est-à-dire pendant deux ans cinq mois et quatorze jours, il reçoit seulement la haute paye de 20 cent.

Les hautes payes de rengagement et les hautes payes de chevrons sont touchées simultanément, mais d'une manière distincte, par les ayants droit, à la fin de chaque prêt.

L'absence illégale, l'envoi à titre de punition dans une compagnie de discipline, et la condamnation à une peine correctionnelle entraînent la privation de la haute paye, pendant le temps de l'absence ou de la peine. Les hommes des bataillons d'Afrique y ont droit.

Dans chaque corps ou portion de corps, il est dressé un état nominatif des militaires qui contractent des rengagements sous les conditions prescrites par les lois du 26 avril 1855 et 26 janvier 1856.

Un double de cet état est adressé directement et sans lettre d'envoi au Ministre de la guerre (bureau de recrutement) le 1ᵉʳ de chaque mois.

Les militaires de la réserve admis à se rengager doivent figurer sur cet état. (Circulaire ministérielle du 11 novembre 1863.)

DES ENGAGEMENTS VOLONTAIRES APRÈS LIBÉRATION.

Les engagements volontaires, d'une durée de deux ans au moins et de sept ans au plus, contractés après libération, et moins de deux ans après cette libération, par les militaires ayant déjà servi quatre ans au moins, donnent droit, suivant leur durée, aux mêmes avantages que les rengagements.

Sur la première portion de la prime ou de l'annuité est prélevé le montant de la première mise de petit équipement, suivant l'arme à laquelle est affecté l'engagé, conformément au tarif 52 annexé à l'ordonnance du 5 décembre 1840.

Ces engagements sont contractés sous les conditions et dans les formes prescrites par la loi du 21 mars 1832, par l'ordonnance du 28 avril 1832, sauf les modifications établies par la loi du 26 avril 1855 et celle du 24 juillet 1860.

L'engagé volontaire après libération doit présenter au maire, qui reçoit son engagement, son congé de libération du service militaire et un certificat de bonne conduite délivré par le corps où il a servi en dernier lieu.

L'acte est dressé dans la forme prescrite par le règlement d'administration publique du 9 janvier 1856, et une ampliation est adressée directement au sous-intendant militaire chargé du recrutement dans le département où l'engagement a lieu.

Le sous-intendant militaire, après avoir reconnu la régularité de l'acte, en adresse une expédition au préposé de la Caisse des dépôts et consignations et certifie que l'engagé a droit à recevoir du préposé, pour le compte de la dotation de l'armée, la somme fixée par l'arrêté ministériel en vigueur.

Il indique en outre, au bas de l'acte de rengagement, le montant de la somme à prélever pour la première mise du petit équipement.

Le préposé déduit cette somme de la première portion, certifie au bas de l'expédition de l'acte d'engagement dont l'engagé est porteur, lui avoir payé la somme (en toutes lettres) qui lui revenait, et en avise le sous-intendant. L'engagé volontaire, de son côté, donne quittance de la somme (en toutes lettres) qu'il a reçue du préposé de la Caisse des dépôts et consignations, au bas de l'expédition de l'acte de rengagement adressé à ce fonctionnaire par le sous-intendant militaire.

Au moment de la mise en route de l'engagé, le sous-intendant envoie au corps, sur lequel celui-ci est dirigé, une autre expédition, où il inscrit en toutes lettres la somme payée par anticipation sur la prime.

Le 1ᵉʳ de chaque mois, le sous-intendant militaire transmet directement, et sans lettre d'envoi au ministère de la guerre, un état nominatif des engagements volontaires après libération, contractés pendant le mois précédent.

REMPLACEMENTS PAR VOIE ADMINISTRATIVE.

Lorsque le nombre des rengagements et des engagements volontaires après libération est insuffisant pour couvrir celui des exonérations, un arrêté du Ministre de la guerre, rendu sur la proposition de la commission supérieure de la dotation de l'armée, autorise les remplacements par voie administrative, et en fixe le taux (1).

Sur le montant de la première portion de la prime ou de l'annuité est prélevé le montant de la première mise de petit équipement, suivant l'arme à laquelle est affecté le remplaçant, conformément au tarif annexé à la circulaire ministérielle du 10 août 1863.

Cet arrêté est publié et affiché dans chaque commune.

Les maires des communes, dans chaque département, et les commandants de brigade de gendarmerie, dans chaque brigade (Instruction ministérielle du 4 juillet 1860, *Journal militaire*, page 6), ouvrent une liste sur laquelle ils inscrivent les hommes qui se présentent pour remplacer, et qui réunissent les conditions prescrites par la loi du 21 mars 1832, qui ont été déjà énumérées (page 19, Recrutement).

Ces listes, accompagnées des pièces produites, sont adressées par les maires à la fin de chaque mois, et par les commandants de brigade de gendarmerie le 15 et le 30 de chaque mois, au sous-intendant militaire, chargé du service du recrutement dans le département.

Le sous-intendant militaire s'assure, par l'examen des pièces produites qui lui ont été adressées, que les hommes inscrits réunissent les conditions exigées pour être admis comme remplaçants.

Le Ministre indique périodiquement les corps sur lesquels seront dirigés les remplaçants définitivement admis.

Les remplaçants sont examinés par une commission spéciale instituée au chef-lieu du département et composée ainsi qu'il suit :

L'officier général ou supérieur commandant le département, président.

Le sous-intendant militaire chargé du service du recrutement.

Le commandant de gendarmerie.

---

(1) Par arrêté ministériel du 14 avril 1866, le taux du remplacement a été fixé à 2,400 fr., et celui de l'annuité à 300 fr.

Le commandant du dépôt de recrutement.

En cas de partage des voix, celle du président est prépondérante.

La commission est assistée d'un médecin militaire, ou, à son défaut, d'un médecin civil.

Les archives de la commission sont déposées et conservées au dépôt de recrutement.

Cette commission doit se réunir au moins deux fois par mois.

Les hommes inscrits pour remplacer sont convoqués devant la commission spéciale de remplacement par lettre individuelle, que le sous-intendant militaire leur fait notifier par le maire du lieu de leur résidence.

La commission spéciale, après avoir vérifié les pièces produites et fait constater, séance tenante, l'aptitude physique de l'homme, par l'officier de santé dont elle est assistée, prononce, s'il y a lieu, son admission. Cette admission est constatée dans le procès-verbal de la séance.

L'acte de remplacement (modèle 4) est rédigé, séance tenante, par le sous-intendant militaire, et signé par ce fonctionnaire et par le remplaçant.

Les actes de remplacement sont réunis en un registre qui forme annexe au registre des procès-verbaux de la commission.

Sont également annexées à ces registres les pièces produites par le remplaçant.

Une expédition de l'acte est remise au remplaçant pour lui servir de titre.

La portion de la prime de remplacement, qui doit être payée comptant, est soldée, au moment où le remplacement est contracté, au chef-lieu du département, par le préposé de la Caisse des dépôts et consignations, sur le vu d'une expédition de l'acte adressé à ce préposé par le sous-intendant et constatant la somme à laquelle a droit le remplaçant, d'après l'arrêté ministériel en vigueur.

Le sous-intendant militaire indique au bas de l'acte de remplacement le montant de la somme à prélever pour la première mise de petit équipement et déduit cette somme de la première portion à payer.

Le préposé de la Caisse des dépôts et consignations inscrit le paiement effectué sur l'expédition de l'acte de remplacement, dont le remplaçant est porteur, et en avise le sous-intendant militaire. Le remplaçant, de son côté, donne quittance de la somme (en toutes lettres) qu'il a reçue du préposé de la Caisse des dépôts et consignations, au bas de l'expédition de l'acte adressé à ce fonctionnaire par le sous-intendant.

La somme payée au remplaçant est inscrite sur le contrôle signalétique, qui, au moment de la mise en route, est envoyé au corps sur lequel il est dirigé, sur la feuille de route, sur le registre spécial de la dotation de l'armée, et après l'incorporation, sur le folio individuel de la dotation, et sur le livret par les soins du commandant de la compagnie, de l'escadron ou de la batterie.

Les remplaçants, avant d'être dirigés sur les corps auxquels, selon leur aptitude et les répartitions ministérielles, ils ont été affectés par l'autorité militaire (par les soins du commandant de recrutement), sont immatriculés par armes, ainsi que cela a lieu pour les jeunes soldats (art. 29, loi du 21 mars 1832).

Le commandant du dépôt de recrutement remet chaque mois au sous-intendant militaire, qui y appose son visa, et la fait parvenir au Ministre, la situation numérique des remplaçants admis par la commission spéciale pendant le mois précédent.

Il est alloué sur les fonds de la dotation une indemnité de 25 fr. aux gendarmes de la brigade qui ont fait les démarches et les écritures pour chacun des candidats inscrits par eux et admis par la commission spéciale de remplacement.

Une indemnité de 6 fr. 66 c. par jour, à la charge de la dotation, est allouée aux membres des commissions spéciales de remplacement qui se trouvent dans l'obligation de se déplacer pour se rendre au siége de ces commissions.

Les remplaçants, qui, hors le cas de force majeure, ne sont pas arrivés à leur corps, au jour fixé par l'ordre de route, sont poursuivis comme insoumis.

La durée des remplacements est de trois ans au moins et de sept ans au plus (31 mai 1860).

Les militaires libérés qui ont plus de quatorze ans de service ne peuvent être admis comme remplaçants administratifs. (Circulaire ministérielle du 29 mai 1860, n° 607.)

PAIEMENT DES ALLOCATIONS.

La première portion de la prime et les portions d'annuités payables comptant sont payées, le jour même de la signature de l'acte, aux rengagés, ainsi qu'aux engagés volontaires après libération et aux remplaçants par voie administrative. Ces paiements sont effectués directement par le préposé de la Caisse des dépôts et consignations aux engagés volontaires après libération (page 34) et aux remplaçants par voie administrative (page 36).

Les militaires de la réserve, qui, se trouvant dans leur dernière année de service, sont autorisés à contracter des rengagements, peuvent recevoir directement du préposé de la Caisse des dépôts et consignations au chef-lieu de chaque département, après constatation de leurs droits par le sous-intendant militaire, la première portion payable comptant de la prime ou des annuités qui leur reviennent. Les formalités sont les mêmes que pour les engagés volontaires après libération (page 34).

La première portion de la prime de rengagement et les portions d'annuités payables comptant, sont payées à titre d'avance sur les fonds généraux de la caisse du corps, par les soins du trésorier ou de l'officier payeur : la feuille individuelle constatant le paiement est signée pour quittance par le militaire, et dans le cas où il ne sait pas signer, par l'officier de section. (Voir comptabilité de la dotation, les inscriptions à faire sur le livret individuel du militaire, page 44.)

Aucun paiement n'est fait aux sous-officiers rengagés; aussitôt qu'un sous-officier contracte un rengagement donnant droit à la prime ou à des annuités, le conseil d'administration adresse à M. le directeur de la Caisse des dépôts et consignations, une feuille individuelle (modèle 1) indiquant le nom, les prénoms, le grade du rengagé, la durée de son rengagement, les allocations auxquelles il peut prétendre et la première portion de la prime ou des annuités à employer en rentes 3 0/0.

Ces renseignements servent pour l'inscription au compte ouvert au nom du rengagé de la somme due, à titre de première portion de la prime, qui est immédiatement employée en rentes 3 0/0.

Une mention spéciale inscrite sur le livret individuel indique :

Le montant de la première portion de la prime.
Le capital employé en rentes.
La somme de rentes achetées.
La série et le numéro du titre de rentes.
La date de la jouissance.
La fraction du capital non employée.

Les hautes payes de rengagement de 10 et de 20 centimes par jour attribuées aux rengagés et aux engagés volontaires après libération, sont payées à terme échu sur les fonds généraux de la caisse du corps à titre d'avance au même jour que la haute paye des chevrons.

Les fonds nécessaires pour ce paiement sont remis aux commandants de compagnie, escadron ou batterie, sur la production d'une feuille de dépense (modèle B).

La dépense de la haute paye est justifiée au moyen d'une feuille numérique, que le trésorier établit à la fin de chaque trimestre; cette dernière pièce est appuyée de l'état nominatif des hommes qui ont éprouvé des mutations.

Les arrérages dus aux sous-officiers rengagés, sont payés, à titre d'avance, dans les corps le premier jour de chaque trimestre par les soins de l'officier payeur.

La portion de prime et les annuités qui sont dues aux militaires, soit à la libération des services, soit aux sous-officiers nommés officiers, ou appelés à l'un des emplois militaires qui leur sont dévolus en vertu des lois ou règlements, soit aux militaires qui passent dans des corps qui ne se recrutent pas par la voie des appels, et sur l'avis du conseil d'administration du nouveau corps, soit enfin aux militaires réformés (1) ou retraités, leur sont payées par les corps de troupes.

---

(1) Les militaires réformés ou les héritiers des militaires décédés avant d'être entrés dans le cours de leur rengagement, n'ont pas droit au complément de la prime. (Décision ministérielle, 6 février 1866.)

Les militaires, dont la position vient ainsi à se modifier, ont droit sur les sommes qui leur sont allouées, d'après l'acte qui les lie au service, à une part proportionnelle à la durée du service qu'ils ont accompli ; le décompte en est établi par jour en prenant pour base la totalité de la prime ou des annuités ; mais ceux de ces militaires dont la réforme ou la retraite aurait été prononcée par suite de blessures reçues ou d'infirmités contractées dans un service commandé, reçoivent la totalité des sommes qui leur sont dues en vertu des actes qui les lient au service.

Lorsque les sommes payées par anticipation comme portion de prime ou d'annuités excèdent la part proportionnelle à laquelle ces militaires ont droit d'après la durée du service accompli, ces sommes demeurent acquises aux militaires qui les ont reçues, car elles ne sont sujettes à répétition que dans le cas où le militaire ainsi lié au service se fait exonérer.

Les dispositions des articles précédents sont applicables aux sous-officiers rengagés, qui sont nommés à un des emplois civils qui leur sont dévolus par les lois et règlements.

Les sommes attribuées aux rengagés et aux engagés volontaires après libération et aux remplaçants sont incessibles et insaisissables.

En cas de décès, la part de ces primes et annuités proportionnelle à la durée du service accompli revenant aux héritiers ou ayants cause, leur est payée dans le lieu de leur résidence, par les soins de la Caisse des dépôts et consignations, sur la justification de leurs droits.

Toutefois, si la mort du militaire a eu lieu à la suite de blessures reçues ou d'infirmités contractées dans un service commandé (1), la totalité des allocations, qui leur auraient été attribuées, appartient à leurs héritiers ou ayants cause, si le militaire était entré dans le cours de son rengagement.

Indépendamment des autres justifications exigées par le décret impérial du 9 janvier 1856, dans le cas de blessures reçues ou d'infirmités contractées dans un service commandé, il doit être produit un certificat délivré par le conseil d'administration du corps et constatant l'origine des blessures et infirmités qui ont occasionné la retraite, la réforme ou le décès. (Circulaire ministérielle du 6 octobre 1860, page 310.)

Les certificats de propriété à produire par les héritiers doivent être délivrés dans les formes et suivant les règles prescrites par la loi du 28 floréal an VII ; toutefois, dans le cas où la somme restant ne serait que de 50 fr. et au-dessous, le paiement pourra en être effectué sur la production d'un simple certificat délivré par le

---

(1) Ou s'il a succombé, étant présent au corps aux influences d'une maladie épidémique ou endémique.

maire de la commune, où résident les héritiers, et visé par le préfet ou le sous-préfet. (Décision ministérielle du 16 mai 1859.)

Les conseils d'administration des corps font connaître à la direction générale de la Caisse des dépôts et consignations, le montant de la somme revenant aux militaires ou à leurs héritiers. En cas de déshérence, les sommes dues profitent à la dotation de l'armée.

Les sommes revenant, au jour de la condamnation, aux militaires condamnés à une peine qui les exclut des rangs de l'armée, sont payées à ceux qui ont pouvoir de recevoir pour eux à l'époque où devait s'opérer la libération du service.

REMBOURSEMENT DES AVANCES.

Pour obtenir de la Caisse des dépôts et consignations, le remboursement des avances pour primes, annuités et hautes payes, le conseil d'administration ou l'officier commandant de chaque corps, établit un bordereau récapitulatif (modèle E, 26 janvier 1856) des dépenses faites pour le compte de la Caisse de la dotation de l'armée pour les rengagés et les engagés volontaires après libération et un autre concernant les remplaçants par voie administrative. (Circulaire ministérielle du 24 mai 1862.)

Ces bordereaux, certifiés par le conseil d'administration, vérifiés et arrêtés par le sous-intendant militaire et quittancés par tous les membres du conseil d'administration, sont présentés au préposé de la Caisse des dépôts et consignations, chargé d'en acquitter le montant.

Les corps doivent produire à l'appui de ce bordereau :

1° Les feuilles individuelles de paiement de primes (modèle 1, 30 décembre 1856) quittancées par le rengagé.

2° Les états signalétiques et de service des militaires.

3° Une feuille numérique (modèle C, 25 janvier 1856) des hommes auxquels la haute paye de rengagement a été allouée pendant le trimestre ; cette feuille porte le décompte des sommes dues.

4° Un état nominatif (modèle D, 28 janvier 1856) des militaires jouissant de la haute paye, qui ont éprouvé des mutations pendant le trimestre.

Toutes ces pièces sont certifiées par le trésorier, vérifiées par le major et arrêtées par le sous-intendant militaire.

Indépendamment de ces formalités, les remboursements dont il s'agit ne peuvent avoir lieu que sur avis préalable donné au préposé de la Caisse des dépôts et consignations par le sous-intendant militaire chargé de la surveillance administrative du corps. (Circulaire ministérielle du 11 février 1862.)

Lorsqu'il y a nécessité, les avances effectuées par les corps, pour le compte de la dotation de l'armée, sont remboursées tous les dix jours par la Caisse des dépôts et consignations, à la charge par les corps de prévenir dix jours à l'avance, les préposés de cette caisse qui doivent opérer le remboursement.

Pour obtenir le remboursement, par la Caisse de la dotation, des arrérages de rentes payés aux *sous-officiers rengagés*, le premier jour de chaque trimestre, le conseil d'administration établit un état collectif (modèle 2, circulaire du 2 mars 1863) faisant connaître les paiements effectués ; cet état, revêtu des signatures des parties prenantes, est adressé à ladite caisse en deux expéditions dont l'une doit y être conservée et l'autre mise à l'appui du compte de son préposé.

Dans le cas où le remboursement des avances faites par les corps éprouverait des difficultés, il en serait rendu compte au Ministre de la guerre, par les soins de l'intendant militaire qui aurait à lui adresser (bureau de recrutement) le bordereau récapitulatif et les pièces à l'appui, afin que le remboursement puisse être concerté avec la Caisse des dépôts et consignations.

Les corps de troupes tiennent un *registre-journal* distinct des dépenses et des recettes effectuées par eux pour le compte de la dotation de l'armée.

Les remboursements qui leur sont faits par la Caisse des dépôts et consignations *sont inscrits sur le livret de solde, dans une section séparée, par les préposés de ladite caisse.*

Les sommes payées ou encaissées pour le service de la dotation, sont inscrites, en outre, sommairement au registre-journal : cette inscription s'effectue sans délai au fur et à mesure des opérations qu'elle a pour objet de constater, et par suite au registre de centralisation, qui, aux termes de l'art. 126 de l'ordonnance du 10 mai 1844, doit présenter toutes les recettes et toutes les dépenses faites au titre des corps ; en conséquence, deux colonnes de ce dernier registre doivent être affectées aux comptes à ouvrir pour le service de la dotation de l'armée.

Les sommes payées aux militaires sont également inscrites, chaque trimestre, dans une section distincte sur leur livret individuel, par les soins des commandants de compagnie, escadron ou batterie.

Toutes les écritures auxquelles donne lieu le paiement des primes, des annuités et des hautes payes, dans l'intérieur des corps, sont soumises au contrôle de l'intendant militaire.

COMPTABILITÉ DE LA DOTATION DE L'ARMÉE.

Registre spécial de la dotation de l'armée.

Il est ouvert dans chaque corps, conformément à l'instruction du 4 décembre 1863, un registre spécial destiné à recevoir l'inscription détaillée des renseignements relatifs aux militaires liés au service, en vertu des lois du 26 avril 1855 et du 24 juillet 1860, en vertu de rengagements, d'engagements volontaires après libération et de remplacements par voie administrative.

Ce registre, conforme au modèle n° 1, est tenu par le trésorier. Il fait connaître, d'un côté, les droits des hommes en raison de la nature, de la date et de la durée des actes qu'ils ont souscrits, et de l'autre, les paiements qui leur ont été faits à titre de prime et d'annuités.

Les détails des services y sont reproduits d'une manière rigoureuse d'après les indications contenues dans la matricule du corps, et les dates auxquelles s'ouvrent pour les rengagés et pour les engagés volontaires après libération, les droits à la haute paye de rengagement de dix ou de vingt centimes y sont inscrites d'une manière précise (col. 19 et 20).

Les hommes y sont inscrits au fur et à mesure de la réception des actes qu'ils ont souscrits, sans distinction de grades, et ils conservent jusqu'à l'expiration du service déterminé par l'acte, le numéro sous lequel ils sont inscrits. Si, après cette époque, ils se lient de nouveau au service sous les conditions de la loi du 26 avril 1855, un nouveau numéro leur est donné.

Toutes les fois qu'un militaire a été l'objet d'une décision spéciale (autorisation ou régularisation de rengagement, d'engagement volontaire après libération ou de remplacement administratif, ordre de versement, imputation sur les sommes restant à toucher ultérieurement), mention succincte doit en être faite dans la colonne d'observations.

Dans chaque compagnie, escadron ou batterie, il est tenu, conformément à la décision ministérielle du 20 janvier 1864, un registre spécial à feuillets mobiles.

Ces folios, destinés, comme la feuille matricule, à suivre les militaires dans toutes leurs mutations, doivent toujours être en concordance avec le registre général du corps tenu par le trésorier, et toutes les mutations, qui les intéressent au point de vue de la dotation de l'armée, doivent être inscrites sur l'un et sur l'autre.

Feuilles de journées spéciales de la dotation de l'armée.

Dans les premiers jours de chaque trimestre, il est établi dans chaque compagnie, escadron ou batterie, des feuilles de journées spéciales, suivant le modèle 2, pour servir à la vérification des paiements faits sur les fonds de la dotation de l'armée à tous les militaires liés au service dans les conditions de la loi du 26 avril 1855 et du 24 juillet 1860.

Ces feuilles sont dressées en double expédition par les officiers commandants et vérifiées par le trésorier, qui certifie qu'elles sont conformes au registre tenu par lui.

Elles sont nominatives et présentent :

Les mutations (gains et pertes) survenues depuis le dernier jour du trimestre précédent;

Le détail des journées donnant droit à la haute paye de dix ou de vingt centimes et le décompte en deniers des sommes payées à ce titre;

Le nombre des militaires admis à recevoir des allocations à titre de primes, d'annuités ou d'arrérages de rentes (sous-officiers) et le montant de ces allocations.

Les résultats des feuilles de journées de tout le corps sont reportés sur un relevé général (modèle 3) dressé en double expédition par le trésorier, vérifié par le major et indiquant, pour l'ensemble du corps, les allocations payées pendant le trimestre au compte de la dotation, ainsi que les remboursements effectués par la Caisse des dépôts et consignations du 10 du premier mois du trimestre au 10 du 1er mois du trimestre suivant.

A cet effet, les conseils d'administration doivent faire compléter dans les dix premiers jours de chaque trimestre, au plus tard, le remboursement *intégral* des avances faites par eux pendant le trimestre précédent.

Quant aux avances opérées du 1er au 10 du premier mois du trimestre, ils ne doivent s'en faire rembourser qu'à partir du 11 dudit mois.

Les feuilles de journées sont remises au sous-intendant militaire, chargé de la surveillance administrative du corps, dans les quinze premiers jours qui suivent l'expiration du trimestre.

Cet envoi est accompagné :

1° De deux expéditions du relevé général ;

2° De l'état des mutations et des mouvements survenus pendant le trimestre ;

3° De l'état nominatif des militaires admis pendant le trimestre à la haute paye de dix centimes et à celle de vingt centimes ou passés de la première à la deuxième ;

4° Des duplicata des feuilles individuelles et des feuilles numériques ;

5° D'un duplicata de l'état nominatif fourni par le corps à la Caisse des dépôts et consignations, pour obtenir le remboursement des arrérages trimestriels payés aux sous-officiers possesseurs d'un titre nominatif de rentes 3 0/0 (modèle 2 annexé à la circulaire ministérielle du 2 mars 1863, n° 5) ;

6° Des duplicata des bordereaux récapitulatifs des avances faites par le corps pendant le trimestre ;

7° D'un extrait du livret de solde faisant connaître les sommes remboursées au corps par les préposés de la Caisse des dépôts et consignations pour avances de primes et de hautes payes.

Le sous-intendant vérifie les feuilles de journées en se reportant au registre spécial qu'il se fait représenter, et il s'assure :

1° Que toutes les mutations ont été reportées exactement sur les feuilles de journées, telles qu'elles sont inscrites sur le registre spécial et constatées par les pièces justificatives ;

2° Qu'il n'a pas été fait de double emploi dans les différentes feuilles de journées sur lesquelles les militaires peuvent se trouver compris, par suite de mutations dans le cours du même trimestre et dans le même corps ;

3° **Que les allocations touchées pour haute paye de dix centimes** et de vingt centimes sont d'accord avec les droits des militaires, tels qu'ils sont constatés par les indications portées dans les colonnes 19 et 20 du registre spécial ;

4° Que les sommes payées à titre de portions de primes et d'annuités ont été régulièrement allouées, en raison du temps de service accompli par les militaires, de la nature comme de la durée des actes par eux souscrits, et enfin des arrêtés ministériels sous l'empire desquels ces actes ont été reçus ;

5° Que les paiements portés sur les feuilles de journées concordent avec les remboursements faits par les préposés de la Caisse des dépôts et consignations.

Après avoir opéré sa vérification, le sous-intendant militaire arrête le relevé général et signale, au verso, les erreurs qu'il peut avoir reconnues et il adresse à l'intendant militaire, dans les cinq premiers jours du deuxième mois qui suit le trimestre, le relevé général avec les feuilles de journées et les pièces à l'appui.

L'intendant militaire procède à leur vérification et consigne ses observations dans une feuille de renseignements qu'il adresse au sous-intendant militaire ; celui-ci la communique au conseil d'administration pour avoir ses observations.

Si, d'après les renseignements fournis, l'intendant juge qu'il y a lieu à vérification, il procède de la manière suivante :

1° Si les erreurs commises concernent des allocations pour les hautes payes, il établit une feuille de rectification (modèle 5) indiquant, d'une part, les sommes à payer aux militaires, de l'autre les sommes payées en trop, qui doivent être reversées à la Caisse de la dotation, et l'envoie au sous-intendant militaire pour être remise au conseil d'administration du corps, qui fait exécuter immédiatement les rectifications prescrites.

Le sous-intendant militaire adresse au Ministre les récépissés de versement avec un extrait de la feuille de rectification qui les a prescrits.

2° Si les erreurs concernent des allocations pour primes ou annuités, elles sont signalées dans des feuilles de vérification individuelles (modèle n° 6) reproduisant les renseignements fournis par le conseil d'administration au sujet des paiements irréguliers, et le Ministre statue.

A chacune de ces feuilles est annexé le relevé des services du militaire qu'elle concerne.

L'intendant adresse au Ministre dans le troisième mois qui suit chaque trimestre :

Le relevé général ;
Une expédition des feuilles de journées avec les pièces à l'appui ;
Les feuilles de vérification individuelles ;
Un duplicata de la feuille de rectification adressée par lui au corps.

Inscriptions à porter sur le livret individuel des militaires.

Il est ouvert dans le livret individuel, une section distincte destinée à recevoir l'inscription de toutes les allocations, faites au compte de la dotation de l'armée, soit à titre de primes et d'annuités, soit à titre de haute paye de dix et de vingt centimes.

Au moment où le militaire s'engage, ou lors de son arrivée au corps, si c'est un engagé volontaire après libération ou un remplaçant par voie administrative, on inscrit sur son livret le montant de la somme qui lui est allouée d'après l'arrêté ministériel en vigueur, la portion de la prime qui lui a été payée comptant et la somme qui lui revient à la libération définitive.

Les sommes payées aux militaires à titre de haute paye de dix et de vingt centimes sont inscrites en une seule fois au commencement de chaque trimestre par les soins du commandant de la compagnie, escadron ou batterie, qui en signe l'arrêté.

<small>Inscriptions à faire sur le registre-journal de la dotation et sur le registre-journal des recettes et dépenses du corps.</small>

Toutes les recettes et dépenses effectuées dans les corps pour le compte de la dotation de l'armée sont inscrites par ordre de date, sur le registre-journal de la dotation de l'armée.

Chacun des paiements opérés à titre de prime ou d'annuité y est inscrit d'une manière distincte et fait connaître le nom du militaire, ainsi que la nature de l'allocation.

La haute paye de rengagement y est portée en dépense au fur et à mesure des paiements et dans la forme prescrite pour l'inscription du prêt sur le registre-journal du corps.

Les remboursements effectués pour le compte de la dotation, y sont inscrits sans délai, et ils sont portés sur le livret de solde par le préposé de la caisse qui en avise le sous-intendant (page 41).

Les sommes payées ou encaissées pour le service de la dotation sont en outre portées sommairement au registre-journal (page 41).

<small>Registre des actes d'exonération.</small>

Il est tenu dans les corps, par le trésorier, un registre d'exonération sur lequel sont inscrites les exonérations conformément à l'art. 43 du décret du 9 janvier 1856 (page 13); les folios mobiles et les récépissés de versement y sont annexés.

ORGANISATION DE LA RÉSERVE.

La réserve de l'armée se compose des militaires renvoyés dans leurs foyers par anticipation et des portions du contingent non appelées, y compris les jeunes soldats laissés dans leurs foyers comme soutiens de famille.

D'après les dispositions arrêtées par l'Empereur en 1860 pour le recrutement de l'armée (Circulaire ministérielle du 10 janvier 1861), le contingent annuel de chaque classe est appelé à l'activité en totalité, et les jeunes soldats, après avoir été immatriculés au titre des corps auxquels ils ont été affectés, sont divisés en deux portions.

Les jeunes soldats de la première portion sont affectés immédiatement au recrutement de l'armée active, et, comme par le passé, dirigés sur les dépôts de leurs corps. Ceux de la deuxième portion sont réunis, pendant le temps des semestres, dans des dépôts d'instruction, pendant trois mois la première année et pendant deux mois la seconde, afin d'y recevoir une instruction sommaire, puis renvoyés le reste du temps dans leurs foyers en vertu de congés et rendus ainsi à la vie civile.

Le temps d'exercice militaire ainsi fixé est obligatoire ; il est indispensable que chacun des jeunes soldats de la deuxième portion du contingent l'accomplisse en entier ; ceux qui n'ont rejoint les dépôts, même avec autorisation et pour cause légitime, qu'après la date à laquelle devait commencer leur instruction, doivent être retenus dans ces dépôts, jusqu'à ce qu'ils y aient terminé trois mois de présence effective ; ceux qui n'y ont pas paru du tout sont tenus de faire les trois mois de première année avec les jeunes soldats de la classe ou des classes suivantes.

Un état numérique (conforme au modèle annexé à la circulaire du 23 janvier 1862, page 41) doit être adressé pour la deuxième portion de chaque contingent. Il fait connaître ceux retenus pour être arrivés en retard, même pour cause légitime ou pour s'être fait remarquer par leur mauvaise conduite ou leur mauvaise volonté.

Quant aux hommes qui n'ont pas obéi à leur ordre de route dans les délais légaux, sans que leur retard puisse être justifié, ils sont déclarés insoumis et recherchés comme tels, conformément aux dispositions de l'art. 230 du Code de justice militaire.

Cependant, lorsqu'un insoumis a été arrêté, ou s'est présenté volontairement, les généraux divisionnaires auxquels est dévolu le droit d'ordonner ou de refuser l'information (art. 99 du même Code) doivent examiner s'il n'y a pas lieu de se montrer indulgent en raison de la nature spéciale du service auquel la deuxième portion est assujettie, et des circonstances spéciales où s'est trouvé l'insoumis. Toutes les fois qu'ils ont des doutes sur la suite à donner à la plainte, ils doivent en rendre compte au Ministre.

Les jeunes soldats de la deuxième portion du contingent sont assujettis aux appels semestriels prescrits par l'instruction du 15 avril 1857 et passés en revue, afin que l'autorité militaire soit à même de constater leur existence dans la réserve, de vérifier les mutations qui les concernent et de s'assurer que les effets qui leur ont été confiés sont dans un état satisfaisant. Ces revues ont lieu deux fois par an; la première s'effectue au chef-lieu de chaque canton où opère le conseil de révision appelé à former le contingent; la deuxième a lieu vers le mois de septembre aux jours qui sont annuellement fixés par des décisions spéciales.

Conformément aux règles tracées par l'instruction du 9 juin 1836, l'appel est fait par les officiers employés dans les dépôts de recrutement, qui ont à se transporter dans chaque canton en suivant un itinéraire préalablement arrêté par le général commandant le département de concert avec le préfet. (Circulaire du 12 avril 1861.)

Les jeunes soldats de la deuxième portion destinés à l'infanterie et au génie sont, autant que possible, réunis au chef-lieu de leur département et ceux destinés à la cavalerie ou à l'artillerie, sont groupés dans les garnisons de cavalerie et les écoles d'artillerie les plus voisines.

Les tableaux annexés à la circulaire du 11 juillet 1864 indiquent les localités où sont organisés les dépôts d'instruction.

Les jeunes soldats de la deuxième portion qui résident en Algérie et ceux qui ont déjà servi à titre d'engagés volontaires pour deux ans sont dispensés de se rendre aux dépôts d'instruction.

Pendant leur réunion dans les dépôts, les jeunes soldats de la deuxième portion reçoivent les prestations journalières attribuées aux soldats de leur arme et l'indemnité de transport et journalière pour l'aller et le retour.

Ils sont répartis dans les diverses compagnies du dépôt et confiés aux soins des commandants de compagnie.

On doit pour tout ce qui concerne l'habillement et la solde se conformer au règlement du 27 décembre 1860. (*Journal militaire*, 1861, 1er semestre, p. 55.)

ADMINISTRATION DES JEUNES SOLDATS DE LA 2e PORTION DU CONTINGENT.

Dispositions préliminaires.

Pendant toute la durée du temps consacré à leur instruction militaire, les jeunes soldats de la deuxième portion du contingent sont administrés, savoir:

En ce qui concerne l'habillement et le petit équipement, par les commandants des dépôts de recrutement.

En ce qui concerne la solde, la masse individuelle et les prestations en nature, par les corps chargés de leur instruction.

Habillement et équipement.

Formation des approvisionnements.

Les effets d'habillement, de grand et de petit équipement sont fournis tout confectionnés par les magasins centraux ; l'armement est fourni par les magasins d'artillerie.

Tous ces objets sont, dans chaque département, réunis dans des magasins spéciaux installés dans les quartiers occupés par les corps, et confiés à la surveillance du commandant du dépôt de recrutement ; cet officier est chargé de pourvoir à l'habillement, à l'équipement et à l'armement de ces hommes, ainsi qu'à la conservation et à l'entretien des armes et des effets, qu'ils laissent en partant pour rentrer dans leurs foyers, et il a sous ses ordres pour l'exécution du service (tenue des écritures et manutention du matériel), un sous-officier chargé des détails et un soldat ouvrier du magasin.

Ce magasin est placé sous la surveillance du sous-intendant militaire, chargé du service du recrutement.

Il est alloué aux commandants des dépôts de recrutement, chargés de pourvoir à l'habillement des jeunes soldats de la deuxième portion du contingent, une indemnité spéciale de frais de bureau fixée ainsi qu'il suit:

Jusqu'à 100 jeunes soldats	20 fr.
de 101 à 200	30
de 201 à 400	45
de 401 à 600	55
au-dessus de 600	60

Lorsque les jeunes soldats sont appelés à recevoir l'instruction militaire dans une place autre que celle où réside le commandant du dépôt de recrutement, ils sont pourvus d'effets d'habillement, de grand et de petit équipement, dans la place où doit se faire leur instruction militaire.

Un dépôt d'effets de ces diverses natures est organisé dans cette place, sous la garde d'un officier mis, pour ce service spécial, à la disposition du commandant du recrutement. Cet officier est responsable vis-à-vis du commandant dudit dépôt, qui demeure lui-même responsable envers l'État.

Un sous-officier et un soldat lui sont adjoints comme au commandant du dépôt de recrutement.

Les jeunes soldats de toutes armes, appartenant aux contingents des départements autres que ceux dans lesquels sont stationnés les corps chargés de leur instruction militaire, sont administrés, en ce qui concerne l'habillement et le petit équipement, non par le commandant du recrutement de leur département, mais par celui du département où est stationné le corps sur lequel ils sont dirigés.

Les effets de toute nature, qu'ils doivent recevoir, leur sont délivrés par les soins de ce dernier officier et au dépôt qu'il commande.

Les effets d'habillement, de grand et de petit équipement, sont expédiés aux commandants des dépôts sur leurs demandes, par les intendants militaires des divisions dans lesquelles sont situés les magasins centraux d'habillement, d'après les indications du tableau ci-après :

Corps d'armée dans la circonscription territoriale desquels sont situés les dépôts de recrutement.	Divisions militaires dans lesquelles sont situés les dépôts de recrutement.	Magasins centraux d'habillement. Expéditeurs.	Intendants milit.^{res} auxquels les demandes doivent être adressées.
1er corps d'armée.	1er 2^e	Magasin central d'habillement de Paris.	Intendant militaire de la 1re division.
2^e	3e 4^e	Id. de Lille.....	Id. de la 3e divis.
3^e	5e 6e 7^e	Id. de Metz.....	Id. de la 5e divis.
		Id. de Strasbourg..	Id. de la 6e divis.
4^e	8e 20e 22^e	Id. de Lyon.....	Id. de la 8e divis.
	9e 17^e	Id. de Marseille...	Id. de la 9e divis.
	10^e	Id. de Montpellier..	Id. de la 10e divis.
5^e	15e 16e 18e 19e 21^e	Id. de Rennes ...	Id. de la 16e divis.
6^e	11e 12e 13e 14^e	Id. de Toulouse...	Id. de la 12e divis.

Les demandes sont établies (conformément aux modèles 2, 3 et 4 joints à la circulaire ministérielle du 12 juillet 1865) par les commandants des dépôts de recrutement en proportion des besoins présumés et adressées par eux aux intendants militaires, assez à temps pour que les effets nécessaires puissent être réunis au magasin départemental avant l'arrivée des jeunes soldats.

Elles sont vérifiées par les sous-intendants militaires ayant la surveillance administrative du magasin départemental.

De leur côté les intendants militaires des divisions, dans lesquelles sont situés les magasins centraux d'habillement, adressent en temps utile au Ministre la demande des effets d'habillement et de grand équipement, dont ils présument avoir besoin pour satisfaire à celles des commandants des dépôts de recrutement.

Dans le but d'éviter des complications dans les écritures, tout en maintenant la distinction des dépenses à la charge de la deuxième portion du contingent, tous les effets de petit équipement doivent être fournis (Circulaire ministérielle du 12 juillet 1865) par les corps instructeurs, qui se remboursent directement de leur valeur sur la masse individuelle des jeunes soldats. Les intendants militaires doivent veiller à ce que l'approvisionnement des corps en effets de cette nature soit au niveau des besoins auxquels ils auront à satisfaire. Toutefois, l'approvisionnement qui peut exister dans les magasins des dépôts de recrutement doit être d'abord et de préférence distribué aux jeunes soldats et le montant versé au Trésor.

Des boutons d'un modèle spécial sont placés sur les effets par les soins des comptables. La dépense est imputée sur les frais d'exploitation du magasin : il est alloué 1 centime par effet pour déplacement des boutons et 10 centimes pour le placement.

Les dragonnes de sabre et les couvre-platines sont prélevés dans les corps, sans remboursement aux masses générales d'entretien.

Les jeunes soldats se présentent, lorsqu'ils en reçoivent l'ordre, au dépôt de recrutement du département, dans le contingent duquel ils sont compris, pour y être habillés et équipés.

Le commandant de ce dépôt leur fait délivrer les effets d'habillement, de grand et de petit équipement déterminés pour l'arme, à laquelle ils sont affectés, ainsi qu'il est indiqué au tableau ci-après :

DÉSIGNATION DES EFFETS.	Infanterie, chasseurs à pied, génie, infirmiers, ouvriers d'administration.	Cavalerie.	ARTILLERIE.		OBSERVATIONS.
			Hommes à pied.	Hommes à cheval.	
PETIT ÉQUIPEMENT.					
Etuis d'habit, musette	1	1	1	1	
Chemises de coton	2	2	2	2	
Souliers (paire)	1	»	1	»	
Bottes éperonnées (paire)	»	1	»	1	
Guêtres de cuir	1	»	1	»	
Cravate de coton bleue	1	1	1	1	
Bretelles de pantalon (paire)	1	1	1	1	
Epinglette	1	1	1	1	
Bouchon de fusil	1	»	»	»	
Bouchon de mousqueton	»	»	1	1	
Tampon de cheminée	1	1	1	1	

DÉSIGNATION DES EFFETS.	Infanterie, chasseurs à pied, génie, infirmiers, ouvriers d'administration.	Cavalerie.	ARTILLERIE.		OBSERVATIONS.
			Hommes à pied.	Hommes à cheval.	
PETIT ÉQUIPEMENT (*suite*).					
Boîte à graisse et à cirage	1	1	1	1	
Brosse à habit	1	1	1	1	
Brosse à soulier	1	1	1	1	
Trousse garnie	1	1	1	1	
Sac de petite monture	1	1	1	1	
Collection d'effets de pansage y compris la paire de sabots	»	1	»	1	
Gamelle	1	1	1	1	
Livret	1	1	1	1	
Calotte de coton	1	1	1	1	
Mouchoirs	2	2	2	2	
Caleçons	1	1	1	1	
GRAND ÉQUIPEMENT.					
Modèle de l'infanterie. Giberne	1	»	»	»	
Ceinturon	1	»	»	»	
Porte-baïonnette	1	»	»	»	
Bretelle de fusil	1	»	»	»	
Fourreau de baïonnette	1	»	»	»	
Modèle de l'arme. Giberne	»	1	1	1	
Porte-giberne	»	1	1	1	
Ceinturon	»	1	1	1	
Dragonne de sabre	»	1	»	»	
Couvre-platine	»	1	»	»	
Bretelle de fusil	»	1	»	»	
HABILLEMENT.					
Habit (modèle d'infanterie)	1	»	»	»	
Veste (modèle spécial)	»	1	1	1	
Pantalon (modèle de l'arme)	1	»	1	»	
Pantalon de cheval (modèle spécial)	»	1	»	1	
Pantalon de treillis	»	1	1	1	
Capote (modèle d'infanterie)	1	»	»	»	
Capote manteau (modèle de l'arme)	»	»	1	»	
Manteau (modèle de l'arme)	»	1	»	1	
Bonnet de police à visière	1	1	1	1	
Havre-sac (modèle spécial)	1	»	1	»	

Le commandant du dépôt de recrutement fait établir le livret de chaque jeune soldat et le lui remet après y avoir inscrit les effets qu'il lui a délivrés.

Il reproduit cette inscription sur un feuillet individuel (modèle B) qui reste entre ses mains.

Le jeune soldat, après avoir été habillé et équipé, est dirigé sur le dépôt du corps de troupes dans lequel son instruction militaire doit se faire.

Les effets, dont le jeune soldat a besoin pendant le temps de sa présence sous les drapeaux lui sont fournis, sur la demande du corps, par le commandant du dépôt de recrutement.

Ces effets sont inscrits par les corps sur le livret du jeune soldat : la même inscription est faite sur le feuillet individuel par le commandant du dépôt de recrutement, d'après l'avis que le corps lui transmet de la délivrance des effets à l'ayant droit.

On doit en outre inscrire sur son livret les prescriptions spéciales qui suivent : Les jeunes soldats sont responsables des effets qui leur sont confiés : à leur retour dans leurs foyers, ils doivent les ménager avec le plus grand soin, ne pas en faire un usage habituel et s'en servir seulement les jours de convocation militaire et les jours de fête. Ils sont prévenus qu'en cas d'inexécution de ces prescriptions, les effets perdus ou détériorés par eux seront remplacés à leurs frais. (Circulaire ministérielle, 12 avril 1861.)

Les effets d'habillement délivrés aux jeunes soldats sont marqués ainsi qu'il suit : 2. P. C., au-dessous le millésime (186) de la mise en service, et plus loin un numéro (37) de série d'après les contrôle spécial de chaque département tenu par le commandant du dépôt de recrutement.

Les effets de grand équipement sont marqués 2. P. C. et au-dessous le millésime (186) de la distribution, dans le cas où il n'en porterait pas déjà un. Ces marques sont apposées par les soins des commandants des dépôts de recrutement ou des officiers adjoints, la dépense est imputée sur les fonds du service de l'habillement.

Lorsque les jeunes soldats quittent le corps, où ils ont été placés, pour rentrer dans leurs foyers, ils versent au dépôt de recrutement la capote, la capote-manteau ou le manteau, selon l'arme, le havre-sac d'infanterie ou d'artillerie, le pantalon de treillis et la gamelle individuelle, ainsi que les effets de grand équipement et les sacs à distribution. (Circulaire ministérielle du 28 février 1865.)

Ils emportent tous les autres effets, et doivent en être revêtus, lorsqu'ils se présentent aux revues d'appel.

Inscription de ces effets est faite sur leur feuillet individuel, qui reste au dépôt de recrutement, et sur leur livret, qu'ils emportent avec eux à charge de le représenter l'année suivante.

La 2° année les jeunes soldats se représentent au dépôt de recrutement pour reprendre les effets qu'ils y ont laissés, et recevoir, sauf application des dispositions relatives aux imputations, ceux dont ils peuvent être dépourvus.

Il est procédé de la même manière à la fin de la 2° période de séjour du jeune soldat sous les drapeaux qu'à la fin de la première, sauf en ce qui concerne les pantalons de treillis et les petites gamelles qui sont emportés.

Les jeunes soldats de la réserve sont soumis à toutes les règles relatives aux imputations auxquelles sont assujettis les militaires de l'armée active.

En cas de perte ou de dégradation des effets, dont ils sont pourvus, par suite de circonstances constituant le cas de force majeure, la dépense est mise, soit à la charge de l'Etat, soit au compte de la 2ᵉ portion de la masse générale d'entretien du corps, dans lequel l'instruction militaire leur est donnée, selon les distinctions établies à cet égard par les règlements en vigueur.

Lorsqu'ils sont sous les drapeaux, le cas de force majeure est constaté dans les formes réglementaires.

Le sous-intendant militaire, chargé de la surveillance administrative du magasin du dépôt de recrutement, statue sur les pertes et les dégradations survenues pendant le séjour du jeune soldat dans ses foyers.

Les jeunes soldats, qui sont appelés à l'activité après avoir passé sous les drapeaux comme faisant partie de la 2ᵉ portion du contingent de leur classe, doivent représenter, en arrivant à leur corps, les effets inscrits sur leur livret, ils sont assimilés, à cet égard, aux militaires appelés à l'activité, après avoir été renvoyés par anticipation dans leurs foyers.

Ceux qui, soit en arrivant à leurs corps, soit en se rendant aux réunions annuelles, soit en se présentant aux appels semestriels, sont reconnus n'avoir pas entretenu avec soin les effets qui leur ont été confiés, sont passibles de peines disciplinaires, indépendamment des imputations pour la moins-value desdits effets à subir sur leur masse individuelle.

Ils peuvent en outre être retenus au delà du terme fixé pour leur classe. (Circulaire ministérielle 31 mars 1862, p. 44.)

Les effets de toute nature laissés par les jeunes soldats morts, disparus ou désertés, sont repris, à leur domicile, par les soins de la gendarmerie et versés au magasin du dépôt de recrutement du département de leur résidence. Le commandant de ce dépôt en donne avis à celui du département par les soins duquel les effets ont été délivrés.

Si le décès, la disparition ou la désertion a lieu pendant la durée du séjour du jeune soldat sous les drapeaux, ses effets d'habillement sont renvoyés au dépôt du recrutement. Les effets de petit équipement restent au corps pour recevoir la destination déterminée par l'art. 224 de l'ordonnance du 10 mai 1844.

SOLDE ET MASSE INDIVIDUELLE.

Les jeunes soldats de la 2ᵉ portion du contingent sont considérés, dans les corps où ils se trouvent placés pour leur instruction, comme des militaires en subsistance, mais ils sont l'objet d'une comptabilité entièrement distincte, et doivent être administrés de la même manière que s'ils formaient un corps spécial.

Un officier peut être adjoint au trésorier, dans les corps qui reçoivent des jeunes soldats, pour le seconder dans la tenue de cette comptabilité particulière.

Les corps perçoivent pour eux la solde, la première mise de petit équipement, la prime journalière d'entretien, en un mot toutes les prestations, auxquelles ont droit, d'après les tarifs, les militaires des corps chargés de l'administration du dépôt.

La première mise de petit équipement et la prime journalière d'entretien à allouer aux jeunes soldats de la 2° portion du contingent sont réglées ainsi qu'il suit :

	Infanterie, chasseurs à pied, génie, infirmiers, ouvriers d'administration.	Cavalerie.	ARTILLERIE.	
			Hommes à pied.	Hommes à cheval.
	fr. c.	fr. c.	fr. c.	fr. c.
Première mise............	25 »	35 »	25 »	35 »
Prime journalière.........	» 08	» 10	» 08	» 10
Complet.................	40 »	45 »	40 »	45 »

L'excédant du complet de la masse individuelle des jeunes soldats de la deuxième portion du contingent ne doit pas leur être payé. (Décision ministérielle du 30 décembre 1862, *Journal militaire*, 1er semestre 1863, p. 5.)

Un tarif spécial fixe le montant des suppléments de première mise à allouer aux jeunes soldats de la deuxième portion du contingent appelés à l'activité. (Voir 26 août 1861.)

Les états de solde certifiés par le conseil d'administration du corps et les bons de subsistances et de chauffage sont établis au titre du dépôt d'instruction des jeunes soldats; l'inscription des paiements a lieu sur un livret de solde portant la même indication, et la régularisation des diverses prestations s'effectue par des feuilles de journées et de décompte distinctes par chaque contingent et des revues spéciales établies annuellement.

Le trésorier tient, pour l'administration des hommes de la deuxième portion du contingent, un registre-journal des recettes et dépenses, et il fait usage des divers chapitres du livre de détail qui peuvent être utilisés comme registre auxiliaire.

Il établit la feuille de journées qui doit servir à la confection de la revue générale de liquidation; il demeure également chargé de l'établissement de la feuille de décompte de la masse individuelle.

Deux expéditions de ce dernier document sont adressées au commandant du dépôt de recrutement, qui en renvoie une au corps après s'être assuré de la concordance des résultats avec ses propres écritures.

Il est alloué pour frais de bureau au trésorier une indemnité fixé comme il suit :

Jusqu'à 100 jeunes soldats	40 fr.
de 101 à 200	60
de 201 à 400	80
de 401 à 600	100
au-dessus de 600	120

Lorsqu'un corps chargé de l'administration des jeunes soldats change de garnison, le trésorier remplit envers le comptable du corps, qui arrive dans la place, les formalités exigées en cas de remise du service à un successeur.

En conséquence il est procédé, contradictoirement entre ces deux officiers, à l'arrêté des écritures, afin d'établir la situation exacte des fonds devant rester en caisse. La remise de ces fonds ainsi que des registres et documents relatifs aux jeunes soldats est ensuite faite au nouveau corps, qui demeure, dès lors, chargé de la suite des comptes.

Procès-verbal de ces diverses opérations est dressé par le sous-intendant militaire.

Le corps prélève sur la recette de la masse individuelle des jeunes soldats et verse au trésor, dans les huit jours à dater de celui de leur départ, le montant de la valeur des effets de petit équipement, qui leur sont délivrés par les soins du commandant du dépôt de recrutement, soit à titre de première mise, soit à titre de remplacement.

Il retire de la caisse du receveur général le récépissé de versement et le transmet au commandant dudit dépôt pour être mis à l'appui du bordereau décompté d'effets de petit équipement délivré par cet officier au contingent dirigé sur le corps.

Ces bordereaux et récépissés sont adressés au Ministre (Direction de l'administration, bureau de l'habillement) par le commandant du dépôt de recrutement, dans le mois du départ des jeunes soldats.

Les effets sont décomptés aux prix portés sur la facture d'expédition établie par le comptable du magasin central d'habillement, d'où ils proviennent. Ces prix sont portés à la connaissance du corps par le commandant du dépôt de recrutement.

Chaque année, au moment où la deuxième portion du contingent est renvoyée dans ses foyers, les sommes, que les prélèvements indiqués à l'article précédent et les imputations effectuées pour pertes ou dégradations, ont laissées disponibles à la masse individuelle des jeunes soldats, sont versées à la caisse du receveur général, au titre de la caisse des dépôts et consignations, au nom du dépôt d'instruction des jeunes soldats de la deuxième portion du contingent de la classe de. . . . du département de. . . . . affecté à l'arme d. . . . . .

Les sommes versées sont remises par le trésorier du corps chargé d'administrer le dépôt d'instruction des jeunes soldats, contre un récépissé à talon qui doit être déposé le jour même dans la caisse du conseil d'administration.

Le conseil fait retirer de la Caisse des dépôts et consignations par le trésorier les sommes nécessaires aux besoins du service ; nulle somme n'est retirée ou versée que sur la production par le trésorier d'un extrait de la délibération du conseil d'administration, qui autorise cette opération, et d'un mandement du sous-intendant militaire ayant la surveillance administrative du corps.

Cet extrait et ce mandement sont conformes aux modèles n°s 1 et 2 annexés à la circulaire ministérielle du 5 octobre 1861, (*Journal militaire*, p. 274 et 275).

Toutefois, à la fin de la deuxième période d'instruction des jeunes soldats de la deuxième portion du contingent, les opérations du retrait à effectuer successivement jusqu'à la libération définitive des hommes de la classe de ce contingent, ont lieu par les soins du commandant du dépôt d'instruction sur une déclaration de cet officier suivie d'un mandement du sous-intendant militaire.

Cette déclaration et ce mandement sont conformes au modèle 3.

Chaque mouvement de fonds est inscrit à sa date par le caissier ou les préposés de la Caisse des dépôts et consignations sur un *carnet* (modèle 4) établi par les soins du corps instructeur au nom de la deuxième portion du contingent (Circulaire ministérielle, 5 octobre 1861, p. 274) et visé par le sous-intendant militaire.

Il y a un carnet spécial par classe.

Le carnet est coté et paraphé par le sous-intendant militaire ayant la surveillance administrative du corps.

En cas de changement de garnison, ce carnet est visé et arrêté par le même fonctionnaire, et remis par le corps qui part à celui qui le remplace.

A la fin de la deuxième période d'instruction de la deuxième portion du contingent de chaque classe, les débet sont imputés sur la deuxième portion de la masse générale d'entretien de l'habillement du corps dans lequel les jeunes soldats reçoivent l'instruction militaire.

Le jeune soldat de la deuxième portion du contingent, qui, après avoir terminé ses périodes d'instruction, aurait laissé à sa masse individuelle un débet imputable suivant l'art. 9 du 27 décembre 1860 à la masse générale d'entretien du corps dans lequel il a reçu l'instruction militaire, est tenu, s'il est appelé à l'activité ou admis à devancer l'appel, de rembourser le montant de ce débet par un versement à la masse générale d'entretien de son nouveau corps, au moyen d'un prélèvement sur la masse individuelle.

Ce versement est opéré à la diligence du commandant du dépôt de recrutement sur les registres duquel le jeune soldat est inscrit.

Quant aux débet des jeunes soldats appelés à l'activité ou admis à devancer l'appel pendant le cours des années consacrées à leur instruction militaire, le remboursement en est effectué conformément aux dispositions de l'art. 177 de l'ordonnance du 10 mai 1844, le corps instructeur étant considéré comme ancien corps (1).

L'actif est versé à la caisse du receveur général par ce corps qui remet le carnet de versement au commandant du dépôt de recrutement après l'avoir fait viser et arrêter par le sous-intendant militaire sous la surveillance administrative duquel il est placé.

Les jeunes soldats libérés définitivement, sans avoir été appelés à l'activité, reçoivent leur résidu de la masse individuelle avec leur certificat de libération par les soins du commandant du dépôt de recrutement.

S'ils sont appelés à l'activité, leurs fonds de masse et leurs feuillets individuels sont envoyés, par les soins du même officier, aux corps dans lesquels ils sont définitivement incorporés.

Lorsque les jeunes soldats sont appelés à l'activité pendant le cours des deux années consacrées à leur instruction militaire, leurs fonds de masse sont envoyés à leurs régiments par le corps dépositaire du carnet; la feuille individuelle est envoyée par le commandant du dépôt de recrutement.

Les jeunes soldats instruits dans les centres d'instruction d'infanterie et les jeunes soldats non montés de l'artillerie incorporés dans les troupes à cheval reçoivent le supplément fixé par la circulaire du 26 août 1861 pour le corps dans lequel ils sont incorporés, plus un autre supplément de 10 francs.

Les jeunes soldats instruits dans la cavalerie et les jeunes soldats montés de l'artillerie incorporés dans l'infanterie, etc. (troupes à pied) reçoivent seulement le supplément fixé par la circulaire précitée pour le corps dans lequel ils sont incorporés.

Les jeunes soldats de l'artillerie à pied incorporés dans l'infanterie et *vice versâ*, ceux de l'artillerie à cheval incorporés dans la cavalerie n'ont droit qu'au supplément fixé par la circulaire du 26 août 1861 pour l'arme dans laquelle l'incorporation a lieu.

Les suppléments qui précèdent sont exclusifs des suppléments de 10 fr. ou de 40 fr. accordés par les tarifs généraux aux militaires incorporés changeant d'arme (2).

En cas de décès, de disparition ou de désertion d'un jeune soldat, sa masse individuelle est versée, savoir : à la masse générale d'entretien du corps chargé de l'administrer si le fait a eu lieu dans le cours des trois années consacrées à son instruction militaire, et s'il se produit dans le cours d'une année suivante, à la masse générale d'entretien du corps le plus à proximité du dépôt de recrutement sur les registres duquel le jeune soldat est inscrit.

---

(1) Note ministérielle du 27 mai 1864, *Journal militaire*, p. 509.
(2) Décision ministérielle du 28 mai 1864, *Journal militaire*, p. 510.

Ce dernier versement est effectué à la diligence du commandant de ce dépôt.

Dispositions générales.

Dans tous les cas non prévus au règlement du 27 décembre 1860, les commandants des dépôts de recrutement et les corps doivent se conformer aux dispositions générales des ordonnances des 2 novembre 1833, 25 décembre 1837 et 10 mai 1844.

Jeunes soldats de la deuxième portion du contingent ayant terminé leur instruction.

Note ministérielle du 25 mars 1864, Journal militaire, p. 177.

Les jeunes soldats de la deuxième portion du contingent qui ont terminé leur instruction sont administrés complétement par les commandants des dépôts de recrutement des départements auxquels ils appartiennent, et les commandants de ces dépôts reçoivent, à cet effet, toutes les pièces concernant ces jeunes soldats.

A l'expiration de la dernière période d'instruction de chaque classe, *les corps instructeurs établissent*, au titre de chaque département qui a fourni les jeunes soldats, *une feuille de décompte*, sur laquelle ils ne portent que le débet (pour mémoire) et l'avoir à la masse des hommes.

Pour l'établissement de ces feuilles de décompte, les corps instructeurs font usage du modèle inséré au *Journal militaire*, 1er semestre 1864, p. 179 et du modèle n° 64 annexé à l'ordonnance du 10 mai 1844, après y avoir fait les modifications nécessaires.

Les feuilles de décompte dûment arrêtées sont envoyées, avec le carnet des dépôts, au commandant de recrutement du centre d'instruction, qui garde celles de son département et remet les autres au sous-intendant militaire, chargé de la surveillance du corps instructeur. Il joint à chacune d'elles un mandat de virement d'une somme égale à l'avoir des hommes inscrits sur cette feuille. (Art. 109 de l'ordonnance précitée.)

Le sous-intendant militaire envoie ces pièces à ses collègues des départements des jeunes soldats, qui en font la remise aux commandants du recrutement; ceux-ci présentent les mandats de virement aux préposés de la Caisse des dépôts et consignations, qui délivrent en échange un récépissé, dont ils inscrivent le montant sur un carnet de dépôt ouvert à cet effet. Il est tenu un carnet par classe et par arme. Les virements et les retraits effectués par les officiers de recrutement à la Caisse des dépôts et consignations ont lieu suivant les règles générales.

Les feuilles de décompte sont arrêtées, le 1er janvier de chaque année, par les commandants des dépôts de recrutement et vérifiées par les sous-intendants militaires, qui peuvent, du reste, constater à toute époque de l'année l'exactitude des écritures, en partant de l'arrêté annuel et en tenant compte des recettes et des dépenses effectuées depuis le 1ᵉʳ janvier, opération qui donne pour résultat le reliquat au carnet.

Les intendants militaires inspecteurs s'assurent, pendant leur tournée annuelle, qu'il y a concordance entre le montant des feuilles de décompte et les excédants aux carnets.

PENSIONS MILITAIRES DE L'ARMÉE DE TERRE.

La loi distingue plusieurs sortes de pensions militaires, savoir :
Les pensions de retraite ;
Les pensions des veuves et des orphelins (1).

Les services militaires éminents peuvent, comme tous les services extraordinaires rendus à l'Etat, donner lieu à des pensions spéciales.

L'Empereur peut, en vertu de la loi du 17 juillet 1856, concéder, à titre de récompense nationale, aux ministres, aux grands fonctionnaires de l'Empire, à leurs veuves et à leurs enfants, ainsi qu'aux veuves et enfants des maréchaux et amiraux, une pension dont le maximum ne peut pas excéder 20,000 fr.

PENSIONS DE RETRAITE.

Les pensions militaires de retraite sont accordées à deux titres différents :
1° Pour ancienneté de service ;
2° Pour cause de blessures ou infirmités.

Pensions de retraite pour ancienneté de service.

Des droits à la pension.

Le droit à la pension de retraite pour ancienneté de service est acquis, pour les officiers et autres traités comme tels, à 30 ans accomplis de service effectif dans les armées de terre et de mer et, pour les sous-officiers, caporaux ou brigadiers et soldats, à 25 ans.

Les chefs de musique, les artistes civils commissionnés musiciens ont les mêmes droits à la retraite que les militaires auxquels ils sont assimilés pour la solde et les autres prestations.

Les officiers mis en non-activité pour infirmités temporaires et qui sont reconnus par un conseil d'enquête, conformément aux prescriptions de la loi du 19 mai 1834, non susceptibles d'être rappelés à l'activité, ont droit exceptionnellement, après 25 ans de service effectif, au minimum de la pension de retraite attribuée à leur grade.

---

(1) Des tarifs annexés aux lois des 11 avril 1831 et 25 juin 1861, fixent pour chaque grade ou emploi militaire assimilé, un maximum et un minimum dans la limite desquels on calcule le taux des pensions et fixe d'après les chiffres, la pension des veuves ou orphelins. La loi du 26 avril 1855 a en outre augmenté de 165 fr., à la charge de la dotation de l'armée, le minimum et le maximum fixés par la loi du 11 avril 1831, pour la pension des sous-officiers, caporaux ou brigadiers et soldats.

Décompte des services.

Les années de service pour la pension militaire de retraite se comptent de l'âge où la loi permet de contracter un engagement volontaire (17 ans dans l'armée de terre, décret du 10 juillet 1848, 16 ans dans l'armée de mer).

Est compté comme service effectif le temps passé à l'École impériale spéciale militaire, à partir de l'âge auquel la loi permet de contracter un engagement volontaire (18 ans, loi du 21 mars 1832, 17 ans, décret du 10 juillet 1848).

Pour les élèves entrés à l'École spéciale militaire antérieurement à la promulgation de la loi du 21 mars 1832, le service peut être compté dès l'âge de 16 ans. (Voir *Journal militaire*, 2° semestre 1862, p. 94, affaire Gaudry.)

Le service des marins incorporés dans l'armée de terre leur est compté, pour le temps antérieur à cette incorporation, d'après les lois qui régissent les pensions de l'armée de mer.

Le temps passé dans un service civil, qui donne droit à pension, est compté pour la pension militaire de retraite à compter de l'âge de 20 ans accomplis seulement, pourvu, toutefois, que la durée des services militaires soit au moins de 20 ans.

Il est compté quatre années de service effectif, à titre d'études préliminaires, aux élèves de l'École polytechnique, au moment où ils entrent comme officiers dans les armes spéciales, et cinq années aux médecins et pharmaciens militaires, au moment de leur admission dans le corps des officiers de santé, comme médecins ou pharmaciens aides-majors de 2° classe. (Décret impérial du 23 mars 1852, Décision ministérielle du 29 mars 1853.)

Pour la détermination des droits à la pension de retraite, les services des jeunes soldats appelés, substituants ou remplaçants, admis par les conseils de révision, comptent du jour de leur mise en route pour rejoindre les corps au titre desquels ils ont été immatriculés, s'ils ont rejoint dans les délais de leur feuille de route, et pour les engagés volontaires, les remplaçants au corps ou par voie administrative, du jour de la signature de l'acte d'engagement ou de remplacement.

Les militaires qui, après avoir été immatriculés ou incorporés sur les contrôles de l'armée, passent ensuite dans la réserve à quelque titre que ce soit, comptent comme service effectif le temps passé dans cette position.

Il n'est pas tenu compte du temps passé en état d'insoumission, en désertion, en détention par suite d'un jugement.

Décompte des campagnes.

Les militaires ayant le temps de service exigé pour la pension d'ancienneté sont admis à compter en sus les années de campagne d'après les règles suivantes.

Est compté pour la totalité, en sus de la durée effective, le service militaire qui a été fait :

1° Sur le pied de guerre ;

2° Dans un corps d'armée occupant un territoire étranger en temps de paix ou en temps de guerre ;

3° Par une troupe organisée, qui a contribué par des combats à rétablir l'ordre sur un point quelconque du territoire (Décret du 5 décembre 1851).

4° En Corse, par la gendarmerie (Décret du 3 janvier 1852) ;

5° A bord, par les troupes embarquées en temps de guerre maritime ;

6° Hors d'Europe en temps de paix par les militaires envoyés d'Europe : le même service en temps de guerre leur est compté pour le double en sus de la durée effective. Depuis le 1er janvier 1862, le service militaire accompli en Algérie n'est compté que pour la totalité en sus de sa durée effective comme pour les troupes hors d'Europe en temps de paix. (Loi du 25 juin 1861.)

Le service de guerre fait à l'armée d'Orient est compté pour le double en sus de sa durée effective aux militaires et marins débarqués pour prendre part aux opérations de guerre en Crimée. (Décret impérial du 4 août 1855.)

Est compté de la même manière, le temps de captivité à l'étranger des militaires prisonniers de guerre.

Est compté pour la moitié, en sus de sa durée effective :

1° Le service militaire fait sur la côte en temps de guerre maritime ;

2° Le service militaire à bord, pour les troupes embarquées en temps de paix.

Dans la supputation des bénéfices attachés aux campagnes, chaque période, dont la durée a été moindre de douze mois, est comptée comme une année accomplie. Néanmoins, il ne peut être compté plus d'une année de campagne dans une période de douze mois.

La fraction qui excède chaque période, dont la durée a été de plus d'une année, est comptée comme une année entière.

Fixation de la pension d'ancienneté.

Les hommes de troupe, après vingt-cinq années de service, et les officiers, après trente ans ou exceptionnellement après vingt-cinq ans dans le cas d'infirmités, ont droit au minimum de la pension d'ancienneté déterminé pour leur grade par le tarif annexé à la loi du 25 juin 1861.

Ce tarif, reproduit dans le *Supplément au Manuel des pensions de l'armée de terre (Journal militaire,* 1er sem. 1862, n° 4), présente pour les pensions accordées, soit à titre d'ancienneté de service, soit pour blessures ou infirmités, aux sous-officiers, caporaux ou brigadiers et soldats des corps qui se recrutent par la voie des appels, un chiffre qui est déterminé, conformément aux dispositions combinées des lois des 11 avril 1831 et 26 avril 1855 ; il comprend :

1° Le chiffre de la pension calculée d'après la loi du 11 avril 1831 ;

2° L'excédant résultant de l'application de la loi du 26 avril 1855, qui se compose, pour les militaires, des 165 fr. ajoutés au minimum et au maximum de pension par ladite loi, et lorsqu'il y a lieu du cinquième de cette somme.

Enfin, pour les veuves et orphelins, du quart de la somme de 165 fr. susindiquée.

Toutefois, les pensions des généraux de division et généraux de brigade, ainsi que celle des intendants et des inspecteurs du service de santé, qui leur sont assimilés pour la retraite, ne peuvent, en aucun cas, excéder la somme attribuée, selon le grade, aux officiers généraux dans le cadre de réserve.

Chaque année de service, au delà du temps donnant droit au minimum, et chaque année de campagne ajoutent à la pension un vingtième de la différence du minimum au maximum.

Les fractions d'année sont décomptées comme il suit :

Il n'est pas admis de fraction moindre de quinze jours.

A partir de quinze jours, et jusqu'à six mois et quatorze jours inclus, la fraction est comptée pour six mois.

Le maximum est acquis à cinquante ans de service, campagnes comprises, pour les officiers, et à quarante-cinq pour la troupe.

La pension d'ancienneté se règle sur le grade dont le militaire est titulaire; si, néanmoins, il demande sa retraite avant d'avoir, au moins, deux ans d'activité dans ce grade, la pension se règle sur le grade immédiatement inférieur.

La pension de retraite de tout officier, sous-officier, caporal, brigadier, et de tout gendarme ayant douze ans accomplis d'activité dans son grade, est augmentée du cinquième, même s'il a droit au maximum déterminé par le tarif.

La pension est liquidée sur le grade immédiatement inférieur si, à raison de l'augmentation du cinquième, il y a avantage pour le militaire dans ce mode de liquidation.

La retraite des gendarmes est liquidée d'après le grade dont ils étaient titulaires dans la ligne. (Ordonnance royale du 20 janvier 1841.)

Pensions de retraite pour cause de blessures ou d'infirmités.

Des droits à la pension.

Les blessures donnent droit à la pension de retraite lorsqu'elles sont graves et incurables, et qu'elles proviennent d'événements de guerre ou d'accidents éprouvés dans un service commandé.

Les infirmités donnent le même droit lorsqu'elles sont reconnues provenir des fatigues ou des dangers du service militaire.

Les blessures ou infirmités provenant de ces causes ouvrent un droit immédiat à la pension, si elles ont occasionné la cécité, l'amputation ou la perte absolue de l'usage d'un ou plusieurs membres, et dans les cas moins graves, si elles mettent l'officier hors d'état de rester en activité, et lui ôtent la possibilité d'y rentrer ultérieument, et pour le sous-officier, caporal ou brigadier et soldat, si elles le mettent hors d'état de servir, même dans les vétérans, et de pourvoir à sa subsistance.

Les causes, la nature et les suites des blessures et infirmités sont justifiées dans les formes et dans les délais qui sont déterminés par l'ordonnance royale du 2 juillet 1831.

Fixation de la pension.

Pour la cécité ou l'amputation de deux membres, la pension est fixée au maximum augmenté de 20 p. 0/0 pour les officiers et les assimilés, et de 30 p. 0/0 pour les sous-officiers, caporaux ou brigadiers et soldats et les assimilés.

Pour l'amputation d'un membre ou la perte absolue de l'usage de deux membres, les officiers, sous-officiers, caporaux ou brigadiers et soldats reçoivent le maximum de la pension.

Les blessures ou infirmités, qui occasionnent la perte absolue de l'usage d'un membre ou qui y sont reconnues équivalentes, donnent droit au minimum de la pension d'ancienneté.

Chaque année de service, y compris les campagnes supputées ainsi qu'il a été dit plus haut, ajoute à cette pension un vingtième de la différence du minimum au maximum d'ancienneté.

Le maximum est acquis à vingt ans de service, campagnes comprises.

Pour les blessures ou infirmités moins graves qui mettent les militaires dans l'impossibilité de rester au service, les pensions sont fixées pareillement au minimum, mais elles ne s'accroissent du vingtième de la différence du minimum au maximum que quand les campagnes, cumulées avec les services effectifs, forment un total de trente ans pour les officiers et les assimilés, et de vingt-cinq ans pour les sous-officiers, caporaux ou brigadiers et soldats.

Le maximum est acquis pour les premiers à cinquante ans de service y compris les campagnes, et pour les seconds à quarante-cinq ans de service.

La pension pour cause de blessures et infirmités se règle sur le grade dont le militaire est titulaire, et s'il a douze années de grade, le cinquième en sus lui est également dû quelle que soit la durée des services.

Les officiers mis en non-activité pour infirmités temporaires, n'ayant pas le service pour cause immédiate, et renvoyés, à raison de la prolongation de leur non-activité au delà de trois ans, devant un conseil d'enquête qui les reconnaît non susceptibles d'être rappelés à l'activité, ont droit, s'ils comptent vingt-cinq ans de service, au minimum de la pension de retraite attribuée à leur grade.

Cette pension, réglée dans des conditions absolues de fixité, ne s'accroît ni du bénéfice des campagnes, ni du cinquième en sus, après douze années de grade. (Loi du 25 juin 1861.)

Si, par une aggravation consécutive, les blessures ou infirmités, qui ont donné droit à une pension, occasionnent la perte d'un membre, le militaire retraité peut obtenir une liquidation nouvelle de sa pension. (Décret impérial du 20 août 1864, *Journal militaire*, p. 160.)

PENSIONS DES VEUVES ET DES ORPHELINS.

Des droits à la pension.

Ont droit à une pension viagère :

1° Les veuves de militaires tués sur le champ de bataille ou dans un service commandé ;

2° Les veuves de militaires qui ont péri à l'armée ou hors d'Europe, et dont la mort a été causée, soit par des événements de guerre, soit par des maladies contagieuses ou endémiques, aux influences desquelles ils ont été soumis par les obligations de leur service ;

3° Les veuves de militaires morts des suites de blessures reçues, soit sur le champ de bataille, soit dans un service commandé, pourvu que le mariage soit antérieur à ces blessures.

La cause, la nature et les suites des blessures doivent être justifiées dans les formes prescrites par l'ordonnance du 2 juillet 1831, portant règlement d'administration publique ;

4° Les veuves de militaires morts en jouissance de la pension de retraite ou en possession de droits à cette pension, pourvu que le mariage ait été contracté deux ans avant la cessation de l'activité ou du traitement militaire du mari, ou qu'il y ait un ou plusieurs enfants issus du mariage antérieurement à cette cessation.

Le mariage contracté par des militaires en activité de service n'ouvre de droits à la pension aux veuves et aux enfants qu'autant qu'il a été autorisé dans les formes prescrites par le décret du 16 juin 1808, c'est-à-dire, pour les officiers, avec l'autorisation du Ministre de la guerre, pour les sous-officiers, caporaux et soldats, avec celle du conseil d'administration.

En cas de séparation de corps, la femme contre laquelle elle a été admise ne peut prétendre à la pension de veuve. En ce cas, les enfants, s'il y en a, sont considérés comme orphelins.

Après le décès de la mère, ou lorsqu'elle se trouve déchue de ses droits à la pension, l'enfant ou les enfants mineurs des militaires morts dans les cas relatés ci-dessus, ont droit, quel que soit leur nombre, à un secours annuel égal à la pension que la mère aurait été susceptible d'obtenir. Ce secours est payé jusqu'à ce que le plus jeune d'entre eux ait atteint l'âge de vingt et un ans accomplis ; mais, dans ce cas, la part des majeurs est réversible sur les mineurs.

Fixation des pensions des veuves.

La pension des veuves de militaires est fixée, savoir :

A la moitié du maximum de la pension d'ancienneté affectée au grade dont le mari était titulaire, quelle que soit la durée de son ancienneté dans ce grade :

1° Pour les veuves de militaires tués sur le champ de bataille ;

2° Pour les veuves de militaires qui ont péri à l'armée et dont la mort a été causée par des événements de guerre ;

3° Pour les veuves de militaires morts des suites de blessures reçues dans les circonstances prévues par les deux paragraphes précédents, pourvu que le mariage soit antérieur à ces blessures.

Le bénéfice des dispositions ci-dessus est applicable aux secours annuels accordés aux orphelins des militaires dont il s'agit. (Loi du 26 avril 1856.)

Au quart du maximum de la pension d'ancienneté affectée au grade dont le mari était titulaire, lorsque ce dernier est mort en jouissance de la pension de retraite ou en possession de droits à cette pension.

La moitié ou le quart du maximum, qui revient aux veuves des sous-officiers, caporaux ou brigadiers et soldats, doit se prendre aussi sur la somme de 165 fr., dont la pension de ces militaires est augmentée.

La quotité de la pension des veuves des maréchaux a été fixée à 6,000 fr. ; mais en vertu de la loi du 17 juillet 1856, il peut leur être accordé une pension dont le maximum ne peut excéder 20,000 fr., lorsque, par des services éminents rendus à l'Etat, ces fonctionnaires ont mérité une récompense extraordinaire et que l'insuffisance de leur fortune rend cette pension nécessaire.

INSTRUCTION DES DEMANDES
Pour ancienneté de service.

L'admission à la pension de retraite pour ancienneté de service ne peut être demandée en principe avant l'entier accomplissement du temps de service après lequel est acquis le droit à cette pension (30 ans pour les officiers, 25 ans pour les sous-officiers et soldats).

Toute demande de pension pour ancienneté de service doit être motivée et contenir l'exposé des services et campagnes que le réclamant se propose de faire valoir pour l'obtention et la liquidation de cette pension, et être appuyée de l'état desdits services et campagnes dûment justifiés.

La demande de tout militaire faisant partie d'un corps de troupes ou d'un établissement régi par un conseil d'administration est instruite par les soins du conseil d'administration dudit corps ou établissement ; toutefois, si l'intéressé s'en trouve assez éloigné pour ne pouvoir y être transporté sans inconvénient (cas d'impotence ou de maladie très-grave d'un militaire en congé ou aux hôpitaux externes), le général commandant la division peut renvoyer la demande, pour être instruite, au conseil d'administration de l'un des corps à proximité.

La demande et les pièces à l'appui sont communiquées un mois avant la revue de l'inspecteur général au sous-intendant militaire qui, s'il les trouve régulières, les vise et les renvoie au conseil d'administration pour être présentées à l'inspecteur général; celui-ci, après avoir pris connaissance des motifs de la demande et des pièces, et s'être assuré de l'accomplissement des conditions légales, fait préparer par le conseil d'administration le mémoire de proposition pour l'admission à la pension de retraite.

Ce mémoire, certifié par le conseil, vérifié par le sous-intendant militaire, et approuvé par l'inspecteur général, est envoyé au Ministre de la guerre avec toutes les pièces qui ont servi à l'instruction de la demande et les observations auxquelles elle a pu donner lieu.

En cas d'urgence, les demandes peuvent être accueillies d'une inspection générale à l'autre, et le général commandant la division, sur le compte qui lui en est rendu, exerce ou délègue aux généraux commandants les subdivisions les attributions de l'inspecteur général.

Les militaires en activité, qui ne font pas partie d'un corps de troupes ou d'établissements régis par un conseil d'administration, se pourvoient, en observant les degrés de la hiérarchie, auprès du général commandant la division dans le ressort de laquelle ils sont employés.

Un officier général ou supérieur est alors chargé d'en suivre l'instruction, comme il est prescrit pour les conseils d'administration. Si la demande est instruite par un général de brigade, le général de division exerce lui-même les attributions de l'inspecteur général.

Les militaires admis d'office à faire valoir leurs droits à la pension de retraite sont mis en demeure d'en faire eux-mêmes la demande, qui est appuyée et instruite conformément aux dispositions précédentes ou au règlement du 2 juillet 1831, dans le cas de blessures ou infirmités : ainsi la retraite n'est jamais liquidée à l'insu de celui qui doit l'obtenir.

Sous-officiers et soldats.

Les militaires qui, pour une cause quelconque, sont dans le cas d'être mis à la retraite avant d'avoir accompli la durée de leur rengagement, ne peuvent être proposés que d'office pour la pension. Le motif doit toujours en être indiqué dans le mémoire de proposition.

Les conseils d'administration doivent toujours préparer à l'avance les propositions de pension à établir en faveur des militaires libérables, de manière que la demande de pension soit formée et que les pièces justificatives soient réunies avant que le militaire atteigne le terme de son dernier rengagement.

Dès que le rengagement est expiré, la proposition approuvée est transmise par le général commandant la division, qui est investi, à cet égard, des pouvoirs dévolus aux inspecteurs généraux.

Dans le cas où ces formalités n'ont pu être remplies à l'avance, les militaires qui ont acquis des droits à la retraite sont, à l'époque de leur libération, maintenus à leurs corps, jusqu'à ce que leur pension ait été liquidée, à moins qu'ils ne demandent à rentrer immédiatement dans leurs foyers. (Circulaire ministérielle du 20 janvier 1856.)

Pour blessures ou infirmités.

Tout militaire qui a à faire valoir des droits à la pension de retraite pour causes de blessures ou d'infirmités doit faire la demande avant de quitter le service.

Cette demande doit, outre les justifications prescrites pour les demandes de pensions pour ancienneté de service (état de services et campagnes, supputation desdits services et campagnes, acte de naissance), être appuyée d'un certificat dans lequel les officiers de santé en chef de l'hôpital militaire ou de l'hospice civil et militaire, où le dernier traitement aura été suivi, constatent la nature et les suites desdites infirmités, et déclarent qu'elles leurs paraissent incurables.

A l'égard des militaires qui n'ont pas été traités dans un de ces établissements, ce certificat est délivré par les officiers de santé en chef d'un des hôpitaux militaires ou hospices civils préalablement désignés par le Ministre de la guerre pour ces sortes de visites. (Annexe 3 du *Manuel des pensions de l'armée de terre*, p. 226.)

Les causes des blessures ou infirmités sont justifiées, soit par les rapports officiels et autres documents authentiques qui ont constaté le fait ou l'origine, soit par les certificats des autorités militaires, soit enfin par une information ou enquête prescrite et dirigée par les mêmes autorités.

La nature des blessures ou infirmités, ainsi que l'époque, le lieu et les circonstances, soit des événements de guerre, soit du service commandé dans lequel elles ont été reçues ou contractées, doivent être spécifiées.

La demande, instruite et vérifiée dans les formes prescrites pour les demandes de pension pour ancienneté de service, est transmise avec les pièces à l'appui au général commandant la subdivision, qui désigne deux officiers de santé attachés soit au corps, soit à d'autres régiments, soit à des établissements publics pour procéder à l'examen des blessures ou infirmités, en présence du conseil d'administration et du sous-intendant militaire. Lecture est faite par ce dernier du titre II de la loi du 11 avril 1831 (des droits à la pension de retraite pour causes de blessures ou d'infirmités).

Procès-verbal de ces opérations est dressé (modèle 1 annexé à l'ordonnance du 2 juillet 1831) et présenté, avec la demande et les pièces y annexées, à l'inspecteur général, lors de la plus prochaine inspection, et, en cas d'urgence, au général commandant la division.

L'inspecteur général, après avoir pris connaissance des pièces et du procès-verbal, fait procéder, en sa présence, par deux autres officiers de santé choisis comme il a été indiqué ci-dessus, à une vérification des causes qui motivent la demande.

Le sous-intendant militaire assiste à cette vérification, donne lecture du titre II de la loi du 11 avril 1831, et, quel que soit le résultat de l'opération, il en dresse un procès-verbal. (Modèle 2.)

Si, après cette vérification, il est reconnu que les causes, la nature et les suites des blessures et infirmités rentrent, par leur origine, leur gravité et leur incurabilité, dans un des cas déterminés par la loi (ceux en non-activité se pourvoient de la même manière), l'inspecteur général fait préparer par le conseil d'administration le mémoire de proposition pour l'admission à la pension de retraite. Ce mémoire, approuvé par l'inspecteur général, est transmis avec toutes les pièces au Ministre de la guerre, qui statue et fait procéder à la liquidation d'après le mode prescrit pour les pensions pour ancienneté, avec cette différence, que l'envoi au Conseil d'Etat est précédé de l'examen, par le conseil de santé des armées, des procès-verbaux qui ouvrent les droits à la pension.

Tout droit à la pension, basé sur les faits de blessures ou d'infirmités graves survenues en campagne ou dans un service commandé, est instruit d'urgence.

Le général commandant la division exerce dans cette circonstance les attributions dévolues à l'inspecteur général. (Circulaire ministérielle du 20 janvier 1856.)

Lorsqu'un militaire libéré est également dans le cas de recevoir un congé de réforme n° 1, il est de préférence réformé à ce titre, et désigné, si son état d'incapacité est le résultat de blessures ou d'infirmités contractées au service, pour une gratification une fois payée.

Ces cas de réforme rentrent au besoin dans les attributions des généraux divisionnaires, qui statuent au lieu et place des inspecteurs généraux. (Circulaire ministérielle du 20 janvier 1856.)

La circulaire ministérielle du 1er janvier 1853, adressée en exécution de la décision présidentielle du 30 octobre 1852, accorde aux militaires de la gendarmerie une gratification temporaire de réforme égale aux deux tiers du minimum de la retraite de leur grade pendant un nombre d'années égal à la moitié de la durée de leurs services, payable d'avance par portion égale et par semestre. A l'expiration, ils peuvent recevoir des secours éventuels comme tous les militaires de l'armée.

Les cas de gravité prévus par la loi à l'égard des blessures ou infirmités susceptibles d'ouvrir un droit immédiat ou relatif à une pension militaire de retraite, soit fixe, soit proportionnnelle, peuvent se diviser en six classes.

La cécité ou la perte totale ou irrémédiable de la vue........	1re classe.	Maximum augmenté de 20 p. 100 pour les officiers, et 30 p. 100 pour les hommes de troupe, quelle que soit la durée des services.
L'amputation de deux membres (pieds ou mains)............	2e classe.	
L'amputation d'un membre (pied ou main)..............	3e classe.	Maximum, quelle que soit la durée des services.
La perte absolue de l'usage de deux membres (1) (pieds ou mains)..	4e classe.	
La perte absolue de l'usage d'un membre (1) (pied ou main)....	5e classe.	Mimimum, augmenté par année de service de 1/20e de la différence du minimum au maximum d'ancienneté qui est acquis à vingt ans de service, campagnes comprises.
Le cas de blessures ou d'infirmités moins graves qui mettent { L'officier hors d'état de rester en activité, et d'y rentrer ultérieurement. Le sous-officier, caporal ou brigadier et soldat hors d'état de servir et de pourvoir à sa subsistance.....	6e classe.	Minimum, augmenté par année de service, au delà de trente années de service, campagnes comprises, de 1/20e de la différence du minimum au maximum qui est acquis à cinquante ans, y compris les campagnes. Gratifications renouvelables.

L'art. 16 de la loi du 11 avril 1831 admet pour les blessures ou infirmités qui sont reconnues équivalentes à la perte absolue de l'usage d'un membre, leur assimilation à celles qui occasionnent directement cette perte ; il n'est pas moins conforme à l'esprit de la loi qu'à l'équité d'assimiler aux blessures ou infirmités qui occasionnent la perte absolue de l'usage des deux membres celles qui y sont reconnues équivalentes ; par conséquent la 4e et la 5e classe ci-dessus comprennent de droit et respectivement les deux assimilations. (Voir *Manuel des pensions de l'armée de terre*, annexe 4, pour la désignation des lésions et leur assimilation aux catégories établies par la loi. Voir en outre l'instruction du 13 avril 1841 et les recommandations au conseil de santé du 21 février 1853.)

Justifications à l'appui des demandes.

L'état des services et campagnes doit être justifié par les extraits des contrôles de l'armée ou par les extraits des archives des autres services publics.

Le sous-intendant militaire doit veiller à ce que les documents soient totalement réunis, avant le visa qu'il est appelé à donner.

---

(1) On entend par perte absolue de l'usage d'un membre ou de deux membres la privation *entière et irrémédiable* de cet usage, non-seulement pour le service militaire, mais encore pour les besoins et les occupations de la vie privée.

Pour les anciens services, les archives du département de la guerre fournissent les extraits qui sont demandés au Ministre, soit par les conseils d'administration des corps de troupes ou des établissements militaires, soit par les intéressés eux-mêmes.

Les services militaires ne sont valablement justifiés que par les contrôles du corps où ils ont eu lieu : ce n'est qu'à leur défaut et lorsqu'il n'existe qu'un commencement de preuve des services militaires et des campagnes en litige, que les preuves peuvent en être complétées, soit par d'autres documents authentiques, soit par les certificats des autorités militaires, soit par une information ou enquête prescrite et dirigée par les mêmes autorités.

Les services des marins incorporés dans l'armée de terre sont justifiés pour les entretenus par les extraits des archives du ministère de la marine, et pour les non-entretenus par les extraits des archives de l'administration maritime de l'arrondissement où le marin a servi, embarqué, etc.

Le temps du service civil est justifié par les extraits des archives des administrations, chacune en ce qui est de sa compétence, ou des archives de la Cour des comptes. Ces extraits expriment la nature de l'emploi civil et la quotité du traitement qui y était attaché.

L'état des services, tout en indiquant l'époque effective de leur commencement, ne les porte en supputation que de celle à partir de laquelle l'âge permet de les compter.

Aucun temps de service ne peut être cumulé avec celui reconnu de droit à titre d'études préliminaires.

La supputation des années de service effectif et des campagnes est, dans l'instruction de la demande, l'objet d'un résumé qui est signé par l'intéressé et qui accompagne l'état des services.

La production de l'acte de naissance est d'une indispensable nécessité. Il sert à reconnaître, dans l'instruction de la demande, l'identité de la personne signalée par chacun des documents justificatifs des services et campagnes, à fixer l'époque précise à partir de laquelle les services et les campagnes peuvent être comptés, et à exprimer correctement les noms et prénoms, dates de naissance, etc., sous lesquels doivent avoir lieu la liquidation, la concession et l'inscription de la pension, pour prévenir les entraves que peut apporter au paiement des arrérages la moindre discordance entre le titre d'inscription de la pension et le certificat de vie. A cet effet, dans le cas où les pièces produites présentent des différences, soit dans l'orthographe des noms, soit dans l'ordre ou le nombre des prénoms, soit dans l'indication des dates et les lieux de naissance, ces différences doivent être expliquées dans un acte d'individualité fait sur l'attestation de trois témoins devant une autorité administrative ou judiciaire, ou devant un notaire, ou devant le sous-intendant.

Les expéditions d'actes de naissance venant de l'étranger doivent être légalisées, soit par la légation ou l'un des consulats de France dans le pays d'où elles viennent, soit par la légation ou l'un des consulats du pays en France.

L'acte de naissance des militaires nés en pays étranger doit être accompagné d'un extrait de leur lettre de déclaration de naturalité, ou d'un certificat, soit du conseil d'administration du corps, soit de l'autorité militaire constatant qu'ils se sont pourvus auprès du ministère de la justice, à moins qu'ils ne prouvent autrement qu'ils ont la qualité de Français, conformément aux lois.

Des justifications des droits à la pension par les veuves et les orphelins des militaires.

Les demandes concernant les droits ouverts en faveur des veuves et des orphelins de militaires, par suite du décès de ces militaires, sont instruites par les soins du sous-intendant militaire du département à qui elles sont adressées, par les autorités civiles ou par les intéressés avec les pièces à l'appui. (*Manuel des pensions de l'armée de terre*, page 143 à 153.)

Si le mari ou le père était en jouissance de la pension lors de son décès, le droit du mari étant jugé, il n'y a pas de justification à établir.

Les causes et la nature des blessures sont justifiées dans les formes prescrites ci-dessus relativement aux droits des militaires (art. 5 et 6 de l'ordonnance du 2 juillet 1831) : les suites des blessures le sont par des certificats authentiques d'officiers de santé militaires ou civils, lesquels doivent déclarer que lesdites blessures ont occasionné la mort du blessé.

Si la mort a été causée par des événements de guerre, ces événements doivent être constatés dans les formes prescrites ci-dessus relativement aux droits des militaires (art. 5 de l'ordonnance précitée).

Il est en outre justifié dans les mêmes formes, ou par des certificats authentiques d'officiers de santé, que lesdits événements ont été la cause directe et immédiate de la mort du militaire.

Les causes de mort par maladies contagieuses ou endémiques sont justifiées :

1° Par un certificat des autorités civiles ou militaires constatant qu'à l'époque du décès, les maladies régnaient dans le pays où le militaire est décédé ;

2° Par un certificat de l'autorité militaire constatant que le militaire décédé a été soumis par son service à l'influence de ces maladies ;

3° Par un certificat dûment légalisé, soit des officiers de santé en chef de l'hôpital où le militaire est mort, soit de l'officier de santé militaire ou civil qui l'a traité dans sa maladie.

S'il y a impossibilité de se procurer le certificat des officiers de santé, il y est suppléé par une enquête prescrite et dirigée par les autorités civiles ou militaires du pays.

Lorsque le sous-intendant a reconnu que la demande est conforme aux dispositions légales et que les pièces sont régulières, il établit le mémoire de proposition et le transmet au général commandant la subdivision, qui le remet au général commandant la division : celui-ci, après l'avoir approuvé, l'envoie au Ministre avec toutes les pièces qui ont servi à l'instruction de la demande et les observations auxquelles elle a pu donner lieu.

Ces pièces sont, avant la liquidation, envoyées au conseil de santé des armées, pour avoir son avis.

Il est accordé à la veuve pour former sa demande un délai de six mois, qui court du jour de la notification du décès du mari au maire de la commune où il résidait.

Si le décès est survenu après que le blessé a obtenu une guérison suffisante pour reprendre son service ou une année révolue après la blessure, la veuve ne peut invoquer la disposition du paragraphe 3 de l'art. 19 de la loi du 11 avril 1831 ainsi conçu : Ont droit à une pension viagère les veuves des militaires morts des suites de blessures reçues soit sur le champ de bataille, soit dans un service commandé, pourvu que le mariage soit antérieur à ces blessures. (Ordonnance du 2 juillet 1831, art. 21.)

Les dispositions ci-dessus sont applicables aux enfants des militaires lorsqu'ils sont admis à représenter leurs mères.

DE LA LIQUIDATION.

Le Ministre de la guerre, à qui les demandes de pensions sont adressées, statue sur l'admission de la retraite et fait établir un projet de liquidation d'après la durée et la nature des services, en négligeant sur le résultat final du décompte les fractions de mois et de franc.

Ce projet de liquidation est ensuite soumis à l'examen de la section de la guerre et de la marine du Conseil d'Etat.

L'avis émis par cette section est immédiatement communiqué au Ministre des finances, qui peut, s'il le juge convenable, soumettre de nouveau la liquidation proposée à la révision des sections de la guerre, de la marine et des finances réunies.

Les pièces reviennent du Conseil d'Etat au Ministre, qui soumet le décret de concession à la signature de l'Empereur ; ce décret est inséré au *Bulletin des lois*.

Le pensionnaire reçoit du Ministre des finances et par la voie administrative un certificat d'inscription de pension qui le constitue créancier de l'Etat.

JOUISSANCE DES PENSIONS MILITAIRES.

Les pensions militaires sont personnelles et viagères et inscrites, comme dette de l'Etat, au livre des pensions du Trésor public.

Les pensions et leurs arrérages sont incessibles et insaisissables, excepté dans le cas de débet envers l'Etat, ou dans les circonstances prévues par les art. 203, 205 et 214 du Code civil (aliments); toutefois les retenues ne peuvent excéder le *cinquième de leur montant* pour débet envers l'Etat et le *tiers* pour aliments.

La jouissance des pensions de retraite ou de veuve commence du jour de la cessation du traitement d'activité ou du lendemain du décès du militaire, et pour les secours annuels du lendemain du décès du militaire ou de la veuve. Il ne peut néanmoins jamais y avoir lieu au rappel de plus de trois années d'arrérages antérieurs à la date de l'insertion au Bulletin des lois du décret de concession.

Les pensions et les secours annuels sont payés par trimestre et à terme échu, à Paris, au ministère des finances, et dans les départements par les agents du Trésor.

A chaque paiement, le titulaire doit présenter son titre d'inscription et justifier de son existence par la production d'un certificat de vie délivré par un notaire sur papier libre.

Tout pourvoi contre la liquidation d'une pension militaire doit être formé, à peine de déchéance, dans le délai de trois mois à partir du premier paiement des arrérages, pourvu qu'avant ce premier paiement les bases de la liquidation aient été notifiées.

Le droit à l'obtention ou à la jouissance des pensions militaires est suspendu : par la condamnation à une peine afflictive ou infamante, pendant la durée de la peine ; par les circonstances qui font perdre la qualité de Français, durant la privation de cette qualité ; par la résidence hors de l'empire, pendant plus d'une année sans autorisation de l'Empereur, lorsque le titulaire est Français ou naturalisé Français.

Tout titulaire de pension, qui réclame plus d'une année d'arrérages de sa pension, doit justifier, par un certificat du maire de son domicile, qu'il n'a pas résidé plus d'un an hors de l'empire depuis le dernier paiement ou qu'il en avait obtenu l'autorisation. (Ordonnance du 24 février 1832.)

Les pensions militaires pour l'obtention desquelles le temps passé dans un service civil aura été compté ne peuvent dans aucun cas être cumulées avec un traitement civil d'activité.

TABLEAUX
des pièces qui doivent accompagner les mémoires de proposition pour l'admission aux pensions militaires (1).

1er Tableau.
Pensions de retraite pour ancienneté de service.

A. Demande motivée de l'intéressé, signée par lui, visée par le conseil d'administration ou le chef militaire qui l'a reçue.
B. Acte de naissance dûment légalisé par le président du tribunal.
C. Etat des services et campagnes.

---

(1) Toutes les pièces autres que celles à l'établissement desquelles le sous-intendant militaire a coopéré, et qu'il a signées et vérifiées, doivent être légalisées par les autorités compétentes, selon les règles administratives et judiciaires.

D. Acte d'individualité explicatif des différences remarquées entre les pièces de l'état civil et celles de l'état militaire.

E. Bordereau énumératif des pièces avec leurs timbres établis par les soins du conseil d'administration ou du fonctionnaire de l'intendance qui a établi la demande.

2° Tableau.

Pensions de retraite pour causes de blessures et d'infirmités.

A. B. C. Tableau 1.

D. Justification des causes et de la nature des blessures et infirmités (rapports officiels, certificats des autorités militaires ou autres, documents authentiques spécifiant l'époque, le lieu et les circonstances de leur origine).

E. Certificat d'incurabilité délivré par le médecin en chef de l'hôpital militaire ou de l'hospice civil et militaire où le dernier traitement a été suivi.

F^1. Procès-verbal (modèle 1) d'examen par les officiers de santé, désignés par le général commandant la subdivision, en présence du conseil d'administration et du sous-intendant militaire.

F^2. Certificat des officiers de santé transcrit audit procès-verbal.

G^1. Procès-verbal de la vérification faite, en présence du général inspecteur, par deux autres officiers de santé désignés par lui.

G^2. Certificat des officiers de santé transcrit audit procès-verbal.

H. Acte d'individualité.

I. Bordereau énumératif des pièces.

3° Tableau.

Pensions pour les veuves ou secours annuels pour les orphelins des militaires tués sur le champ de bataille ou dans un service commandé.

Pour les veuves.

A. Demande apostillée par l'autorité civile ou faite par cette autorité, et à l'étranger ou dans les colonies par le magistrat civil local, ou, si la veuve est dans le lieu de garnison du régiment, par le conseil d'administration du corps.

B. Acte de naissance de la veuve.

C. Acte de mariage, en exprimant qu'il a été autorisé, et à défaut de cette mention, copie de la permission jointe à l'acte.

D. Acte de décès du mari.

E. Etat des services constatant le grade du mari.

F. Certificat de l'autorité civile constatant : 1° que le mariage n'a pas été dissous par le divorce ; 2° qu'aucune séparation n'a été prononcée judiciairement entre les époux; en cas de séparation de corps provoquée par la femme, extrait du jugement qui a prononcé la séparation de corps; 3° que la veuve est en possession de ses droits civils.

G. Justification de l'époque, du lieu et des circonstances, soit de l'événement de guerre, soit du service commandé où le mari a été tué.

H. Acte d'individualité.

I. Bordereau énumératif des pièces.

Pour les orphelins.

Les pièces indiquées dans la nomenclature précédente sous les timbres A. C. D. E. G.

La demande A est toujours faite par le tuteur et apostillée par l'autorité civile.

La pièce B est remplacée sous le même timbre par l'acte de décès de la mère ou d'un certificat de l'autorité civile constatant l'incapacité de la mère à jouir de la pension, laquelle peut résulter, soit du divorce, soit de séparation de corps prononcée contre elle, soit de la disparition de la mère, soit de la privation de ses droits civils.

La pièce F est remplacée par les actes de naissance de l'enfant ou des enfants mineurs.

H. Certificat de vie de chacun des enfants mineurs, délivré par l'autorité civile et énonçant exactement la date de sa naissance, ses noms et prénoms, ceux de ses père et mère.

I. Acte d'individualité.

K. Bordereau énumératif.

Voir les tableaux 4, 5, 6, 7 et 8 pour les différences dans les pièces de justification, dans le cas de décès du mari par suite d'événements de guerre, de maladies contagieuses ou endémiques ou de blessures reçues, soit sur le champ de bataille, soit dans un service commandé ou enfin dans le cas de décès du mari en jouissance de la pension de retraite ou en possession de droits à cette pension.

Observer que dans ces deux cas la demande n'est admissible qu'autant que le mariage a été contracté deux ans avant la cessation de l'activité ou du traitement militaire du mari, ou le décès, ou qu'il y a un ou plusieurs enfants issus du mariage avant cette cessation.

GRATIFICATIONS DE RÉFORME RENOUVELABLES.

Propositions de gratifications de réforme renouvelables et pièces à produire à l'appui.

(Décision impériale du 3 janvier 1857 ; Circulaire ministérielle du 24 décembre 1864.)

L'inspecteur général peut désigner pour une gratification renouvelable les sous-officiers, les caporaux ou brigadiers et les soldats qui ont été réformés pour blessures reçues ou infirmités contractées dans un service commandé, mais n'ayant pas une gravité suffisante pour donner droit à une pension viagère, attribuée seulement par la loi du 11 avril 1831 aux blessures et infirmités graves et incurables qui mettent pour toujours le militaire hors d'état de pourvoir à sa subsistance.

Les infirmités contractées sous les drapeaux, mais dans des circonstances étrangères au service, peuvent également donner lieu à des propositions pour un secours éventuel, lorsque la position des réformés, la nature de leurs infirmités ou la durée de leurs services les rendent susceptibles d'obtenir une récompense. D'après les propositions des inspecteurs généraux, le Ministre fixe la quotité des gratifications de réforme dont le taux annuel, suivant le grade, ne peut, conformément à la décision impériale du 3 janvier 1857, excéder les fixations suivantes :

Pour les adjudants-sous-officiers. . . . . 280 fr.
Pour les sergents-majors et maréchaux des logis chefs. 230
Pour les sergents et maréchaux de logis. 205
Pour les caporaux ou brigadiers. 190
Pour les soldats. 180

Les mémoires de proposition sont individuels : ils doivent toujours indiquer le lieu où le militaire a l'intention de se retirer. Chaque mémoire est accompagné :
1° D'un certificat de visite et de contre-visite, contenant la description aussi exacte et aussi détaillée que possible des blessures ou infirmités ayant motivé la réforme ;
2° D'un certificat d'origine de ces mêmes blessures ou infirmités; et, dans le cas où l'origine ne pourrait être positivement constatée, d'un certificat relatant les causes présumées de l'état d'infirmité du militaire, ainsi que les circonstances dans lesquelles l'infirmité s'est développée ;
3° Enfin, d'un état signalétique et des services du militaire proposé, et, autant que possible, de son acte de naissance.

Le bénéfice des dispositions qui précèdent est acquis aux militaires réformés depuis le 1er mai 1854, pour cause de blessures reçues ou d'infirmités contractées en campagne.

Mode de concession des gratifications de réforme renouvelables et remise des titres.

La gratification de réforme renouvelable est concédée sur l'avis du conseil de santé des armées ; une décision ministérielle en détermine la quotité annuelle et fixe la date de l'entrée en jouissance.

Tout militaire admis à cette allocation reçoit un titre nominatif portant le numéro de son inscription au contrôle central tenu au département de la guerre.

De même que les militaires désignés pour la retraite attendent au corps leurs lettres de notification de pension, les militaires réformés attendent à leurs corps respectifs leurs titres d'admission à la gratification renouvelable, dont le premier terme toutefois n'est mandaté qu'à leur arrivée dans leurs foyers.

Les titres de gratification sont remis aux intéressés contre un récépissé daté et signé par eux ou en leur nom, et renvoyé au Ministre par le général commandant la division militaire.

Une fois munis de leurs titres, les militaires réformés sont immédiatement rayés des contrôles de l'armée et dirigés sur le lieu qu'ils ont choisi pour résidence, avec une feuille de route portant l'indemnité afférente à leur position.

Le militaire qui perd son titre de gratification reçoit, après information sur l'usage qui a pu en être fait, un *duplicata ;* dans le cas de perte de ce *duplicata*, il ne lui est plus délivré qu'une lettre ministérielle qui en tient lieu.

Date de jouissance de la gratification et inscription sur les contrôles des sous-intendants militaires.

La date de la jouissance de la gratification, d'après la jurisprudence adoptée, part généralement du premier jour du semestre dans lequel la réforme a été prononcée. Par cette mesure, toute de bienveillance, le militaire réformé se trouve en possession d'un petit pécule, qui lui permet de chercher d'autres moyens d'existence et d'attendre, dans ses foyers, le paiement du deuxième semestre de la gratification.

Dans le cas de séjour prolongé, soit au corps, soit dans les hôpitaux, d'un militaire admis à la gratification renouvelable, il en est rendu compte au Ministre, qui se réserve le soin d'apprécier s'il y a lieu de modifier la date de la jouissance de l'allocation.

En arrivant dans leurs foyers, les militaires, en possession de la gratification, se présentent, munis de leurs titres et de leur congé de réforme, au sous-intendant militaire le plus voisin de leur résidence.

Les titres sont immédiatement envoyés à l'intendant divisionnaire, qui y appose son visa et délègue au sous-intendant militaire les crédits nécessaires à l'acquittement de la dépense ; il est ensuite procédé à l'inscription sur le contrôle, par grade, conforme au modèle joint à la circulaire du 24 décembre 1864, tenu dans chaque subdivision par le sous-intendant militaire chargé du service des pensions, et ce n'est qu'après que cette inscription a été constatée par le visa du sous-intendant sur le titre lui-même que la gratification peut être mise en paiement.

Paiement des gratifications et justification de la dépense.

Les gratifications de réforme renouvelables sont payables, par semestre et d'avance, sur mandats individuels des sous-intendants militaires, imputées sur les fonds du chapitre XXII du budget (secours).

Les justifications à fournir à l'appui de cette nature de dépense consistent dans la quittance des parties prenantes, appuyée d'un certificat de vie, dont la formule se trouve au dos des mandats. Ces mandats, conformes au modèle n° 17 de la nomenclature annexée au règlement du 1er décembre 1838, doivent indiquer, avec les mutations dans la quatrième colonne, la date de la décision ministérielle portant concession de la gratification. Un extrait de cette décision est fourni au payeur lors du paiement du premier semestre, et, pour les semestres suivants, on rappelle sur les mandats le mandat antérieur auquel la décision a été jointe.

Les demandes de fonds, renfermées dans la limite des plus stricts besoins, sont adressées tous les mois au Ministre ; dans la première demande de fonds de chaque exercice, on fait connaître les effectifs détaillés qui ont servi de base à son évaluation.

Les bordereaux de mandats délivrés sont également envoyés mensuellement. Chacune des parties prenantes doit y être désignée nominativement avec l'indication des numéros, date et montant de chaque mandat, ainsi que du département dans lequel le paiement a eu lieu, en ayant soin de totaliser la dépense par département dans la 6ᵉ colonne.

Les revues portant régularisation de la dépense doivent être établies, dans chaque département, par semestre et d'une manière uniforme, c'est-à-dire qu'elles doivent toujours désigner, par grade et en suivant l'ordre alphabétique, les titulaires des gratifications : elles doivent, en outre, mentionner le numéro du contrôle central de la guerre (colonne n° 1), le corps auquel le titulaire a appartenu (colonne n° 3), et surtout la date d'entrée en jouissance de la gratification (colonne 25). Lorsqu'à l'expiration d'une période bisannuelle, la gratification est continuée au titulaire, cette dernière date est remplacée par celle du premier jour de la période suivante.

Les revues doivent toujours être adressées au Ministre dans le délai ci-après :

Celles du premier semestre, dans le mois de *septembre* suivant ;
Celles du deuxième semestre, au plus tard, dans le mois de *juillet de la seconde année de l'exercice*.

Les relevés des mutations survenues pendant chaque semestre sont envoyés pendant les vingt premiers jours du semestre suivant.

Ces diverses pièces de comptabilité et toutes celles qui se rapportent au service des gratifications renouvelables doivent être transmises par bordereau spécial (Bureau des pensions et secours).

Il n'est payé aucune gratification, par rappel sur un exercice clos, qu'en vertu d'une autorisation du Ministre.

Changement de résidence.

Toutes les fois que le titulaire d'une gratification de réforme renouvelable transfère son domicile d'un département dans un autre, il est tenu, sous peine de perdre les termes échus de sa gratification, d'en informer le sous-intendant militaire du département qu'il quitte, et de prévenir, à son arrivée, celui de sa nouvelle résidence.

Le titre est visé, conformément aux indications portées au *verso* de cette pièce, par les sous-intendants militaires, qui doivent, en outre, mentionner la mutation sur les contrôles tenus tant au lieu de départ qu'à celui de l'arrivée.

Ces allocations ne peuvent, sous aucun prétexte, être payées à l'étranger.

Caractère de l'allocation ; substitution en cas de décès du titulaire.

Comme les secours, auxquels elles sont assimilées en ce qui concerne l'imputation et le paiement, les gratifications de réforme renouvelables sont incessibles et insaisissables.

Ces allocations ne sont point incompatibles avec un emploi ou une profession quelconque. Il convient, à cet égard, par une appréciation judicieuse de tenir compte des professions individuelles et du degré d'obstacles que leur exercice pourrait rencontrer dans l'état physique du militaire réformé.

Tout individu qui, pour cause d'indignité, serait dans le cas d'être privé de la gratification renouvelable, est l'objet d'un rapport spécial du général divisionnaire au Ministre, qui, seul, prononce, s'il y a lieu, le retrait de l'allocation.

Ne peuvent être proposés pour la gratification renouvelable les militaires condamnés qui, devenus infirmes pendant le temps de leur détention, ont été réformés à l'expiration de leur peine.

Les gratifications sont essentiellement alimentaires et personnelles ; elles ne sont dues qu'à ceux en faveur de qui elles ont été mandatées ; toutefois, si un militaire réformé vient à décéder sans avoir touché sa gratification, le Ministre juge s'il y a lieu d'en autoriser exceptionnellement le paiement au profit des parents se trouvant dans le besoin, et quand il a été constaté qu'ils se sont imposé des sacrifices pour donner des soins au défunt.

L'initiative des propositions de substitution appartient également à l'autorité militaire ; dans aucun cas, il n'est accordé plus d'un semestre de la gratification à titre de réversibilité.

Visites bisannuelles ; mesure relative aux militaires qui ne s'y sont pas présentés.

Après deux années de jouissance, la gratification de réforme n'est continuée au titulaire, pendant deux nouvelles années, qu'autant que son état physique a été régulièrement constaté.

A cet effet, les militaires réformés, qui sont entrés dans le quatrième terme de jouissance d'une période bisannuelle, sont convoqués par le sous-intendant militaire, chargé du service des pensions, devant la commission départementale de réforme qui se réunit le 15 mai et le 15 novembre de chaque année, sur l'ordre du général commandant la subdivision et sous sa présidence.

Les certificats de visite établis par les médecins militaires, désignés pour assister cette commission, contiennent l'exposé sommaire de la situation physique de chacun des militaires soumis à leur examen, et ne concluent à la suppression de la gratification qu'autant qu'il a été reconnu que le titulaire a complétement recouvré la faculté de travailler.

Les commissions départementales apprécieront la position des hommes convoqués, en se pénétrant bien du caractère de l'allocation, tel qu'il a été défini plus haut.

Les titulaires de la gratification de réforme renouvelable qui ont été éliminés ou maintenus, par suite de la décision des commissions départementales de réforme, sont compris sur des états distincts qui doivent être transmis au Ministre (bureau des pensions et secours) quinze jours au moins avant l'ouverture de chaque semestre.

Si un militaire ne s'est pas présenté à la visite, le paiement de sa gratification est provisoirement suspendu; mais il n'est rayé des contrôles qu'après un délai d'un an, qui compte du jour où il a cessé d'avoir droit à l'allocation, et lorsqu'il a été rendu spécialement compte au Ministre des diligences qui ont été faites pour mettre le militaire réformé en mesure de régulariser sa position.

Militaires réintégrés dans la jouissance de la gratification de réforme renouvelable.

Les militaires qui, après avoir subi la visite médicale, ont été rayés des contrôles de la gratification renouvelable, peuvent y être rétablis, si l'infirmité, qui avait motivé la concession de l'allocation, vient à se reproduire.

Ils doivent, en pareille circonstance, se mettre en instance auprès du général commandant la division, qui les fait visiter et contre-visiter par les médecins du corps ou de l'établissement militaire le plus voisin de leur résidence et les propose, s'il y a lieu, pour être remis en possession de leur gratification.

Tout militaire, dont la réadmission a été autorisée, reçoit un nouveau titre de gratification; ce titre est échangé contre l'ancien qui est renvoyé au Ministre et tient lieu de récépissé.

Quel que soit le temps de l'interruption, la jouissance de la gratification date du premier jour du semestre, dans lequel la réintégration a été proposée.

Délai pour l'admission et la réadmission à la gratification renouvelable.

Tout militaire réformé ou simplement libéré du service, sans avoir été l'objet d'aucune proposition, a un délai de *deux ans* pour se mettre en instance de gratification; mais il ne doit être proposé pour cette récompense qu'autant qu'une enquête établit d'une manière positive qu'il a été blessé ou qu'il est devenu réellement infirme au service.

Le même délai de *deux ans* est accordé aux militaires qui, après avoir joui de la gratification, en sollicitent le renouvellement.

Ce délai une fois écoulé, les réclamants ne peuvent, à moins que le Ministre n'en juge autrement, être proposés que pour un secours, une fois payé.

Militaires réformés admis à la jouissance de la pension de retraite.

Si, par suite d'aggravation de blessures ou d'infirmités, le militaire réformé se trouve placé dans l'un des cas prévus par les art. 12, 13 et 14 de la loi du 11 avril 1831, il peut être admis à la retraite, en vertu du décret du 20 août 1864, qui accorde pour former la demande de pension un délai de *deux ans* (1), à dater de la cessation du service; la lettre de notification de la pension n'est remise au militaire qu'en échange de son titre de gratification, qui doit être immédiatement renvoyé au Ministre.

Toutes les sommes perçues à titre de gratification renouvelable, à compter du jour de la jouissance de la pension, sont déduites du premier paiement des arrérages de ladite pension.

Mention de cette retenue est faite, quand il y a lieu, sur les décrets de concession.

Disposition spéciale relative aux militaires amputés ou aveugles n'ayant pas droit à pension.

Tout militaire, qui a été amputé ou est devenu aveugle au service, par suite d'une infirmité n'ouvrant pas le droit à pension déterminé par l'art. 12 de la loi du 11 avril 1831, est proposé pour un secours trimestriel.

Le mémoire de proposition établi à cet effet est accompagné des mêmes pièces que les mémoires de proposition pour la gratification de réforme renouvelable; le militaire, qui en est l'objet, est immédiatement rayé des contrôles et dirigé avec une feuille de route sur ses foyers, où il ne tarde pas à recevoir, par les soins de l'autorité militaire, l'extrait d'ordonnance de paiement du premier terme du secours spécial qui lui a été accordé.

Le militaire aveugle est toujours accompagné, jusqu'à son arrivée dans ses foyers, par un infirmier ou par un militaire du corps dont il fait partie.

---

(1) En cas de cécité ou d'amputation d'un membre, le délai est porté à *trois* ans.

DE L'AVANCEMENT.

Les principales règles et conditions de l'avancement dans l'armée sont définies par la loi du 14 avril 1832 et l'ordonnance royale du 16 mars 1838, qui déterminent le temps à passer dans chaque grade pour pouvoir obtenir le grade supérieur, la part qui est dévolue au choix et à l'ancienneté, et les conditions d'aptitude aux différents emplois.

Aux termes de la loi du 14 avril 1832, il ne peut être nommé à un grade sans emploi ou hors des cadres des états-majors, ni être accordé de grades honoraires, et il ne peut également, dans aucun cas, être donné un rang supérieur à celui de l'emploi.

Toutes les promotions d'officiers sont immédiatement rendues publiques, par insertion au *Journal militaire officiel*, avec l'indication du tour de l'avancement, du nom de l'officier qui était pourvu de l'emploi devenu vacant et de la cause de la vacance.

Nul officier admis à la retraite ne peut être replacé dans les cadres de l'armée. L'emploi est distinct du grade, qui ne peut se perdre que dans les cas et suivant les formes déterminés par la loi du 19 mai 1834, sur l'état des officiers.

De la hiérarchie militaire.

Les différents grades qui constituent la hiérarchie militaire sont :

Caporal ou brigadier, { qui comprend les emplois de } caporal ou brigadier, et de caporal-fourrier ou de brigadier-fourrier ;

Sous-officier (1) . . . { qui comprend les emplois de } sergent ou maréchal des logis, sergent-fourrier ou maréchal des logis fourrier, tambour-major, trompette-major ou chef de fanfare, sergent-major ou maréchal des logis chef, adjudant ;

---

(1) La section de musique de chaque régiment comprend les emplois suivants :
Musiciens de 4ᵉ classe traités comme hommes d'élite.
— 3ᵉ   id.   caporaux.
— 2ᵉ   id.   sergents ou maréchaux des logis.
— 1ᵉʳ   id.   sergents-majors ou maréchaux des logis chef.
Sous-chef de musique id.   adjudant.
Chef de musique id.   { sous-lieutenant ou lieutenant (après dix années de fonctions).

Cette hiérarchie est toute spéciale et ne comporte l'exercice d'aucun des grades militaires.

Les chefs de musique sont commissionnés par le Ministre de la guerre au nom de l'Empereur.

Les dispositions de la loi du 19 mai 1834 ne leur sont pas applicables; ils peuvent être révoqués. Ils prennent seulement leurs repas à la table des lieutenants et sous-lieutenants, et ils ont droit au salut de tous les hommes de troupe et aux honneurs militaires.

Sous-lieutenant,
Lieutenant,
Capitaine,
Chef de bataillon, chef d'escadron ou major,
Lieutenant-colonel,
Colonel,
Général de brigade (1),
Général de division (1),
Maréchal de France.

Le rang des caporaux et des brigadiers est déterminé entre eux par l'ancienneté dans le grade.

Cette ancienneté est comptée du jour où la nomination au grade a été mise à l'ordre du régiment.

A égalité d'ancienneté de grade, le rang des caporaux ou des brigadiers, entre eux, est déterminé par la date de l'arrivée sous les drapeaux, ensuite, par l'âge, et enfin, par le sort.

Les caporaux-fourriers et brigadiers-fourriers commandent à tous les caporaux ou brigadiers. A égalité d'ancienneté d'emploi, les caporaux-fourriers et brigadiers-fourriers prennent rang entre eux, d'après leur ancienneté dans le grade de caporal ou de brigadier.

Les sergents-fourriers et maréchaux des logis fourriers prennent rang parmi les sergents et maréchaux des logis.

Les tambours-majors et les trompettes-majors prennent rang parmi les sergents-majors.

Le rang des sous-officiers exerçant le même emploi ou classés ensemble, conformément à ce qui précède, est déterminé entre eux par l'ancienneté dans l'emploi.

Cette ancienneté est comptée du jour où la nomination à l'emploi a été mise à l'ordre du régiment.

A égalité d'ancienneté d'emploi, les sergents-majors ou maréchaux des logis chefs, ainsi que les adjudants, prennent rang dans leurs emplois respectifs, suivant la date de leur nomination à l'emploi de sergent ou de maréchal des logis. A égalité d'ancienneté dans cet emploi, leur rang se règle comme pour les caporaux et les brigadiers.

La supériorité d'emploi donne le même droit au commandement que la supériorité de grade. Dans le grade de sous-officier, le sergent-major ou maréchal des logis chef est le supérieur du sergent ou maréchal des logis ; l'adjudant est le supérieur du sergent-major ou du maréchal des logis chef.

Les chefs armuriers de 1re et de 2e classe prennent rang après les adjudants, auxquels ils sont subordonnés.

Le rang des officiers du même grade est déterminé par l'ancienneté dans ce grade.

---

(1) Titres substitués, par décret du 28 février 1848, à ceux de maréchal de camp et de lieutenant général.

Cette ancienneté compte de la date du brevet, déduction faite, s'il y a lieu, des interruptions de service (art. 16 de loi du 14 avril 1832) ou du temps auquel l'officier renonce volontairement, en cas de permutation (art. 55 et 56 de l'ordonnance).

Le jour où a été rendu le décret qui a conféré le grade ou l'époque à laquelle ce décret fait remonter la nomination, dans le cas où l'officier n'aurait pas obtenu l'avancement auquel il avait droit par son ancienneté (art. 35 et 126 de l'ordonnance), déterminent la date du brevet.

Cette date est relatée dans la lettre ministérielle portant avis de la nomination.

En cas d'interruption de service ou de renonciation volontaire par suite de permutation, la lettre ministérielle, qui rappelle l'officier à l'activité, ou qui le fait changer de corps ou d'arme, mentionne la déduction opérée dans son ancienneté de grade et la date nouvelle à laquelle il prend rang dans l'armée.

L'interruption de service des officiers compte du jour de la décision, qui a prononcé leur mise en non-activité pour infirmités temporaires, ou par retrait ou suspension d'emploi, jusqu'au jour de la décision, qui les rappelle dans les cadres.

Lorsqu'un officier cesse de faire partie des cadres de l'armée, dans tous les autres cas que ceux de mission pour service, de licenciement ou de suppression d'emploi, le temps, qu'il aura passé hors des cadres, est déduit de l'ancienneté.

Est déduit aussi de l'ancienneté le temps passé dans un service étranger au département de la guerre. Est excepté de cette disposition le temps passé pour le service détaché dans la garde nationale, dans la marine ou dans une mission diplomatique.

Est déduit, dans tous les cas, le temps passé au service d'une puissance étrangère.

Les officiers qui cessent de faire partie des cadres de l'armée, par suite de suppression d'emploi ou de licenciement, sont répartis pour l'avancement entre les différents corps de l'arme à laquelle ils appartiennent et qui sont conservés ou créés.

Les officiers prisonniers de guerre conservent leurs droits d'ancienneté pour l'avancement; cependant ils ne peuvent obtenir que le grade immédiatement supérieur à celui qu'ils avaient au moment où ils ont été faits prisonniers.

A égalité d'ancienneté de grade, la priorité de rang se détermine par l'ancienneté dans le grade immédiatement inférieur.

A égalité d'ancienneté dans le grade immédiatement inférieur, elle se règle sur l'ancienneté dans le grade précédent, et ainsi de suite jusqu'au grade de caporal ou de brigadier.

La date de la nomination à l'emploi de sergent ou de maréchal des logis détermine le rang des sous-officiers promus le même jour au grade de sous-lieutenant.

Les élèves de l'Ecole polytechnique ou de l'Ecole spéciale militaire, qui sont promus au grade de sous-lieutenant le même jour, prennent rang entre eux, dans les armes où ils sont placés, d'après le numéro de mérite qu'ils ont obtenu aux examens de sortie de l'Ecole.

Les soldats, les caporaux et brigadiers et les sous-officiers admis à l'Ecole polytechnique ou à l'Ecole spéciale militaire, renoncent, par le fait de leur entrée dans ces écoles, à compter leurs services antérieurs, mais seulement pour leur classement comme sous-lieutenant, lors de leur promotion à ce grade.

Les élèves de l'Ecole polytechnique qui, après avoir satisfait aux examens de sortie, sont, à défaut d'emplois dans les services spéciaux affectés à cette Ecole, placés comme sous-lieutenants dans l'infanterie et dans la cavalerie, le même jour que des élèves de l'Ecole militaire, ont toujours la priorité de rang sur ces derniers.

Les élèves de l'Ecole polytechnique comptent comme service de sous-officier leur temps de service à l'Ecole. (Loi du 25 frimaire an VIII).

Ceux d'entre eux qui étaient sous-officiers dans l'armée avant leur entrée à l'Ecole ajoutent à leur ancienneté dans ce grade le temps qu'ils ont passé à l'Ecole.

Les élèves de l'Ecole spéciale militaire, qui étaient sous-officiers, caporaux ou brigadiers dans l'armée au moment de leur admission, ne comptent, comme caporaux ou comme sous-officiers, que du jour où ils ont occupé l'un de ces emplois à l'Ecole.

Nul ne peut exercer les fonctions d'un grade supérieur ou inférieur au sien que transitoirement, en cas de vacance ou en l'absence du titulaire.

RÈGLES GÉNÉRALES POUR L'AVANCEMENT.

Aucune promotion ne peut avoir lieu qu'en raison de vacance dans les cadres de l'armée.

Les dispositions relatives au temps de service exigé pour passer d'un grade à un autre sont les suivantes :

Nul ne peut être caporal ou brigadier, s'il n'a servi activement au moins six mois comme soldat dans un des corps de l'armée.

Nul ne peut être sous-officier, s'il n'a servi activement au moins six mois comme caporal ou brigadier.

Nul ne peut être sous-lieutenant :

1° S'il n'est âgé au moins de dix-huit ans ;

2° S'il n'a servi au moins deux ans comme sous-officier dans un des corps de l'armée, ou s'il n'a été pendant deux ans élève à l'Ecole militaire ou polytechnique, et s'il n'a satisfait aux examens de sortie desdites écoles.

Tous les militaires sont reçus jusqu'à vingt-cinq ans à subir les examens pour l'Ecole polytechnique et l'Ecole spéciale militaire.

Nul ne peut être lieutenant, s'il n'a servi au moins deux ans dans le grade de sous-lieutenant.

Nul ne peut être capitaine, s'il n'a servi au moins deux ans dans le grade de lieutenant.

Nul ne peut être chef de bataillon, chef d'escadron ou major, s'il n'a servi au moins quatre ans dans le grade de capitaine.

Nul ne peut être lieutenant-colonel, s'il n'a servi au moins trois ans dans le grade de chef de bataillon, chef d'escadron ou de major.

Nul ne peut être colonel, s'il n'a servi au moins deux ans dans le grade de lieutenant-colonel.

Nul ne peut être promu à un des grades supérieurs à celui de colonel, s'il n'a servi au moins trois ans dans le grade immédiatement inférieur.

A la guerre et dans les colonies, le temps exigé pour passer d'un grade à un autre peut être réduit de moitié. Aucune ancienneté de grade n'est exigée dans le cas d'action d'éclat mise à l'ordre de l'armée, et lorsqu'il n'est pas possible de pourvoir autrement au remplacement des vacances dans les corps en présence de l'ennemi.

Indépendamment des conditions de temps exigées pour pouvoir passer d'un grade à un autre, il faut encore remplir les conditions suivantes :

Pour être nommé caporal ou brigadier :

1° Savoir lire et écrire ;
2° Etre à l'école de bataillon ou d'escadron ;
3° Etre en état de former un soldat de recrue :
4° Connaître les fonctions de ce grade définies dans les règlements sur le service intérieur, le service des places et celui des armées en campagne, ainsi que les principales dispositions du Code pénal militaire.

Pour être nommé sergent ou maréchal des logis :

1° Connaître les fonctions de sergent ou de maréchal des logis définies dans les règlements sur les manœuvres, sur le service intérieur, le service des places et celui des armées en campagne ;

2° Etre en état de remplir les fonctions de guide dans toutes les manœuvres de ligne et de tirailleurs.

Pour être nommé à l'emploi de fourrier, il faut, en outre :

1° Savoir écrire couramment et correctement sous la dictée ;
2° Connaître les éléments de la grammaire et ceux de la comptabilité d'une compagnie, d'un escadron ou d'une batterie.

Pour être nommé à l'emploi de sergent-major ou de maréchal des logis chef, il faut, indépendamment des conditions exigées pour être fourrier, sergent ou maréchal des logis :

1° Connaître les détails de la comptabilité d'une compagnie, d'un escadron ou d'une batterie ;
2° Connaître les devoirs du sergent-major ou maréchal des logis chef, définis dans les règlements sur le service intérieur, le service des places et celui des armées en campagne ;
3° Etre en état de commander un peloton.

Pour être nommé adjudant :

Connaître les quatre premiers titres de l'instruction sur les manœuvres et les règlements sur les différents services.

(Voir titres IX, X, XI et XII de l'ordonnance du 16 mars 1838, les dispositions complémentaires particulières à chaque arme.)

L'avancement a lieu partie au choix de l'Empereur, partie à l'ancienneté.

Jusqu'au grade de sous-lieutenant inclusivement, tous les grades et emplois sont donnés au choix.

Un tiers des grades de sous-lieutenant vacants dans les corps de troupes de l'armée est donné aux sous-officiers des corps où a lieu la vacance.

Les deux tiers des grades de lieutenant et de capitaine sont donnés à l'ancienneté de grade, savoir :

1° Dans l'infanterie et la cavalerie, parmi les officiers de chaque régiment ;

2° Dans les corps d'état-major, sur la totalité des officiers du corps ;

3° Dans l'artillerie et dans le génie, sur la totalité des officiers de l'arme.

La moitié des grades de chef de bataillon et de chef d'escadron est donnée à l'ancienneté de grade dans chaque arme sur la totalité des capitaines de l'arme.

Les emplois de major sont au choix de l'Empereur.

Tous les grades supérieurs à celui de chef de bataillon, chef d'escadron ou major, sont au choix de l'Empereur.

Avancement au choix.

La loi consacre le droit à l'avancement pour la part dévolue à l'ancienneté seulement.

L'avancement au tour du choix est donné aux militaires qui, réunissant d'ailleurs les conditions exigées par la loi pour passer d'un grade à un autre, sont portés sur le tableau d'avancement et sur les listes d'aptitude aux différents emplois.

FORMATION DES TABLEAUX D'AVANCEMENT, DES LISTES D'ANCIENNETÉ ET DES LISTES D'APTITUDE AUX FONCTIONS SPÉCIALE.

Les tableaux d'avancement, les listes d'ancienneté et les listes d'aptitude aux fonctions spéciales dans les régiments sont établis de nouveau, chaque année, à la revue d'inspection générale.

Les militaires de tous grades, qui ont accompli au 31 décembre le temps de service exigé, sont seuls susceptibles d'y être inscrits.

Le nombre de candidats à porter sur chacun de ces tableaux est déterminé par le Ministre de la guerre en ce qui concerne les emplois d'officiers : quant aux emplois des grades de caporal ou brigadier et de sous-officier, l'inspecteur général arrête le tableau après y avoir fait les réductions qu'il croit nécessaires.

Ces tableaux et les listes servent d'une inspection générale à une autre : ceux pour les emplois des grades de caporal ou brigadier et de sous-officier, dès qu'ils sont arrêtés ; ceux aux grades de sous-lieutenant, lieutenant et capitaine, dans l'infanterie et la cavalerie, dès qu'ils sont arrivés au ministère ; ceux au grade d'officier supérieur dans l'infanterie et la cavalerie et pour tous les grades d'officier dans les autres armes, depuis le 1er janvier qui suit l'époque de l'inspection générale jusqu'au 31 décembre de la même année.

Lorsque, dans l'intervalle d'une inspection générale à l'autre, la partie du tableau relative à l'un des emplois de caporal ou de brigadier et de sous-officier est épuisée, le chef de corps adresse à *l'époque des revues trimestrielles* un *tableau supplémentaire* au général sous les ordres duquel il est placé. Ce tableau est arrêté par le général chargé de passer l'inspection trimestrielle. (Décision ministérielle du 5 septembre 1853.)

Le tableau d'avancement arrêté par l'inspecteur général doit toujours être joint à la demande du tableau supplémentaire.

Aucun militaire porté au tableau d'avancement ne peut en être rayé d'une inspection à l'autre, à moins que sa conduite ne donne lieu à des plaintes graves ; dans ce cas, le chef de corps adresse sa demande au général de brigade, qui l'envoie avec son avis au général de division qui prononce, si ce militaire est proposé pour les emplois des grades de caporal ou brigadier et de sous-officier, et qui les transmet avec son avis au Ministre de la guerre, qui seul peut prononcer, si c'est un sous-officier porté sur les tableaux d'avancement au grade de sous-lieutenant ou un officier.

Les tableaux d'avancement de l'année précédente ne sont consultés qu'à titre de renseignements seulement pour l'établissement des tableaux de chaque année.

Tableau d'avancement au grade de caporal ou de brigadier et aux emplois du grade de sous-officier.

Pour la formation de ce tableau, les capitaines dressent l'état des militaires sous leurs ordres, qu'ils jugent susceptibles de remplir les fonctions de caporal ou brigadier et ceux du grade de sous-officier jusqu'à celui de sergent-major inclusivement.

Indépendamment du temps de service exigé par la loi, les candidats doivent encore remplir les conditions d'aptitude définies par l'ordonnance du 11 mars 1838. (Voir page 86, règles générales pour l'avancement.)

Ces états sont remis par les capitaines à leur chef de bataillon ou d'escadron : celui de la compagnie ou du peloton hors rang au major.

Les chefs de bataillon ou d'escadron et le major, après avoir consigné leurs observations sur ces états, les remettent au lieutenant-colonel, en y joignant l'état des sous-officiers sous leurs ordres qu'ils jugent capables d'exercer l'emploi d'adjudant.

Le lieutenant-colonel réunit ces différents états et les transmet, avec ses observations, au colonel, qui dresse, d'après les propositions, le tableau d'avancement dans l'ordre hiérarchique des grades et emplois, et les soumet à l'inspecteur général, qui l'arrête définitivement, après y avoir fait les réductions qu'il croit nécessaires, et s'être assuré que tous les candidats qui y sont maintenus remplissent les conditions exigées.

Tableau d'avancement aux différents grades d'officier et listes d'aptitude aux fonctions spéciales.

A l'époque des revues d'inspection générale, le chef de corps remet au général de brigade, sous les ordres duquel il se trouve, le cahier des notes sur les officiers dressé pour l'inspection générale et ses notes particulières sur les sous-officiers. Il y joint deux états séparés, l'un présentant les sous-officiers qu'il juge susceptibles d'être promus au grade de sous-lieutenant, l'autre les officiers qui lui paraissent mériter de l'avancement et ceux qu'il juge propres à remplir les fonctions spéciales.

Le général de brigade inscrit ses notes particulières sur le cahier des officiers et le remet, avec les autres pièces, à l'inspecteur général à son arrivée.

Les inspecteurs généraux d'infanterie et de cavalerie dressent ensuite le tableau d'avancement qui leur est attribué.

Ce tableau est divisé en deux parties :

La première comprend les propositions au grade de sous-lieutenant et indique ceux des sous-officiers proposés qui sont propres à l'emploi d'adjoint au trésorier.

La seconde, les propositions au grade de lieutenant et de capitaine, et les propositions faites en faveur des lieutenants pour les emplois de capitaine d'habillement, de capitaine trésorier, de capitaine adjudant-major et capitaine instructeur.

Les inspecteurs généraux d'infanterie et de cavalerie adressent au Ministre de la guerre les tableaux d'avancement qu'ils ont établis pour les grades inférieurs à celui de chef de bataillon ou d'escadron, et ils en laissent un extrait aux chefs de corps.

Ils adressent également au Ministre de la guerre, pour chacun des corps qu'ils ont inspectés, une liste des officiers qu'ils ont reconnus propres aux grades de chef de bataillon ou d'escadron ou major, de lieutenant-colonel et de colonel, avec leurs notes sur chacun d'eux. (Instruction du 27 janvier 1858, p. 40, et instruction sur les inspections générales.)

Les inspecteurs généraux de gendarmerie, d'artillerie et du génie, adressent au Ministre de la guerre la liste des sous-officiers qu'ils jugent susceptibles d'être promus au grade de sous-lieutenant, et celle des officiers de tous grades, jusques et y compris celui de lieutenant-colonel qu'ils ont jugé les plus dignes d'être proposés pour l'avancement.

L'intendant militaire et le sous-intendant ayant la surveillance administrative du corps font connaître à l'inspecteur général leur opinion sur l'aptitude des officiers désignés par le colonel comme propres à remplir les fonctions de major ou d'officier comptable (1).

A une époque déterminée par le commandant supérieur les inspecteurs généraux de chaque arme se réunissent, sous sa présidence, pour établir les listes préparatoires de candidature aux grades supérieurs.

Les maréchaux adressent ensuite au Ministre ces listes, avec les travaux d'arrondissement des inspecteurs.

A la fin de chaque année, et sur un ordre de convocation du Ministre, les commandants supérieurs et les commandants en chef de l'armée d'Afrique et de la garde impériale se réunissent à Paris, en commission, pour procéder à l'établissement du tableau général d'avancement aux grades supérieurs.

Listes d'ancienneté.

Le trésorier dresse chaque année, à l'époque de l'inspection générale, la liste d'ancienneté de tous les officiers du corps, par grade et par rang d'ancienneté dans chaque grade, quelles que soient les fonctions qu'ils exercent.

Dans les corps où l'emploi du grade de lieutenant et celui du grade de capitaine se subdivisent, la liste d'ancienneté de ces officiers est, en outre, établie par subdivision d'emploi.

Elle est signée par tous les officiers.

L'inspecteur général arrête la liste d'ancienneté, après avoir statué sur les réclamations qui lui sont présentées à ce sujet ; il soumet au Ministre de la guerre celles auxquelles il ne croit pas pouvoir faire droit.

Tout officier, qui a présenté contre son classement une réclamation fondée, reprend le rang qui lui appartient parmi les officiers de son grade, aussitôt que l'erreur commise à son préjudice a été reconnue ; toutefois, si un officier n'a pas obtenu l'avancement auquel il avait droit par son ancienneté, il est nommé à la première vacance qui survient et il prend rang dans son nouveau grade du jour où l'emploi qui devait lui revenir a été conféré à un officier moins ancien que lui (art. 36 de l'ordonnance. Voir avancement aux différents grades et emplois d'officiers). Cette réclamation doit, pour être valable, être présentée dans le délai de six mois, à partir de la notification au corps de la promotion de l'officier moins ancien que lui, et dans le délai de neuf mois si l'officier est employé hors du territoire français.

Les listes d'ancienneté arrêtées par les inspecteurs généraux et

---

(1) L'inspecteur général transcrit sur les états de proposition, l'avis textuel de l'intendant et celui du sous-intendant militaire sur la capacité et les connaissances des officiers désignés par le colonel comme propres à remplir les fonctions de major ou d'officier comptable.

transmises par eux au Ministre de la guerre, servent au classement par grade et par régiment ou par arme, qui est établi chaque année et rendu public par la voie de l'*Annuaire militaire*.

NOMINATIONS.

Admission dans les compagnies d'élite et passage des soldats à la 1ʳᵉ classe.

Troupe. — Les soldats ne peuvent être admis dans les compagnies d'élite ou à la première classe qu'après avoir servi activement pendant six mois.

Ils doivent, de plus, être admis à l'école de bataillon ou d'escadron.

Dans l'infanterie et la cavalerie, les nominations sont faites au choix par le chef de corps parmi les hommes qui se sont distingués par leur bonne conduite, leur zèle et leur tenue.

Dans les autres armes et dans les corps spéciaux le passage de la seconde classe à la première classe a lieu par ancienneté, sauf dans le cas où ils se sont distingués par un acte d'intrépidité ou de dévouement mis à l'ordre du régiment.

Les caporaux et les sous-officiers sont choisis dans toutes les compagnies du régiment indistinctement.

L'effectif des compagnies d'élite doit être réglé d'après le chiffre de l'effectif moyen de toutes les compagnies du régiment, la compagnie hors rang exceptée. (Décision ministérielle du 30 avril 1842.)

Dans les corps d'infanterie, qui n'ont pas de compagnie d'élite, le nombre des sous-officiers, caporaux et soldats de 1ʳᵉ classe est fixé, au tiers de l'effectif dans les zouaves, et au quart dans les bataillons de chasseurs à pied et les tirailleurs algériens.

Dans les corps de la garde impériale et dans les bataillons d'infanterie légère d'Afrique, il n'y a qu'une seule classe.

Officiers. — Lorsqu'un emploi d'officier se trouve vacant dans une compagnie d'élite, le chef du corps présente au général inspecteur trois candidats pris dans les compagnies du centre et pourvus du grade correspondant à l'emploi ; l'inspecteur général désigne celui qui doit occuper la vacance.

Dans l'intervalle d'une inspection générale à l'autre, le chef de corps soumet sa proposition au général de brigade sous les ordres duquel il se trouve ; celui-ci la transmet avec son avis au général commandant la division qui prononce.

AVANCEMENT AU GRADE DE CAPORAL OU DE BRIGADIER ET AUX EMPLOIS DU GRADE DE SOUS-OFFICIER.

L'avancement au grade de caporal ou brigadier et aux emplois de sous-officier a lieu au choix.

Sauf les cas exceptionnels prévus par l'ordonnance du 16 mars 1838, les nominations sont faites par le chef du corps, qui choisit parmi les sujets portés sur le tableau d'avancement présents au corps ou détachés pour le service.

Pour les emplois de sergent-fourrier ou de maréchal des logis-fourrier, de sergent-major ou de maréchal des logis chef, le commandant de la compagnie, de l'escadron ou de la batterie où l'emploi est vacant, présente trois candidats portés sur le tableau d'avancement. La proposition est remise par lui au major, qui la transmet, avec ses observations, par la voie hiérarchique au chef de corps, lequel nomme un des trois sujets proposés.

Dans les *bataillons formant corps*, l'avancement au grade de caporal et aux emplois du grade de sous-officier a lieu par bataillon ; mais s'il n'existait pas dans un bataillon un nombre suffisant de sujets aptes à ces fonctions les emplois de ces deux grades, qui viendraient à manquer, seraient donnés à des militaires des autres bataillons de la même espèce. (Voir art. 4 du décret du 22 novembre 1853.)

Dans les *bataillons d'infanterie légère d'Afrique,* le concours pour l'avancement au grade de caporal et aux emplois du grade de sous-officier a lieu par bataillon.

Chaque chef de bataillon nomme à ceux de ces emplois vacants dans son bataillon.

S'il n'y trouve pas de sujets capables de les remplir, il en informe l'officier général commandant la division, qui désigne pour occuper les emplois vacants des militaires portés sur le tableau d'avancement dans les autres bataillons d'infanterie légère d'Afrique ; à défaut de candidats, cet officier général en réfère au Ministre de la guerre, qui pourvoit au remplacement, soit en nommant des militaires des autres corps de l'infanterie déjà en possession de l'emploi correspondant à la vacance et désignés, sur leur demande, à la dernière inspection générale pour cette destination, soit en nommant des caporaux ou des sous-officiers libérés du service depuis un an au plus ou en congé illimité.

Ces anciens militaires sont présentés par le chef de bataillon où les vacances ont lieu ; et dans le cas où ils n'auraient pas de sujets à proposer, ils sont choisis parmi les candidats désignés par les commandants de subdivision. Ils doivent fournir des certificats de bonne conduite jusqu'au jour de leur admission. Les sous-officiers libérés ou en congé illimité peuvent être placés dans un grade ou dans un emploi inférieur à celui dont ils étaient pourvus dans l'armée.

Les dispositions du présent article sont applicables aux caporaux et aux sous-officiers d'infanterie en congé illimité.

Chaque chef de bataillon d'infanterie légère d'Afrique nomme aux emplois de caporal et de sous-officier vacants dans son bataillon.

Dans les *compagnies qui forment corps*, ces nominations sont soumises à l'approbation du général de brigade, sous les ordres duquel se trouve les compagnies, ou à celle du directeur de l'artillerie ou du génie, si ces compagnies appartiennent à l'une ou à l'autre de ces deux armes.

A moins d'ordres contraires du Ministre de la guerre, le remplacement des caporaux ou des brigadiers et des sous-officiers a lieu au fur et à mesure des vacances.

Les sergents sont choisis parmi les caporaux et les caporaux-fourriers; les maréchaux des logis parmi les brigadiers et les brigadiers-fourriers.

Dans les corps, dont l'organisation n'admet qu'un fourrier par compagnie, escadron ou batterie, ce fourrier est choisi parmi les sergents ou maréchaux des logis, et subsidiairement parmi les caporaux ou les brigadiers aptes à cet emploi.

Dans les corps dont l'organisation comporte un maréchal des logis fourrier et un brigadier-fourrier par escadron ou batterie, le premier est choisi parmi les maréchaux des logis, et subsidiairement parmi les brigadiers portés sur le tableau d'avancement; le second est choisi parmi les brigadiers et, subsidiairement, parmi les soldats portés sur le tableau d'avancement. (Voir pour l'artillerie la note ministérielle du 7 septembre 1838, *Journal militaire*, 2ᵉ semestre 1838, p. 140.)

Les sergents-majors sont choisis parmi les sergents ou les sergents-fourriers; les maréchaux des logis chefs le sont parmi les maréchaux des logis ou les maréchaux des logis fourriers : les uns et les autres doivent avoir au moins six mois de grade de sous-officier. Toutefois, les sergents-fourriers et les maréchaux des logis fourriers ne peuvent être nommés à l'emploi de sergent-major ou de maréchal des logis chef qu'autant qu'ils ont exercé pendant trois mois au moins les fonctions de sergent de section ou de maréchal des logis de peloton ou de batterie.

Les adjudants sont choisis indistinctement parmi tous les sous-officiers ayant au moins un an de grade; toutefois, les sergents-fourriers et les maréchaux des logis fourriers ne peuvent être nommés à l'emploi d'adjudant qu'autant qu'ils ont été six mois au moins sergents de section ou maréchaux des logis de peloton ou de batterie.

Les caporaux-tambours, les caporaux-clairons et les brigadiers-trompettes sont choisis parmi les caporaux ou brigadiers et, subsidiairement, parmi les soldats ayant six mois de service.

Les tambours-majors et les trompettes-majors sont pris indistinctement parmi les sous-officiers, les caporaux ou brigadiers et les soldats propres à cet emploi.

Les soldats, caporaux ou brigadiers, sergents ou maréchaux des logis désignés à cet effet, sont pourvus, à mesure qu'ils ont accompli le temps de service exigé, du grade ou de l'emploi supérieur, jusqu'à celui de sergent-major ou de maréchal des logis chef inclusivement; ils prennent alors le titre de tambour-major ou de trompette-major.

Les emplois mentionnés au présent article peuvent, en raison de leur spécialité, être donnés à des militaires qui ne sont pas portés sur le tableau d'avancement.

Les maîtres ouvriers (armurier, sellier, tailleur, cordonnier ou bottier) et les maîtres d'escrime, qui sont liés au service en vertu de la loi du recrutement, sont pourvus, successivement et à mesure qu'ils ont accompli le temps de service exigé, du grade de caporal ou de brigadier et de l'emploi de sergent ou de maréchal des logis.

Lorsque les maîtres ouvriers sont parvenus au grade de sous-officier, ils peuvent, sur leur demande, avec l'approbation de l'inspecteur général, passer comme sergent ou maréchal des logis dans une compagnie, un escadron ou une batterie. Ils ne peuvent néanmoins concourir pour l'avancement au grade de sous-lieutenant qu'après avoir exercé pendant deux ans dans la compagnie, l'escadron ou la batterie, les fonctions de sous-officier. (Ordonnance royale du 12 août 1845, *Journal militaire*, p. 143.)

Les élèves de l'Ecole militaire peuvent être placés dans un corps d'infanterie comme caporaux, après six mois de service dans cette école, et comme sergents, s'ils ont occupé cet emploi à l'école ou s'ils ont été caporaux pendant six mois.

Toutefois, ceux qui étaient caporaux ou brigadiers dans l'armée peuvent y être placés comme sergents ou maréchaux des logis, si leur nomination au grade de caporal ou brigadier date de six mois au moins.

Les sous-officiers descendus à un emploi ou à un grade inférieur à celui dont ils étaient pourvus comptent leur ancienneté dans cet emploi ou à ce grade inférieur, à partir de l'époque à laquelle ils y avaient été précédemment nommés.

Les sous-officiers qui ont ainsi rétrogradé, les sous-officiers et les caporaux ou brigadiers qui, par suite de leur cassation, sont redevenus soldats, ne peuvent de nouveau obtenir de l'avancement que selon les règles établies.

Leur ancienneté dans les grades ou emplois, qui leur sont conférés, ne compte que du jour de leur nouvelle nomination.

Il n'y a d'autre exception à cette règle que celle établie par la décision du 31 août 1840, en faveur des sous-officiers et caporaux ou brigadiers qui font remise de leurs galons, pour passer d'un corps sur le pied de paix dans un corps sur le pied de guerre. (Décision ministérielle du 7 septembre 1852, *Journal militaire*, 2° semestre, p. 183.)

Les caporaux ou brigadiers et les sous-officiers en congé illimité conservent leur grade. En cas de rappel au service, le temps qu'ils ont passé en congé illimité est déduit, pour la fixation de leur ancienneté de grade.

Sauf ce qui est prescrit pour l'admission des sous-officiers et des caporaux d'infanterie dans les bataillons d'infanterie légère d'Afrique, et dans les compagnies de discipline, les caporaux ou brigadiers et les sous-officiers, qui ont reçu leur congé de libération, ne peuvent rentrer dans l'armée que comme soldats.

Ils y prennent rang d'après leurs anciens services ; mais ils sont susceptibles d'être pourvus de l'emploi qu'ils occupaient au moment de leur libération. Toutefois, la conservation du grade ou de l'emploi, loin d'être *un droit* dont les caporaux ou brigadiers et les sous-officiers puissent se prévaloir, est entièrement subordonnée à l'appréciation des chefs de corps.

Les sous-officiers réadmis au service avec leur grade, mais dans un emploi inférieur à celui qu'ils occupaient au moment de leur sortie du service, comptent leur ancienneté dans cet emploi inférieur, de l'époque de leur première nomination, en faisant déduction du temps pendant lequel le service a été interrompu. Lorsqu'ils sont nommés de nouveau à l'emploi supérieur, ils comptent, pour leur ancienneté dans cet emploi, le temps pendant lequel ils l'ont occupé avant d'avoir été congédiés.

L'inspecteur général vérifie si les nominations aux emplois du grade de caporal ou de brigadier et à ceux du grade de sous-officier, faites par les chefs de corps depuis la dernière inspection, l'ont été conformément aux dispositions de la loi et de l'ordonnance. Toute nomination qui y serait contraire est nulle de plein droit : il en est rendu compte au Ministre de la guerre, qui statue sur la position du militaire irrégulièrement nommé et sur les mesures à prendre à l'égard du chef de corps

Les emplois de caporal qui viennent à vaquer *dans les compagnies de discipline* sont donnés par le Ministre de la guerre, au fur et à mesure des vacances, à des caporaux désignés, sur leur demande, pour cette destination à la dernière revue d'inspection générale.

Les emplois de sous-officier sont donnés à des militaires du grade ou de l'emploi immédiatement inférieur, choisis dans la compagnie où la vacance a lieu, et nommés par le capitaine de la compagnie, conformément aux règles prescrites pour l'avancement au grade de sous-officier ; à défaut de candidats dans la compagnie, le capitaine en rend compte par la voie hiérarchique au Ministre de la guerre ; dans ce cas, ces emplois peuvent être donnés à des militaires pourvus du grade ou de l'emploi immédiatement inférieur dans les autres compagnies de discipline et subsidiairement à des sous-officiers des régiments d'infanterie, comme pour les bataillons d'infanterie légère d'Afrique.

Lorsque, dans les régiments d'infanterie, il ne se trouve pas de sujets désignés pour occuper les emplois de caporal ou de sous-officier vacants dans les compagnies de discipline, ces emplois peuvent être donnés à des sous-officiers en congé illimité ou libérés du service et d'après les règles établies pour les bataillons d'infanterie légère d'Afrique.

Les caporaux et les sous-officiers libérés, et ceux qui étaient en congé illimité, ou qui ont été tirés des régiments, peuvent, après deux ans de service dans les compagnies de discipline, rentrer dans les compagnies d'infanterie avec le grade dont ils sont en possession ou avec celui dont ils étaient pourvus, les premiers au moment de leur libération, les autres à l'époque de leur admission dans ces compagnies.

Les tambours des compagnies de discipline, susceptibles d'obtenir de l'avancement, sont désignés par les inspecteurs généraux au Ministre de la guerre, qui peut les envoyer comme caporaux dans les régiments d'infanterie, et même dans les compagnies de discipline, s'ils ont été reconnus aptes à ce service.

Sous-officiers, caporaux ou brigadiers détachés de leur corps pour un service spécial.

Les sous-officiers et les caporaux ou brigadiers détachés pour un service spécial, par ordre du Ministre de la guerre, continuent à compter à leur corps.

Les caporaux-fourriers ou les brigadiers-fourriers, les sergents-fourriers ou les maréchaux des logis fourriers, les sergents-majors ou les maréchaux des logis chefs et les adjudants, sont remplacés dans leur emploi, mais ils comptent dans le cadre de leur corps, savoir : les caporaux-fourriers et les brigadiers-fourriers comme caporaux ou brigadiers ; les autres comme sergents ou maréchaux des logis ; et ils ne peuvent être employés qu'à ce titre dans les services spéciaux, pour lesquels ils sont détachés ; s'ils rentrent à leur corps, sans avoir obtenu de l'avancement, ils ont droit aux premières vacances, qui surviennent dans les emplois dont ils étaient pourvus au moment où ils ont été détachés.

Pendant qu'ils sont détachés, ils ne peuvent obtenir de l'avancement qu'autant qu'ils sont portés sur le tableau d'avancement du corps dont ils font partie.

Ceux de ces militaires qui étaient inscrits sur le tableau d'avancement, au moment où ils ont été détachés de leur corps, peuvent continuer d'y être portés, pendant la durée de leur service spécial, par l'officier général chargé de les inspecter. Ils sont portés en sus du nombre de candidats déterminé.

Tout militaire détaché pour un service spécial, qui est proposé pour l'avancement, peut être nommé, par le Ministre de la guerre, caporal ou brigadier, sergent ou maréchal des logis, lorsqu'un de ces emplois vient à vaquer dans ce service spécial. Néanmoins, sa nomination n'a lieu qu'autant qu'un emploi du même grade peut lui être conféré dans le cadre du corps auquel il appartient : à cet effet, le chef de corps, lorsqu'il en reçoit l'ordre, réserve à ce militaire la première vacance de ce grade, qui survient dans son régiment, et en rend compte au Ministre de la guerre.

A leur rentrée au corps les militaires ainsi promus prennent possession des emplois qui leur ont été réservés.

Les sous-officiers nommés à l'emploi d'adjudant à l'Ecole impériale polytechnique, à l'Ecole militaire et au Prytanée impérial militaire de La Flèche, sont choisis parmi tous les sous-officiers en activité de service portés au tableau d'avancement pour le grade de sous-lieutenant. Ces sous-officiers sont rayés des contrôles de leurs corps et font définitivement partie du cadre des adjudants de l'École ou du Prytanée impérial militaire; ils sont inscrits, à leur arrivée, sur le tableau d'avancement de l'établissement, et continuent d'y être portés, pendant la durée de leur service spécial, à moins que l'inspecteur général ne juge qu'ils ont cessé de mériter cette distinction.

S'ils rentrent dans les corps de l'armée sans avoir obtenu de l'avancement, ils n'y sont placés que comme sergents ou maréchaux des logis.

Après deux ans de service dans les écoles ou au Prytanée impérial militaire, les adjudants qui ont continué d'être portés par l'inspecteur général sur le tableau d'avancement de l'établissement où ils sont employés, sont présentés de préférence pour un des premiers emplois de sous-lieutenant, qui viennent à vaquer dans leur arme.

Ils ne peuvent, sous aucun prétexte, continuer à servir avec leur nouveau grade, dans l'établissement auquel ils sont attachés.

AVANCEMENT AUX DIFFÉRENTS GRADES ET EMPLOIS D'OFFICIER.

Toutes les promotions aux grades d'officier, tant à l'ancienneté qu'au choix, sont faites par l'Empereur sur la présentation du Ministre de la guerre.

Les changements, qui ont pour but de faire passer un officier d'un emploi à un autre dans le même grade, sont ordonnés par le Ministre de la guerre; si ces changements concernent un colonel, un intendant militaire ou un officier général, ils sont soumis à l'approbation de l'Empereur.

Aucun officier ne peut être reconnu dans son emploi que sur la présentation de son brevet ou de sa lettre de nomination signée par le Ministre de la guerre.

Lorsqu'un emploi d'officier vient à vaquer dans un corps, le chef de ce corps en informe aussitôt par la voie hiérarchique le Ministre de la guerre, au moyen d'un bulletin conforme à la circulaire ministérielle du 2 juillet 1839. (*Journal militaire*, p. 13.)

Aucun officier ne peut obtenir de l'avancement à l'ancienneté, s'il n'est en activité de service, ou en non-activité par suite de licenciement de corps, de suppression d'emploi ou de rentrée de captivité à l'ennemi, ou enfin s'il n'est prisonnier de guerre.

Tout officier irrégulièrement absent de son corps ne peut prétendre à l'avancement, qui lui reviendrait à l'ancienneté pendant son absence : cet avancement est donné à l'officier le plus ancien après lui. A sa rentrée au corps, il reprend ses droits à l'avancement à venir.

Nul ne peut obtenir de l'avancement au tour du choix, s'il n'est en activité et porté au tableau d'avancement de la dernière inspection générale, ou s'il n'est employé auprès de l'Empereur ou des princes de la famille Impériale, soit comme aide de camp, soit comme officier d'ordonnance, ou enfin s'il n'est attaché à l'état-major du Ministre de la guerre.

L'avancement aux grades de lieutenant, de capitaine et de chef de bataillon ou d'escadron, a lieu de deux manières : à l'ancienneté et au choix.

L'avancement aux grades de sous-lieutenant, de lieutenant-colonel et de colonel, ainsi qu'à l'emploi de major a lieu au choix seulement.

Sous-lieutenant.

Un tiers des emplois de sous-lieutenant (ou lieutenant en second dans les armes dont l'organisation ne comporte pas d'emplois de sous-lieutenant), devant être donné aux sous-officiers du corps, il est établi pour la nomination à ces emplois une série de trois tours, dont le premier appartient aux sous-officiers du corps où a lieu la vacance ; les deux autres sont donnés à des élèves des écoles Ecole impériale spéciale militaire, Ecole impériale polytechnique, Ecole impériale d'application de l'artillerie et du génie, à des sous-lieutenants en non-activité et subsidiairement à des sous-officiers pris sur toute l'arme.

Il est fait exception à cette règle pour les bataillons de chasseurs à pied, qui sont considérés comme ne faisant qu'un seul corps.

L'avancement au grade de sous-lieutenant, dans l'infanterie légère d'Afrique, roule sur tous les bataillons qui, pour cet objet, sont considérés comme ne faisant qu'un seul corps.

L'avancement au grade de sous-lieutenant dans les compagnies de discipline roule sur toutes les compagnies qui, pour cet objet, sont considérées comme ne faisant qu'un seul corps.

Pour les sapeurs-pompiers de la ville de Paris, les emplois de sous-lieutenant sont donnés exclusivement à des sous-officiers du corps.

Les officiers mis en non-activité par suite de licenciement de corps, suppression d'emploi ou rentrée de captivité, ayant droit à la moitié des vacances de leur grade, tant qu'il se trouve des officiers dans cette position, les différents tours d'avancement aux emplois de sous-lieutenant se subdivisent en six tours de remplacement ; les 1er et 4e appartiennent aux sous-officiers, les 2e, 3e et 6e aux officiers en non-activité, et le 5e à un élève des écoles ou à un sous-officier choisi sur toute l'arme.

Lorsqu'il y a lieu, conformément à l'article précédent, de rappeler dans les cadres de l'armée des sous-lieutenants ou des lieutenants en second en non-activité, le premier emploi vacant appartient, savoir :

Au 2e tour, si le dernier emploi a été conféré par avancement à un sous-officier à quelque tour que ce soit.

Au 3e tour, si le dernier emploi a été conféré à un officier en non-activité pour toute autre cause que licenciement, suppression d'emploi ou rentrée de captivité à l'ennemi (2e tour ordinaire de remplacement).

Au 6e tour, si le dernier emploi a été conféré à un élève de l'Ecole militaire (2e tour ordinaire de remplacement).

Lorsqu'il n'y a plus à replacer de sous-lieutenants ou de lieutenants en second en non-activité pour les causes énoncées à l'article précédent, les emplois qui viennent à vaquer sont donnés d'après l'ordre des tours ordinaires et de la manière suivante :

Le premier emploi vacant appartient, savoir :

Au 1er tour ordinaire de remplacement si le dernier emploi a été conféré à la non-activité (3e ou 6e tour) ;

Au 2e tour ordinaire, si le dernier emploi a été conféré par avancement à un sous-officier à quelque tour que ce soit ;

Enfin, au 3e tour ordinaire, si le dernier emploi a été conféré à la non-activité (2e tour) ou à un élève (5e tour).

Dans l'infanterie et la cavalerie, le porte-drapeau ou le porte-étendard est choisi parmi les sous-lieutenants du corps, ayant au moins sept ans de service effectif.

Lorsqu'il est promu au grade de lieutenant, il passe dans une compagnie ou dans un escadron, et il est pourvu à son remplacement comme porte-drapeau ou porte-étendard.

L'adjoint au trésorier est choisi, dans le corps où la vacance existe, parmi les sous-lieutenants ou parmi les sous-officiers portés les uns et les autres sur la liste d'aptitude ; les derniers doivent être portés au tableau d'avancement.

S'il est pris parmi les sous-officiers, il reçoit, par le fait de sa nomination, le grade de sous-lieutenant, et cette promotion compte dans la portion d'avancement dévolue aux sous-officiers du corps.

Lorsque l'adjoint au trésorier est promu au grade de lieutenant dans l'infanterie ou la cavalerie, et à l'emploi de lieutenant en premier dans les corps dont l'organisation ne comporte pas d'emploi de sous-lieutenant, il passe dans une compagnie, dans un escadron ou dans une batterie, et il est pourvu à son remplacement comme adjoint au trésorier.

Lieutenant et capitaine.

L'avancement au grade de lieutenant et à celui de capitaine, tant à l'ancienneté qu'au choix, est dévolu dans chaque corps aux sous-lieutenants et lieutenants qui en font partie, sauf ce qui est prescrit pour le placement des officiers en non-activité et ce qui est réglé pour les fonctions spéciales (art. 50 et 51 de l'ordonnance), ainsi que pour les armes spéciales et les corps hors ligne (bataillons de chasseurs à pied, bataillons d'infanterie légère d'Afrique, compagnies de discipline, cavaliers de remonte), où l'avancement roule sur tous les officiers de la même arme ou du même corps.

L'avancement au grade de lieutenant et à celui de capitaine, devant être donné dans la proportion de deux tiers à l'ancienneté et un tiers au choix, il est établi une série de trois tours pour les promotions à chacun de ces grades ; le premier tour appartient à l'ancienneté, le second au choix, le troisième à l'ancienneté, et ainsi de suite, en recommençant par le tour de l'ancienneté ; mais lorsqu'il se trouve des officiers de ces grades en non-activité par suite de licenciement, suppression d'emploi, rentrée de captivité, il est pourvu au remplacement en donnant alternativement un emploi à la non-activité et un emploi à l'avancement et en suivant pour l'avancement l'ordre des tours fixé pour ce grade.

Dans les armes où l'avancement aux grades de lieutenant et de capitaine roule sur chaque corps, lorsqu'il y a lieu de pourvoir à un emploi vacant, et qu'il ne se trouve pas, dans le corps, de sous-lieutenant ou de lieutenant ayant accompli deux ans de grade, le Ministre de la guerre propose le plus ancien sous-lieutenant ou lieutenant de toute l'arme, si l'avancement revient au tour de l'ancienneté, et un des sous-lieutenants ou lieutenants proposés au tableau d'avancement dans un autre corps de la même arme, si l'avancement revient au tour du choix.

Lorsque des lieutenants ou des capitaines sortant de la non-activité arrivent dans un corps d'infanterie pour y occuper un emploi de leur grade, ceux que leur ancienneté appellerait à faire partie de la première classe ne peuvent y être admis que lorsqu'il survient une vacance parmi les officiers de cette classe, postérieurement à leur arrivée au corps; jusque-là, ces officiers ne reçoivent que le traitement affecté à la seconde classe de leur grade

De même, les lieutenants et les capitaines de cavalerie, que leur ancienneté appellerait à être lieutenants en premier ou capitaines commandants, ne peuvent être mis en possession de ces fonctions que lorsqu'il survient dans le corps, postérieurement à leur arrivée, des vacances parmi les lieutenants en premier ou les capitaines commandants; jusque-là ils ne remplissent que les fonctions et n'ont que le traitement de lieutenant en second ou de capitaine en second.

Le même principe est applicable à l'artillerie, au génie et aux compagnies d'ouvriers du train des équipages, autant que le comportent les dispositions particulières à l'avancement dans ces corps.

Les adjudants-majors, les trésoriers et les officiers d'habillement sont choisis parmi les capitaines portés sur la liste d'aptitude à ces emplois.

Les capitaines instructeurs dans les troupes à cheval, où cet emploi existe, sont choisis parmi les capitaines de l'arme qui, ayant suivi les cours de l'école de cavalerie en qualité d'officiers d'instruction, ont été proposés, par les inspecteurs généraux, pour cet emploi.

A défaut, dans l'infanterie et la cavalerie, de capitaines de chaque régiment, dans l'artillerie et le génie, de capitaines de l'arme reconnus aptes à remplir les emplois d'adjudant-major, de trésorier, d'officier d'habillement et d'officier instructeur, les emplois peuvent être donnés à des lieutenants. Pour l'emploi de capitaine instructeur, les lieutenants doivent, comme les capitaines, avoir suivi les cours de l'école de cavalerie en qualité d'officiers d'instruction et avoir été proposés, pour cet emploi, par les inspecteurs généraux.

Ces lieutenants sont en même temps promus au grade de capitaine au choix en dehors des tours d'avancement déterminés par la loi ; toutefois le nombre total de ces promotions et de celles au choix ne doit pas dépasser celui des promotions à l'ancienneté.

Les officiers ainsi promus ne peuvent passer dans une compagnie, escadron ou batterie que par permutation ; toutefois dans la cavalerie, l'artillerie et le génie, ces officiers peuvent être admis à prendre le commandement d'une batterie, d'un escadron ou d'une compagnie, lorsque leur ancienneté de grade les y appelle ; mais si cet officier ou celui avec lequel il a permuté est remplacé dans son emploi spécial par un lieutenant, la promotion de ce lieutenant au grade de capitaine a lieu immédiatement et compte dans les tours ordinaires du choix. (Loi du 23 juillet 1847.)

Officiers supérieurs.

Pour les grades d'officier supérieur jusqu'à celui de colonel inclusivement, l'avancement roule sur tous les officiers du même grade et de la même arme, sauf ce qui est réglé pour les corps hors ligne.

L'avancement au grade de chef de bataillon ou d'escadron étant dévolu moitié à l'ancienneté, moitié au choix, il est établi une série de deux tours pour les promotions à ce grade : le premier tour appartient à l'ancienneté, le deuxième au choix.

Les emplois de major, auxquels il est pourvu par avancement, sont donnés à des capitaines de l'arme où les vacances ont lieu, quelles que soient les fonctions qu'ils exercent.

Ces officiers doivent être proposés pour chefs de bataillon, et portés sur les listes d'aptitude ; ils sont ensuite appelés à subir un examen devant une commission nommée par le Ministre de la guerre, et doivent avoir été portés sur l'état de candidature établie par cette commission.

Les majors ne peuvent passer à un emploi de chefs de bataillon ou d'escadron, soit dans le corps où ils servent, soit dans tout autre corps de même arme, que par permutation, et s'ils ont exercé les fonctions de major pendant deux années au moins, sauf les cas tout à fait exceptionnels que le Ministre s'est réservé d'apprécier. (Décision ministérielle, 1862, *Journal militaire*, 1er sem., p. 551.)

Les emplois de chef de bataillon dans les corps composés d'un seul bataillon sont donnés soit à des chefs de bataillon pris dans un autre corps, soit par avancement à un capitaine de l'arme.

Lorsqu'il se trouve des officiers supérieurs en non-activité pour licenciement de corps, suppression d'emploi ou rentrée de captivité, il est pourvu au remplacement comme pour les grades de lieutenant et de capitaine.

Officiers en non-activité.

Les officiers mis en non-activité par suite de licenciement de corps, suppression d'emploi ou de rentrée de captivité à l'ennemi conservent leurs droits d'ancienneté pour l'avancement, et sont portés comme surnuméraires, savoir :

Les sous-lieutenants et lieutenants d'infanterie et de cavalerie sur les contrôles des régiments de leur arme ; les capitaines d'infanterie et de cavalerie, les sous-lieutenants, les lieutenants et les capitaines des autres armes, sur le contrôle général des officiers de l'arme à laquelle ils appartiennent.

Ils y sont placés au rang que leur ancienneté leur assigne parmi les officiers de leur grade.

En cas de suppression d'un emploi, ou de cadres de bataillons, d'escadrons ou de compagnies dans tous les régiments d'infanterie ou de cavalerie, les sous-lieutenants et les lieutenants, dont l'emploi est supprimé, sont classés, pour l'avancement, dans les corps dont ils faisaient partie avant cette suppression.

En cas de licenciement d'un corps ou de suppression de cadres de bataillons, d'escadrons ou de compagnies dans quelques régiments seulement d'infanterie ou de cavalerie, la répartition des sous-lieutenants et des lieutenants du corps licencié ou des cadres supprimés a lieu en suivant concurremment l'ordre alphabétique des noms des officiers de chaque grade et dans l'ordre des numéros des régiments de l'arme qui sont conservés, de telle sorte qu'un régiment ne puisse recevoir deux surnuméraires du même grade, avant que chacun des autres régiments de même arme en ait reçu un. Toutefois, dans le cas où le nombre des sous-lieutenants et des lieutenants dont l'emploi est supprimé ne serait pas double de celui des régiments conservés, la répartition a lieu en suivant l'ordre alphabétique des noms des sous-lieutenants et des lieutenants sans distinction de grade.

Les officiers en non-activité par suite de licenciement de corps, suppression d'emploi ou rentrée de captivité concourent, pour l'avancement à l'ancienneté, avec les officiers de leur grade en activité dans le régiment qui leur est assigné ou dans l'arme à laquelle ils appartiennent, selon qu'ils sont inscrits sur le contrôle du régiment ou de l'arme ; ils sont en outre appelés à remplir la moitié des emplois vacants dans l'arme à laquelle ils appartiennent, pour les sous-lieutenants, lieutenants et capitaines d'infanterie dans chaque régiment de leur arme ; pour les officiers supérieurs d'infanterie et de cavalerie et les officiers de tout grade des autres armes dans leur arme.

Le rappel de ces officiers à l'activité a lieu d'après les règles suivantes :

Dans les grades de sous-lieutenant, lieutenant et capitaine et de chef de bataillon ou d'escadron, à l'ancienneté, d'après la date de la mise en non-activité et si cette date est la même d'après l'ancienneté de grade.

Tous les emplois de major, de lieutenant-colonel et de colonel dévolus à la non-activité sont donnés au choix.

La mise en activité des officiers de tous grades est soumise à l'approbation de l'Empereur.

Les sous-lieutenants, lieutenants et capitaines, qui ont exercé des fonctions spéciales, sont replacés dans leur grade suivant leur ancienneté, mais ils ne peuvent être rappelés à ces fonctions spéciales qu'au choix.

Lors de la formation de nouveaux cadres de régiments, de bataillons, de compagnies, d'escadrons ou de batteries, les officiers en non-activité, pour les causes ci-dessus énoncées, sont appelés, suivant les règles établies, à remplir la moitié des emplois de leur grade, qui sont à pourvoir dans ces nouveaux cadres. Ils peuvent également concourir pour l'autre moitié de ces emplois.

Les officiers mis en non-activité pour infirmités temporaires, retrait ou suspension d'emploi, ne peuvent être rappelés dans les cadres de l'armée que sur la proposition des inspecteurs généraux. Toute demande de proposition de rappel à l'activité qui n'est pas faite par cette voie est considérée comme non avenue.

Ceux des officiers, qui sont reconnus susceptibles de rentrer en activité, concourent, au choix, pour les emplois de leur grade vacants dans les corps de leur arme et dans les cadres de nouvelle formation, lorsque tous les officiers de ce grade, en non-activité par suite de licenciement, de suppression d'emploi ou de rentrée de captivité à l'ennemi, ont été replacés.

Il ne peut être disposé en leur faveur de plus du quart des emplois de leur grade vacants dans chaque régiment, pour les sous-lieutenants, lieutenants et capitaines d'infanterie ou de cavalerie, et dans chaque arme pour tous les autres officiers.

Le rappel, dans les cadres de l'armée, des officiers de tout grade en non-activité pour les causes énoncées au présent article est toujours soumis à l'approbation de l'Empereur.

Les inspecteurs généraux des différentes armes passent annuellement, soit au chef-lieu des départements, soit dans les villes de garnison, faisant partie de leur arrondissement d'inspection, la revue des officiers en non-activité.

Ils signalent au Ministre de la guerre, par des rapports spéciaux, les officiers qui sont propres au service actif ou à un service sédentaire, et ceux qui se trouvent dans le cas d'être admis à la retraite ou mis en réforme, conformément aux dispositions des articles 10, 11, 12 et 13 de la loi du 19 mai 1834.

CHANGEMENT DE FONCTIONS DANS LE MÊME CORPS. — CHANGEMENT DE CORPS OU D'ARME.

Les changements de fonctions dans le même corps ont lieu sur l'ordre ou l'autorisation du Ministre de la guerre.

Les changements de corps ou d'arme ne peuvent s'effectuer que d'après l'ordre ou l'autorisation de l'Empereur.

Dans ces différents cas, les demandes sont soumises par les colonels aux inspecteurs généraux, et en cas d'urgence aux généraux commandant les divisions; les uns et les autres ne les soumettent au Ministre, qu'après s'être assurés qu'elles sont faites dans l'intérêt du service et que les officiers, qui en sont l'objet, réunissent les conditions exigées pour occuper leur nouvel emploi.

Aucun officier ne peut passer avec son grade, d'une compagnie, escadron ou batterie, à un emploi spécial dans le même corps, s'il n'est porté sur la liste d'aptitude à cet emploi.

Aucun officier ne peut quitter les fonctions spéciales pour passer avec son grade dans une autre compagnie, dans un escadron ou dans une batterie du même corps, que par permutation; sauf les exceptions spécifiées plus haut. (Loi du 23 juillet 1847.)

Les capitaines instructeurs de tir des bataillons de chasseurs à pied peuvent, sur leur demande écrite, après deux ans d'exercice dans leurs fonctions, s'ils y ont été appelés étant déjà capitaines, et après quatre ans, s'ils n'étaient que lieutenants, passer au commandement d'une compagnie.

Ils sont, dans ce cas, remplacés dans leur emploi soit par des capitaines présentés à l'inspection pour les fonctions d'instructeur de tir, soit, à défaut de candidats de ce grade, par des lieutenants, qui sont alors promus capitaines au choix, en dehors des tours ordinaires, en vertu des dispositions de la loi du 23 juillet 1847. (Décision impériale du 27 mai 1857, *Journal militaire*, p. 413.)

Lorsque l'intérêt du service l'exige, les officiers supérieurs d'infanterie ou de cavalerie, et les officiers de tous grades des autres armes, peuvent être envoyés dans un autre corps de l'arme à laquelle ils appartiennent.

Les sous-lieutenants, les lieutenants et les capitaines d'infanterie et de cavalerie ne peuvent être envoyés dans un autre corps que par permutation, sauf les exceptions spécifiées plus haut. (Loi du 23 juillet 1847.) Ces permutations ne peuvent être ordonnées qu'autant qu'il n'en résulte aucun changement dans le classement par ancienneté des officiers du corps où ils passent.

Les officiers qui permutent d'office ne perdent rien de leur ancienneté.

Les changements de corps des officiers, qui en font la demande pour convenance personnelle, ne peuvent avoir lieu que par permutation et d'après le consentement des deux chefs de corps; si l'un de ces derniers refuse son consentement, il est tenu d'en faire connaître les motifs au Ministre de la guerre, qui décide.

Les capitaines commandants de cavalerie, les capitaines des autres armes et les chefs de bataillon ou d'escadron, qui permutent, prennent dans leur nouveau corps le rang que leur ancienneté de grade leur assigne.

Lorsque deux capitaines en second de cavalerie, deux lieutenants ou deux sous-lieutenants d'infanterie ou de cavalerie permutent pour leur convenance personnelle, le plus ancien de grade consent, par le seul fait de la permutation, à prendre dans le corps où il passe l'ancienneté de grade et le rang de l'officier avec lequel il permute ; toutefois, les capitaines en second de cavalerie conservent leur rang d'ancienneté sur le contrôle général de l'arme.

Lorsqu'il s'agit d'une permutation entre deux lieutenants ou sous-lieutenants, le plus ancien doit faire la déclaration suivante :

Je soussigné (*nom, prénoms, grade*) au   régiment de   demande à permuter avec M. (*nom, prénoms, grade*) au   régiment de   et déclare, à cet effet, renoncer volontairement à mon ancienneté de grade pour prendre au régiment de   le rang qu'y occupe cet officier.

A   le   18

Signer.

Après six années consécutives de séjour en Algérie dans le grade d'officier, ceux que le climat aurait éprouvés, que l'âge ou des raisons particulières engageraient à demander leur retour en France, peuvent rentrer dans les corps de l'intérieur, par la voie de permutation facultative procurant les mêmes avantages que les permutations d'office. (Décret impérial du 13 février 1852.)

Le temps passé en congé temporaire ou en mission doit être compté comme temps de présence pour l'accomplissement des conditions précitées (1).

Les changements d'arme ne peuvent avoir lieu que par permutation, et seulement entre des sous-lieutenants, des lieutenants ou des capitaines d'infanterie et de cavalerie. Ces changements ne sont autorisés que sur la demande des officiers et sur le consentement des deux chefs de corps, en se conformant aux règles prescrites à cet égard pour les permutations.

Les officiers autorisés à changer d'arme renoncent par ce seul fait à leur ancienneté. S'ils sont capitaines, ils prennent rang d'un jour plus tard que le capitaine le moins ancien de l'arme dans laquelle ils passent ; s'ils sont lieutenants ou sous-lieutenants, ils prennent rang dans l'arme d'un jour plus tard que le dernier lieutenant ou sous-lieutenant du corps où ils entrent.

---

(1) Après huit années consécutives de séjour en Algérie, les sous-officiers, caporaux et soldats, appartenant à la portion permanente de l'armée d'Afrique, qui en font la demande, sont rappelés en France et remplacés par des militaires de leur grade pris dans les régiments de l'intérieur. (Note ministérielle du 7 mai 1852.)

Les officiers qui, par suite de permutation pour convenance personnelle renoncent à leur ancienneté, perdent les droits qu'elle pouvait leur donner à l'avancement et au commandement, mais ils conservent tous les avantages qu'elle leur assure pour la retraite.

Officiers employés temporairement à un service spécial ou à une mission.

Les officiers supérieurs en mission ou employés temporairement à un service spécial soit comme officiers d'ordonnance de l'Empereur, des Princes de la famille impériale ou du Ministre de la guerre, soit comme détachés aux écoles militaires ou au recrutement, sont remplacés à leurs corps et mis hors cadre.

Les capitaines sont mis hors cadre quand ils sont employés comme officiers d'ordonnance, et s'ils sont en mission ou employés comme détachés soit aux écoles militaires, soit au service du recrutement, ils continuent à compter dans leur corps ; mais quand le bien du service l'exige, ils sont mis hors cadre ou à la suite.

Les lieutenants et sous-lieutenants ne sont jamais mis hors cadre ; mais quand le bien du service l'exige, ils sont mis à la suite.

Les officiers hors cadre concourent pour l'avancement avec les officiers de leur grade dans l'arme à laquelle ils appartiennent ; ceux qui ne sont pas remplacés ou qui sont mis à la suite concourent pour l'avancement aux mêmes conditions que les autres officiers.

L'inscription de ces officiers sur le tableau d'avancement peut avoir lieu soit d'office par le Ministre de la guerre, soit d'après les propositions des chefs de service ou des inspecteurs généraux ; toutefois les officiers employés au recrutement ne sont susceptibles d'être proposés pour l'avancement, s'ils sont officiers supérieurs ou capitaines, qu'autant qu'ils comptent plus de quatre années comme commandants d'un dépôt de recrutement, s'ils sont lieutenants, sous-lieutenants ou sous-officiers, qu'autant qu'ils comptent plus de trois ans dans ce service. (Note ministérielle du 6 décembre 1850, *Journal militaire*, page 452) (1).

Quant aux officiers du cadre du bataillon ou de la section de cavalerie de l'Ecole impériale spéciale militaire de Saint-Cyr, le décret impérial du 8 juin 1861 (*Journal militaire*, page 684) a modifié ainsi qu'il suit les dispositions de l'ordonnance du 16 mars 1838.

Après trois ans d'exercice de fonctions à Saint-Cyr, les capitaines, qui sont proposés pour l'avancement par l'inspecteur général, sont inscrits d'office au tableau d'avancement, où ils figurent avec un classement spécial.

---

(1) Voir pour les conditions auxquelles les officiers et sous-officiers doivent satisfaire, pour être admis dans le recrutement, les ordonnances du 13 mars et du 15 décembre 1844 (*Journal militaire*, p. 95 et 435, et l'Instruction ministérielle du 24 juillet 1844, p. 92).

Après deux ans de fonctions à l'école, les lieutenants qui sont proposés pour l'avancement sont inscrits d'office au tableau d'avancement de leur régiment, où ils figurent avec un classement spécial.

DE L'AVANCEMENT EN CAMPAGNE.

De l'avancement dans les corps en campagne.

Dans les troupes en campagne ou aux colonies, le temps de service exigé pour passer d'un grade à un autre peut être réduit de moitié.

Il ne peut être dérogé à cette règle que :

1° Pour action d'éclat dûment justifiée et mise à l'ordre de l'armée;

2° Lorsqu'il n'est pas possible de pourvoir autrement au remplacement des vacances dans les corps en présence de l'ennemi.

La moitié des grades de lieutenant et de capitaine est donnée à l'ancienneté, et la totalité des grades de chef de bataillon et d'escadron au choix de l'Empereur.

Sur la proposition du Ministre de la guerre, l'Empereur détermine, par un décret, les corps ou portions de corps auxquels il doit être fait application de ces dispositions ainsi que l'époque à laquelle cette application doit commencer.

L'époque, à laquelle ces dispositions doivent cesser d'être appliquées, est aussi déterminée par un décret impérial.

Dans des circonstances extraordinaires l'Empereur peut, lorsqu'il le juge convenable, conférer, par un décret, au commandant en chef d'une armée, le pouvoir de nommer provisoirement aux emplois d'officiers qui viennent à vaquer.

Ce décret, rendu sur la proposition du Ministre de la guerre, est inséré au *Bulletin des lois*; il indique les grades auxquels ce pouvoir est restreint, ainsi que les conditions et les limites dans lesquelles il peut être exercé : il a son effet jusqu'à sa révocation par un autre décret rendu dans la même forme.

Les nominations ne deviennent définitives qu'après avoir été confirmées par l'Empereur, sur la proposition du Ministre de la guerre; toutefois le rang d'ancienneté des officiers est déterminé par la date de leur nomination provisoire.

Toute nomination provisoire qui serait contraire, soit aux dispositions de la loi, soit à celles de l'ordonnance du 16 mars 1838, soit aux conditions établies par le décret qui a conféré au commandant le pouvoir de la faire, est nulle de plein droit.

Dans les armées en campagne, il n'est pas dressé de tableau d'avancement. En conséquence, tout militaire est susceptible d'être promu à un nouveau grade au tour du choix, ou nommé à des fonctions spéciales, sur la proposition de ses chefs, s'il satisfait d'ailleurs aux conditions exigées par la loi.

Les propositions pour les emplois de caporal ou brigadier et de sous-officier sont faites au colonel par les officiers qui concourent, en temps de paix, à la formation du tableau d'avancement.

Le colonel choisit sur la liste de proposition les sujets qui doivent occuper les emplois vacants. Il peut prendre en dehors de cette liste les militaires qui se sont distingués par une action d'éclat.

En ce qui concerne les grades d'officier, les propositions sont faites, savoir :

Pour l'avancement au grade de sous-lieutenant, de lieutenant et de capitaine, par le chef du corps, après avoir pris l'avis des chefs de bataillon ou d'escadron et celui du lieutenant-colonel, s'il est présent.

Pour l'avancement au grade de chef de bataillon ou d'escadron, par le général de brigade, après avoir pris l'avis des chefs de corps de sa brigade.

Pour l'avancement au grade de lieutenant-colonel, par les généraux de division, après avoir pris l'avis des chefs de corps et des généraux de brigade de leur division.

Enfin, pour l'avancement aux grades de colonel et de général de brigade, par le commandant en chef, après avoir pris, pour le grade de colonel, l'avis des généraux de brigade, et pour le grade de général de brigade, l'avis des généraux de division.

Les propositions aux différents grades d'officier faites par les chefs de corps, les généraux de brigade et les généraux de division sont adressées, par la voie hiérarchique, au commandant en chef, qui les transmet avec son avis au Ministre de la guerre, ainsi que celles qui lui sont directement attribuées après avoir pourvu lui-même au remplacement à titre provisoire, en vertu des pouvoirs qui lui sont confiés.

Il doit être présenté trois candidats pour chaque emploi vacant d'officier; mais ce nombre peut être réduit pour les grades de lieutenant-colonel, colonel et général de brigade.

Toute proposition d'avancement faite dans l'un des cas prévus par l'art. 19 de la loi du 14 avril 1832 doit mentionner le motif de l'exception.

Si l'exception a lieu faute de sujets remplissant les conditions exigées par la loi, cette circonstance est exprimée.

Si elle a lieu pour une action d'éclat, il est joint à la proposition : 1° un extrait de l'ordre de l'armée dans lequel l'action d'éclat a été mentionnée ; 2° une copie certifiée des rapports exigés par l'art. 138 de l'ordonnance du 3 mai 1832, sur le service des armées en campagne.

Dans les corps qui ont des bataillons, escadrons ou détachements faisant partie d'une armée en campagne, toutes les vacances d'emploi de caporal ou brigadier et de sous-officier, jusques et y compris celui d'adjudant, appartiennent exclusivement aux soldats, aux caporaux ou brigadiers et aux sous-officiers, qui font partie de la portion du corps où les vacances ont lieu.

Tous les sous-officiers de la portion du corps, qui est en campagne, concourent avec les sous-officiers portés sur le tableau d'avancement, et qui ne font pas partie de cette portion de corps, pour les emplois de sous-lieutenant dévolus aux sous-officiers, quelle que soit la portion de corps où les vacances ont lieu.

Dans la portion du corps qui n'est point en campagne, on continue l'ordre des tours qui était suivi avant la séparation.

Dans la portion qui est en campagne, la première vacance est donnée à un des sous-officiers qui en font partie; la seconde et la troisième sont données conformément aux dispositions particulières à chaque arme.

Lorsqu'un sous-officier a mérité, par une action d'éclat mise à l'ordre de l'armée, d'être proposé pour le grade de sous-lieutenant, et qu'il n'existe pas dans le régiment de vacance dévolue à l'avancement des sous-officiers, il est nommé soit dans le corps, soit dans un autre régiment de l'arme, à un emploi vacant revenant au deuxième ou troisième tour, ou, dans le cas prévu à l'art. 45, au cinquième tour seulement.

Pour les grades de lieutenant et de capitaine, la moitié des vacances, dans la portion de corps qui est en campagne, d'une part, et les deux tiers, dans la portion qui n'y est pas, d'autre part, étant dévolus à l'ancienneté, ces vacances sont données indistinctement aux sous-lieutenants et aux lieutenants les plus anciens du corps.

Tous les officiers de la portion de corps qui est en campagne, concourent avec ceux des officiers qui n'en font point partie, mais qui sont portés sur le tableau d'avancement, pour tous les emplois qui reviennent au tour du choix, quelle que soit la portion de corps où les vacances ont lieu.

Pour l'exécution de ces dispositions, l'ordre des tours ordinaires suivi avant la séparation est continué dans la portion de corps qui n'est point en campagne, et il est établi après la séparation dans la portion qui est en campagne une série de deux tours en continuant la série : ainsi, la première vacance, dans la portion en campagne, est dévolue à l'ancienneté, si la dernière promotion a été faite au tour du choix; et elle est donnée au choix, si au contraire cette promotion a été faite au tour de l'ancienneté.

Lorsque des portions de corps cessent de faire partie d'une armée active, et qu'il n'y a plus à pourvoir aux vacances survenues pendant la campagne, les emplois, qui viennent à vaquer, sont donnés en continuant l'ordre des tours qui a été suivi dans la portion de corps qui n'était point en campagne.

Si toutes les portions d'un corps concouraient ensemble à l'armée active, conformément à ce qui est prescrit pour l'avancement dans les places de guerre, on rentre dans l'ordre des tours ordinaires fixé par l'art. 40, en donnant pour les grades de lieutenant et de capitaine la première vacance à l'ancienneté (1er tour), si la dernière promotion a eu lieu au choix, et au choix (2e tour), si elle a été faite à l'ancienneté.

Lorsqu'il y a lieu de pourvoir par avancement à un emploi de lieutenant ou de capitaine vacant dans les bataillons ou escadrons de guerre d'un régiment, et que dans ce régiment il ne se trouve aucun officier du grade inférieur ayant l'ancienneté exigée, l'emploi est donné conformément au principe établi par l'ordonnance du 16 mars 1838, à un sous-lieutenant ou à un lieutenant d'un des corps de la même arme.

Il ne peut être dérogé à la condition d'ancienneté en faveur d'un officier du régiment qu'autant que dans les autres corps de la même arme il ne s'y trouve pas d'officier qui y satisfasse (1).

L'avancement au grade de chef de bataillon ou d'escadron, dans les troupes en campagne, ne devant avoir lieu qu'au choix, tous les capitaines des corps ou portions de corps, qui sont en campagne, concourent avec les autres capitaines de l'arme, qui sont portés sur le tableau d'avancement pour les emplois qui viennent à vaquer, au choix, dans toute l'arme, sans préjudice des droits acquis aux emplois dévolus à l'ancienneté dans les corps ou portions de corps, qui ne sont point en campagne.

Lorsqu'il existe des officiers en non-activité par suite de licenciement, de suppression d'emploi ou de rentrée de captivité à l'ennemi, les emplois vacants sont donnés, d'une part, dans la portion de corps ou d'arme qui fait partie de l'armée active ; de l'autre dans celle qui n'est point en campagne, en se conformant aux dispositions établies (art. 45 et 152) pour le placement de ces officiers.

De l'avancement dans les places de guerre.

Les troupes qui tiennent garnison dans les places déclarées en état de guerre et qui sont sous l'autorité du commandant en chef d'une armée en campagne, concourent pour l'avancement avec les troupes de cette armée, aussi longtemps qu'elles peuvent communiquer avec elle.

Lorsqu'une place de guerre est investie et qu'une délibération du conseil de défense a constaté que toute communication est interrompue avec le Ministre de la guerre et avec l'armée, l'avancement aux emplois qui deviennent vacants, soit dans le cadre de l'état-major de la place, soit dans les corps de la garnison, pendant la durée du blocus ou du siège, appartient exclusivement aux militaires qui concourent à la défense de cette place : dans ce cas l'avancement roule exclusivement sur les corps de la garnison d'après les principes posés pour les troupes en campagne.

Des prisonniers de guerre.

Il n'est pourvu au remplacement des caporaux ou brigadiers et des sous-officiers tombés au pouvoir de l'ennemi, que d'après

---

(1) Lorsque, par une action d'éclat mise à l'ordre du jour de l'armée, un sous-lieutenant ou un lieutenant a mérité d'être promu au grade supérieur, et qu'il n'existe pas dans le régiment de vacance dévolue au tour du choix, il est nommé à un emploi vacant, également dévolu au choix, dans un des autres régiments de l'arme.

l'ordre du commandant en chef et lorsque les besoins du service l'exigent.

Ceux qui ont été remplacés comptent à leur corps pour mémoire.

A leur rentrée, ils sont mis en possession des emplois vacants de leur grade ; et, à défaut, ils restent à la suite en attendant les vacances.

Si des circonstances imprévues le demandent, ils peuvent être envoyés dans d'autres corps, où ils prennent leur rang d'ancienneté sans déduction du temps de captivité.

Les officiers prisonniers de guerre ne sont remplacés dans leur emploi que lorsque les besoins du service l'exigent impérieusement, et d'après l'ordre du Ministre de la guerre.

Les officiers prisonniers de guerre conservant leurs droits d'ancienneté, pour l'avancement au grade immédiatement supérieur à celui dont ils sont pourvus au moment où ils tombent au pouvoir de l'ennemi, tout sous-lieutenant ou lieutenant à qui il échoit un emploi à ce titre y est nommé.

Si cet emploi ne peut rester vacant, il y est pourvu par la nomination d'un autre officier, selon l'ordre des tours, et l'officier prisonnier de guerre est inscrit pour mémoire sur les contrôles du corps avec son nouveau grade.

Ces dispositions sont applicables aux capitaines prisonniers de guerre, que leur ancienneté appelle à un emploi de chef de bataillon ou d'escadron, vacant dans un corps ou une portion de corps de leur arme, qui n'est point en campagne.

Tous les officiers, depuis le grade de sous-lieutenant jusqu'à celui de colonel inclusivement, qui ne retrouvent plus vacant, à leur rentrée de captivité à l'ennemi, l'emploi, qu'ils occupaient avant d'être prisonniers de guerre, ou celui auquel leur ancienneté les a portés pendant leur captivité, sont mis en non-activité, en attendant qu'ils puissent être replacés.

Lorsque par suite d'une action d'éclat mise à l'ordre de l'armée, un sous-officier ou un officier fait prisonnier de guerre a mérité de l'avancement avant de tomber au pouvoir de l'ennemi, il peut être nommé au grade supérieur sur la proposition du Ministre de la guerre, d'après le rapport du commandant en chef.

DISPOSITIONS PARTICULIÈRES A CHAQUE ARME.

INFANTERIE.

Les règles générales qui viennent d'être développées et qui forment les titres 1, 2, 3, 4 et 8, de l'ordonnance du 16 mars 1838, sont applicables aux divers corps de l'infanterie, y compris les zouaves (voir les ordonnances, décrets et décisions du 7 mars 1833, 24 décembre 1835, 20 mars 1837, 21 décembre 1838, 4 août 1839, 8 septembre 1841 et 13 février 1852, insérés au *Journal militaire*) sauf les modifications qui résultent des dispositions ci-après.

Conditions pour parvenir à la 1re classe dans le grade de lieutenant et dans celui de capitaine.

Les lieutenants d'infanterie parviennent à la première classe dans chaque régiment, par ancienneté de grade, quelles que soient leurs fonctions.

Ne peuvent concourir pour la première classe les lieutenants qui ont droit à un supplément de traitement ou qui ne sont pas payés sur les fonds de la guerre en raison des emplois qu'ils occupent.

Le nombre de lieutenants de première classe est fixé à la moitié des emplois de ce grade que comporte le cadre d'organisation du corps.

Lorsqu'il survient une vacance parmi les lieutenants de première classe, le plus ancien lieutenant de deuxième classe du régiment passe immédiatement à la première (1).

Les capitaines d'infanterie sont divisés en deux classes :

Le nombre des capitaines de première classe, dans l'infanterie, est fixé à la moitié du complet des divers emplois de ce grade (y compris ceux d'adjudant-major, de trésorier et d'officier d'habillement), que comprennent les cadres d'organisation des corps dont les officiers sont appelés à concourir à cet avantage.

Les capitaines des régiments d'infanterie de ligne et de la garde impériale, des bataillons de chasseurs à pied, des bataillons d'infanterie légère d'Afrique, du corps des zouaves, de la légion étrangère, concourent ensemble pour l'admission à la première classe, qui a lieu à l'ancienneté de grade, et leurs droits sont déterminés par la liste générale d'ancienneté de l'arme. (Ordonnance du 14 décembre 1840, *Journal militaire*, p. 561.)

Tout capitaine d'infanterie en activité de service dans un régiment peut parvenir à la première classe, quelles que soient ses fonctions. Les capitaines qui ne sont point employés dans un régiment, ceux qui ont un supplément de traitement, ou qui ne sont pas payés sur les fonds de la guerre, à raison des emplois qu'ils occupent, ne peuvent parvenir à la première classe.

Lorsqu'il survient une vacance parmi les capitaines de première classe, le Ministre de la guerre désigne, pour la remplir, le plus ancien capitaine de deuxième classe. Cette mutation est insérée au *Journal militaire*, qui tient lieu de notification.

CLASSEMENT DES CAPITAINES ET DES CHEFS DE BATAILLON.

A moins d'ordre contraire, le classement de capitaines commandant les compagnies est fait, dans chaque corps, tous les trois ans,

---

(1) Ces dispositions sont applicables aux bataillons de chasseurs à pied et à ceux d'infanterie légère d'Afrique ; ces bataillons sont considérés comme ne formant qu'un seul corps : toutefois, le Ministre désigne ceux des lieutenants de 2e classe qui passent à la 1re, et la mutation est insérée au *Journal militaire officiel*, qui tient lieu de notification.

à l'époque des revues d'inspection générale, d'après leur ancienneté et dans l'ordre indiqué à l'art. 3 du titre 1er de l'instruction du 17 avril 1862, sur les manœuvres de l'infanterie.

Les compagnies suivent leur capitaine dans es positions qui leur sont assignées par suite de leur classement.

Les chefs de bataillon sont classés dans chaque corps, d'après leur ancienneté, pour le commandement des bataillons, de telle sorte que le plus ancien commande le premier bataillon, le plus ancien après lui commande le second bataillon, et ainsi des autres.

En cas de mutation d'un chef de bataillon d'un corps, il est procédé immédiatement au classement des officiers de ce grade dans ce corps.

Dans les corps fractionnés pour les cas de guerre, le classement a lieu séparément, tant pour les capitaines que pour les chefs de bataillon, dans chacune des portions du corps. Dans aucun cas, un officier de l'un de ces deux grades, faisant partie de la portion qui n'est point en campagne, ne peut, sous le prétexte de prendre son rang, passer au bataillon de guerre, s'il n'y est appelé par un ordre du Ministre de la guerre.

Chasseurs à pied.

Les vingt bataillons de chasseurs à pied sont considérés comme formant corps et concourent entre eux pour l'avancement. (Art. 4 du décret impérial du 22 novembre 1853, portant création de dix nouveaux bataillons de chasseurs à pied, *Journal militaire*, p. 343.)

Bataillons d'infanterie légère d'Afrique.

L'avancement aux grades de sous-lieutenant, de lieutenant et de capitaine, dans l'infanterie légère d'Afrique, roule sur tous les bataillons qui, pour cet objet, sont considérés comme ne formant qu'un seul corps.

Les capitaines et les chefs de bataillon d'infanterie légère d'Afrique concourent, pour l'avancement, dans l'arme de l'infanterie, avec les officiers de leur grade.

Les chefs de bataillon, comme chefs de corps, sont toujours nommés au choix.

L'emploi de chef de bataillon dans l'infanterie légère d'Afrique est conféré à un chef de bataillon d'infanterie ou par avancement à un capitaine de cette arme.

Compagnies de discipline.

L'avancement aux grades de sous-lieutenant, de lieutenant et de capitaine roule sur toutes les compagnies de discipline qui, pour cet objet, sont considérées comme ne faisant qu'un seul corps.

Lorsqu'un lieutenant d'une compagnie de discipline est promu au grade de capitaine, il permute immédiatement avec un des capitaines proposés à la dernière revue d'inspection générale pour les compagnies de discipline, et que le Ministre de la guerre désigne pour prendre le commandement de la compagnie vacante.

Les capitaines des compagnies de discipline sont choisis parmi les capitaines proposés à la dernière inspection générale comme susceptibles de commander une compagnie de discipline.

DISPOSITIONS PARTICULIÈRES A LA GARDE IMPÉRIALE.

Le recrutement de la garde en hommes de troupe s'opère :

1° Par des militaires en activité qui, ayant au moins deux années de service effectif et deux ans de service à faire à l'époque de leur admission, sont proposés par leurs chefs de corps pour être admis dans la garde et acceptés par l'inspecteur général.

Peuvent toutefois être dispensés de ces conditions de temps les militaires qui sont décorés de la croix de la Légion d'honneur ou de la médaille militaire, ou qui se sont distingués par un acte de courage ou une belle action, et les sous-officiers, caporaux ou brigadiers qui font la remise de leurs galons.

Peuvent, d'ailleurs, être proposés les militaires qui se trouvent dans leur dernière année de service, sous la condition, s'ils sont admis, de contracter un rengagement ;

2° Par des militaires retirés du service, âgés de moins de trente-cinq ans, et présentant les garanties de conduite et de moralité nécessaires et qui demandent à contracter un engagement. La durée de cet engagement peut par exception n'être que de trois ans ;

3° Par des engagés volontaires n'ayant jamais servi. (Décret impérial du 27 avril 1860, *Journal militaire*, page 541.)

Les candidats doivent justifier d'un certificat d'acceptation du chef de corps approuvé par le maréchal commandant en chef la garde impériale. (Décision impériale du 8 septembre 1860, *Journal militaire*, page 215.)

Les hommes de troupe doivent avoir le minimum de taille déterminé pour chaque corps par le décret impérial du 17 juin 1857 (*Journal militaire*, page 451).

Sont dispensés de toutes conditions de taille les musiciens, tambours, clairons, trompettes et ouvriers des divers corps de la garde.

Les sous-officiers de la ligne qui ont un an de grade et le minimum de la taille déterminée peuvent être proposés pour être admis dans la garde avec leur grade.

Un sixième des emplois vacants dans la garde leur est réservé à cet effet.

Pour être admis en temps de paix dans les divers corps de la garde, les officiers doivent avoir, au moins, à l'époque de leur admission, les sous-lieutenants, un an de grade, et les autres officiers, deux ans d'ancienneté dans leur grade. En temps de guerre tous les officiers peuvent y être admis, après un an de grade.

Sont dispensés en temps de paix comme en temps de guerre de toute condition d'ancienneté, les officiers qui se sont honorés par une action d'éclat.

Les officiers passant de la ligne dans la garde y prennent rang d'après leur ancienneté de grade.

La gendarmerie à pied et à cheval de la garde reste soumise, pour son recrutement en hommes de troupe et en officiers, aux règles posées par le décret du 1er mars 1854, en ce qu'elles n'ont pas de contraire aux conditions stipulées ci-dessus pour l'admission des officiers.

L'avancement dans la garde a lieu suivant les dispositions réglementaires applicables à toute l'armée, sauf les modifications suivantes :

1° En temps de paix, tout sous-officier nommé sous-lieutenant va occuper un emploi de ce grade dans la ligne, par permutation ;

2° Les sous-lieutenants de la garde promus lieutenants y sont maintenus dans leur nouveau grade ;

3° A compter du grade de lieutenant, tout officier de la garde promu va occuper un emploi de son nouveau grade dans la ligne par permutation.

Tout officier de la garde ayant six années d'exercice de son grade dans la garde, au moment où la retraite l'atteint, est promu au grade supérieur au choix en dehors des tours réglementaires fixés par l'ordonnance du 16 mars 1838. (Décision impériale du 1er février 1861, *Journal militaire*, page 106.)

DISPOSITIONS PARTICULIÈRES A LA CAVALERIE.

Les règles générales établies aux titres 1, 2, 3, 4 et 8, sont applicables à l'arme de la cavalerie, sauf les modifications qui résultent des dispositions ci-après.

Admission des cavaliers à la 1re classe.

Les cavaliers de 1re classe sont choisis par le colonel parmi les cavaliers admis à l'école d'escadron, qui ont mérité cette distinction par leur bonne conduite, leur zèle, leur tenue et leurs progrès en équitation (1).

Avancement aux différents grades et emplois d'officiers.

Les sous-lieutenants et les lieutenants d'infanterie, qui entrent dans la cavalerie par permutation, sont inscrits sur les contrôles de leur nouveau corps à la date indiquée dans la lettre de permutations ; s'ils n'ont pas déjà servi deux ans dans les troupes à cheval,

---

(1) Les maréchaux ferrants sont susceptibles de concourir avec les autres cavaliers de 2e classe pour parvenir à la 1re, lorsqu'ils remplissent les conditions voulues par le présent article. (Décision ministérielle du 6 décembre 1844, *Journal militaire*, p. 509.)

ils sont envoyés à l'école de cavalerie pour y suivre les cours pendant le temps prescrit par les règlements; après ce temps ils sont mis en possession de leur emploi.

Les lieutenants en second et les capitaines en second parviennent, par ancienneté, aux emplois de lieutenant en premier et de capitaine commandant. Cet avancement roule sur chaque régiment.

Lorsqu'un capitaine instructeur, un capitaine adjudant-major se trouve par son ancienneté appelé à un emploi de capitaine commandant, il doit opter entre ses fonctions et le commandement d'un escadron. Toutefois le capitaine trésorier et le capitaine d'habillement ne peuvent prendre le commandement d'un escadron qu'autant que l'inspecteur général les a reconnus capables de l'exercer. (Circulaire ministérielle du 2 juillet 1839.)

Pour les régiments de cavalerie tout avis de vacance dans l'emploi de capitaine commandant doit être accompagné d'une déclaration d'option de la part de l'officier qui se trouve dans l'un des cas ci-dessus ; s'il préfère conserver ses fonctions, il prend rang parmi les capitaines commandants, et le capitaine en second le plus ancien après lui est pourvu du commandement vacant.

Tout capitaine instructeur, capitaine adjudant-major, capitaine trésorier et capitaine d'habillement, peut passer par permutation à l'emploi de capitaine commandant, pourvu que dans le régiment il ne se trouve pas de capitaine en second plus ancien que lui. Si c'est un capitaine instructeur qui permute, l'officier qui le remplace doit réunir toutes les conditions exigées pour la nomination à l'emploi de capitaine instructeur.

Les capitaines trésoriers et les capitaines d'habillement doivent avoir été reconnus capables d'exercer cet emploi et satisfaire à la condition d'ancienneté prescrite par l'article précédent. Ils ne sont admis à permuter qu'avec des capitaines portés sur la liste d'aptitude à l'emploi de comptable.

JUSTICE MILITAIRE.

ORGANISATION ET COMPÉTENCE DES TRIBUNAUX MILITAIRES.

(Code de justice militaire du 9 juin 1857; Décrets impériaux du 18 juillet 1857).

La justice militaire est rendue :
1° Par des conseils de guerre ;
2° Par des conseils de révision ;
3° Par des prévôtés.

DES CONSEILS DE GUERRE.

Il y a un conseil de guerre permanent au chef-lieu de chaque division territoriale.

Si les besoins du service l'exigent, un deuxième conseil de guerre permanent peut être établi dans la division par un décret impérial qui fixe le siége du conseil et en détermine le ressort.

Aux armées, il est établi deux conseils de guerre par division active et par quartier général d'armée, et, s'il y a lieu, par quartier général de corps d'armée.

Si une division active ou un détachement de troupes doit opérer isolément, deux conseils de guerre peuvent également être formés dans la division ou dans le détachement.

Lorsque des armées, corps d'armée ou divisions actives sont formés à l'intérieur, et que des conseils de guerre spéciaux n'ont pas été créés, les militaires qui en font partie sont justiciables des conseils de guerre permanents, qui se trouvent déjà organisés dans les divisions territoriales.

Lorsqu'une ou plusieurs communes, un ou plusieurs départements ont été déclarés en état de siége, les conseils de guerre permanents des divisions territoriales, dont font partie ces communes ou ces départements, indépendamment de leurs attributions ordinaires, statuent sur les crimes ou délits dont la connaissance leur est déférée par le présent Code et par les lois sur l'état de siége.

Le siége de ces conseils peut être transféré, par décret impérial, dans l'une de ces communes ou dans l'un de ces départements.

Chaque conseil de guerre est composé de sept membres, savoir :

Un colonel ou un lieutenant-colonel, président,
Un chef de bataillon, d'escadron ou major.
Deux capitaines . . . .
Un lieutenant. . . . . } juges.
Un sous-lieutenant. . . . .
Un sous-officier. . . . .

Cette composition est maintenue ou modifiée suivant le grade de l'accusé, conformément au tableau ci-après, car il est établi en principe, afin de ne pas détruire la hiérarchie militaire, que l'inférieur ne peut juger son supérieur.

GRADE DE L'ACCUSÉ.	GRADE DU PRÉSIDENT.	GRADE DES JUGES.
Sous-officier, caporal ou brigadier....	Colonel ou lieutenant-colonel......	1 chef de bataillon, chef d'escadron ou major. 2 capitaines. 1 lieutenant. 1 sous-lieutenant. 1 sous-officier.
Sous-lieutenant...	Colonel ou lieutenant-colonel......	1 chef de bataillon, chef d'escadron ou major. 2 capitaines. 1 lieutenant. 2 sous-lieutenants.
Lieutenant.....	Colonel ou lieutenant-colonel......	1 chef de bataillon, chef d'escadron ou major. 3 capitaines. 2 lieutenants.
Capitaine......	Colonel........	1 lieutenant-colonel. 3 chefs de bataillon, chefs d'escadron ou majors. 2 capitaines.
Chef de bataillon, chef d'escadron ou major......	Général de brigade..	2 colonels. 2 lieutenants-colonels 2 chefs de bataillon, chefs d'escadron ou major.
Lieutenant-colonel..	Général de brigade..	4 colonels. 2 lieutenants-colonels.
Colonel.......	Général de brigade..	4 généraux de brigade. 2 colonels.
Général de brigade..	Maréchal de France..	4 généraux de division. 2 généraux de brigade.
Général de division.	Maréchal de France..	2 maréchaux de France. 4 généraux de division.
Maréchal de France.	Maréchal de France..	3 maréchaux de France. 3 généraux de division.

Dans ces deux derniers cas, les maréchaux de France sont appelés à siéger suivant l'ordre d'ancienneté, et le président est pris parmi ceux désignés.

En ce qui concerne spécialement la composition du conseil de guerre appelé à juger un maréchal de France, à défaut d'un nombre suffisant de maréchaux des amiraux sont désignés.

Si un maréchal de France ou un général de division ayant commandé une armée ou un corps d'armée est mis en jugement à raison d'un fait commis pendant la durée de son commandement, aucun des généraux ayant été sous ses ordres, dans l'armée ou le corps d'armée, ne peut faire partie d'un conseil de guerre.

La composition des conseils de guerre appelés à juger des fonctionnaires et employés assimilés aux militaires est réglée par le tableau annexé au décret du 18 juillet 1857 (*Journal militaire*, 2ᵉ semestre, page 269).

La correspondance de grade et de rang résultant de cette assimilation est toute spéciale à l'action judiciaire devant les tribunaux militaires, et ne modifie en rien les situations telles qu'elles sont réglées, sous les autres rapports pour ces divers assimilés, par les ordonnances, décrets et règlements en vigueur.

Le président et les juges sont choisis parmi les officiers et sous-officiers en activité dans les divisions territoriales, armées, corps d'armée, divisions actives, détachements et places de guerre dans lesquels les conseils sont établis. Ils sont nommés et remplacés, savoir :

Dans les divisions territoriales ou actives, par les généraux commandant ces divisions (les nominations sont faites par le Ministre de la guerre, s'il s'agit du jugement d'un colonel, d'un officier général ou d'un maréchal de France); dans les quartiers généraux d'armée, par le général en chef;

Dans les quartiers généraux de corps d'armée, par le général commandant le corps d'armée;

Dans les détachements de troupe, par le commandant du détachement;

Dans les places de guerre, en état de siége, par le gouverneur ou par le commandant supérieur de la place, qui, à défaut des militaires en activité, peut les prendre parmi les officiers et les sous-officiers en non-activité, en réforme ou en retraite. Dans ce cas, ils prêtent, entre les mains du commandant supérieur, serment d'obéissance à la Constitution et de fidélité à l'Empereur.

Le général commandant chaque division dresse, sur la présentation des chefs de corps, un tableau, par grade et par ancienneté, des officiers et sous-officiers de la division qui peuvent être appelés à siéger comme juges dans le conseil de guerre.

On ne doit porter sur ce tableau que les officiers, sous-officiers reconnus aptes par leur instruction et leur expérience à remplir ces fonctions, et qui peuvent siéger au conseil sans nuire au service.

Ils doivent de plus avoir leur résidence, soit dans la ville où se tient le conseil, soit dans un rayon voisin, afin qu'ils puissent être promptement convoqués.

Nul ne pouvant faire partie d'un conseil de guerre s'il n'est Français ou naturalisé Français et âgé de 25 ans accomplis, on doit s'assurer que les officiers et sous-officiers remplissent ces conditions, et on doit rechercher, en outre, avant de les faire entrer en fonctions, s'ils ne se trouvent pas dans l'un des cas d'empêchement et d'incompatibilité prévus par les articles 23 et 24, ainsi conçus :

Article 23. Les parents et alliés, jusqu'au degré d'oncle et de neveu inclusivement, ne peuvent être membres du même conseil de guerre, ni remplir, près de ce conseil, les fonctions de commissaire impérial, de rapporteur ou de greffier ;

Article 24. Nul ne peut siéger comme président ou juge, ni remplir les fonctions de rapporteur dans une affaire soumise au conseil de guerre :

1° S'il est parent ou allié de l'accusé, jusqu'au degré de cousin issu de germain inclusivement ;

2° S'il a porté la plainte, donné l'ordre d'informer ou déposé comme témoin ;

3° Si, dans les cinq ans qui ont précédé la mise en jugement, il a été engagé comme plaignant, partie civile ou prévenu dans un procès criminel contre l'accusé ;

4° S'il a eu précédemment connaissance de l'affaire comme administrateur ou comme membre d'un tribunal militaire.

Le tableau est rectifié au fur et à mesure des mutations, et une expédition en est déposée au greffe du conseil de guerre.

Les présidents et les juges peuvent être remplacés tous les six mois, et même dans un délai moindre, s'ils cessent d'être employés dans la division; les officiers et sous-officiers sont appelés successivement, et dans l'ordre de leur inscription, à siéger dans le conseil, à moins d'empêchement admis par une décision du général commandant la division.

En cas d'empêchement accidentel du président ou d'un juge, le général commandant la division le remplace provisoirement par un officier du même grade ou par un sous-officier dans l'ordre du tableau.

En cas d'insuffisance, dans la division, d'officiers ayant le grade exigé pour la composition du conseil de guerre, le général commandant la division appelle à siéger au conseil de guerre des officiers d'un grade égal à celui de l'accusé ou d'un grade immédiatement inférieur, en tant que ce grade n'est pas celui d'officier supérieur ou général, car il y est alors pourvu par le Ministre de la guerre.

Aux armées, s'il ne se trouve pas, soit dans la division, soit dans l'armée, soit dans le corps d'armée, soit dans le détachement où se formeraient les conseils de guerre, un nombre suffisant d'officiers du grade requis pour leur composition, les membres de ces conseils doivent être pris dans les grades inférieurs, sans que plus de trois juges puissent être d'un grade au-dessous de celui de l'accusé.

Si, malgré cette latitude, il y a impossibilité de composer le conseil soit dans les divisions, soit dans les corps d'armée ou détachements, il y est pourvu, par le général en chef, au moyen d'officiers pris dans l'armée.

S'il y a plusieurs accusés de différents grades ou rangs, la composition du conseil est déterminée par le grade ou le rang le plus élevé.

Les conseils de guerre appelés à juger des prisonniers de guerre sont composés, comme pour le jugement des militaires français, d'après les assimilations de grade.

Lorsque, dans les cas prévus par les lois, il y a lieu de traduire devant un conseil de guerre un individu qui n'est ni militaire ni assimilé aux militaires, le conseil reste composé comme pour un sous-officier, caporal ou soldat, à moins que le rang d'un coaccusé militaire n'exige une autre composition.

Il y a près de chaque conseil de guerre un commissaire impérial, un rapporteur et un greffier. Il peut être nommé un ou plusieurs substituts du commissaire impérial et du rapporteur, et un ou plusieurs commis greffiers.

Les commissaires impériaux et leurs substituts remplissent près les conseils de guerre les fonctions du ministère public ; les rapporteurs et les substituts sont chargés de l'instruction ; les greffiers et les commis greffiers font les écritures.

Les commissaires impériaux, les rapporteurs et les greffiers sont nommés par le Ministre de la guerre ; les substituts sont nommés par le général commandant la division.

Aux termes de l'article 9, un règlement d'administration publique devait déterminer les conditions et les formes de la nomination des greffiers et commis greffiers ; le décret impérial du 6 avril 1859 (*Journal militaire,* 1er semestre, p. 141) y a pourvu ; ils font partie de la 5e section du personnel des services administratifs.

Les commissaires impériaux et les rapporteurs sont pris parmi les officiers supérieurs, les capitaines et les sous-intendants militaires ou adjoints, soit en activité, soit en retraite ; lorsqu'ils sont choisis parmi les officiers en activité, ils sont nommés sur une liste de présentation dressée par le général commandant la division où siége le conseil de guerre.

Les fonctions de commissaire impérial sont remplies par un officier d'un grade ou d'un rang au moins égal à celui de l'accusé, excepté dans le cas où le conseil est appelé à juger un maréchal de France, car les fonctions de commissaire impérial sont alors remplies par un général de division, et celles de rapporteur par un officier général. Lorsqu'un commissaire impérial est spécialement nommé pour le jugement d'une affaire, il est assisté du commissaire ordinaire près le conseil de guerre ou de l'un de ses substituts.

Le rapporteur et le greffier continuent de droit leurs fonctions, quels que soient le grade et le rang de l'accusé, sauf l'exception citée au paragraphe précédent.

Dans le cas d'empêchement du commissaire impérial, du rapporteur et de leurs substituts, du greffier et du commis greffier, il est provisoirement pourvu à leur remplacement par le général commandant la division.

Avant d'entrer en fonctions, les commissaires impériaux et les rapporteurs pris en dehors de l'activité prêtent, entre les mains du général commandant la division, le serment suivant :
Je jure obéissance à la Constitution et fidélité à l'Empereur.

De la compétence des tribunaux militaires.

Les tribunaux militaires ne statuent que sur l'action publique, sauf les cas qui se rattachent à la juridiction des prévôtés.

Ils peuvent néanmoins ordonner, au profit des propriétaires, la restitution des objets saisis ou des pièces de conviction, lorsqu'il n'y a pas lieu d'en prononcer la confiscation.

L'action civile ne peut être poursuivie que devant les tribunaux civils : l'exercice en est suspendu tant qu'il n'a pas été prononcé définitivement sur l'action publique intentée avant ou pendant la poursuite de l'action civile.

Compétence des conseils de guerre.

La compétence des conseils de guerre varie suivant que leur juridiction s'exerce :
1° Dans les divisions territoriales en état de paix ;
2° Aux armées et dans les divisions territoriales en état de guerre ;
3° Dans les communes, les départements et les places de guerre en état de siége.

Elle reçoit naturellement, dans les deux derniers cas, une extension en rapport avec ces situations exceptionnelles. Cette extension, du reste, clairement définie, résulte des lois en vigueur et spécialement de la loi du 9 août 1849, sur l'état de siége.

Compétence des conseils de guerre permanents dans les divisions territoriales en état de paix.

Tout individu appartenant à l'armée, en vertu, soit de la loi du recrutement, soit d'un brevet ou d'une commission, est justiciable des conseils de guerre permanents dans les divisions territoriales en état de paix, sauf les distinctions établies ci-après.

Sont justiciables les conseils de guerre des divisions territoriales en état de paix pour tous les crimes et délits (1), sauf le cas de

---

(1) L'infraction que les lois punissent des peines de police est une *contravention*.
L'infraction que les lois punissent de peines correctionnelles est un *délit*.
L'infraction que les lois punissent de peines afflictives ou infamantes est un *crime*.

Les contraventions sont des faits qui, d'après la loi pénale, peuvent donner lieu, soit à quinze francs d'amende ou au dessous, soit à cinq jours d'emprisonnement au plus.

La législation judiciaire actuelle limite aux crimes et délits la juridiction des tribunaux, et laisse à la répression de l'autorité militaire les contraventions de police commises par les militaires, ainsi que les infractions aux règlements relatifs à la discipline.

Sont seules soustraites à la juridiction militaire, les infractions aux lois sur la pêche, la chasse, les douanes, les contributions indirectes, les octrois, les forêts, la grande voirie.

complicité avec des individus non justiciables des tribunaux militaires :

1° Les officiers de tous grades, les sous-officiers, caporaux et brigadiers, les soldats, les musiciens et les enfants de troupe ;

Les membres du corps de l'intendance militaire ;

Les médecins, les pharmaciens, les vétérinaires militaires et les officiers d'administration ;

Les individus assimilés aux militaires par les ordonnances ou décrets d'organisation ;

Pendant qu'ils sont en activité de service ou portés présents sur les contrôles de l'armée ou détachés pour un service spécial ;

2° Les militaires, les jeunes soldats, les remplaçants, les engagés volontaires et les individus assimilés aux militaires placés dans les hôpitaux civils et militaires ou voyageant sous la conduite de la force publique, ou détenus dans les établissements, prisons et pénitenciers militaires ;

3° Les officiers de tous grades et les sous-officiers, caporaux et soldats inscrits sur les contrôles de l'hôtel impérial des Invalides ;

4° Les jeunes soldats laissés dans leurs foyers et les militaires envoyés en congés illimités, lorsqu'ils sont réunis pour les revues ou exercices, revues et appels prescrits par l'article 30 de la loi du 21 mars 1832 et par les instructions ministérielles.

Les prisonniers de guerre sont aussi justiciables des conseils de guerre.

Sont également justiciables des conseils de guerre des divisions territoriales en état de paix, mais seulement pour les crimes et délits militaires spécialement prévus par le titre II du livre IV, les militaires de tous grades, les membres de l'intendance militaire, et tous individus assimilés aux militaires :

1° Lorsque, sans être employés, ils reçoivent un traitement et restent à la disposition du gouvernement ;

2° Lorsqu'ils sont en congé ou en permission.

Ces dispositions sont nouvelles, car, jusqu'au 9 juin 1857, pour être justiciable des conseils de guerre, il fallait être présent sous les drapeaux et soumis directement à l'action de l'autorité militaire, au moment du crime ou du délit.

Les jeunes soldats, les engagés volontaires et les remplaçants ne sont, depuis l'instant où ils ont reçu leur ordre de route jusqu'à celui de leur réunion en détachement ou de leur arrivée au corps, justiciables des mêmes conseils de guerre que pour les faits d'insoumission, sauf les cas prévus par les numéros 2 et 4 de l'article 56 du Code de justice militaire, c'est-à-dire lorsque, par leur position, ils sont placés sous l'action de l'autorité militaire.

Les officiers de la gendarmerie, les sous-officiers et les gendarmes, ne sont pas justiciables des conseils de guerre pour les crimes et délits commis dans l'exercice de leurs fonctions relatives à la police judiciaire et à la constatation des contraventions en matière administrative.

Lorsqu'un justiciable des conseils de guerre est poursuivi en même temps pour un crime ou un délit de la compétence des conseils de guerre et pour un autre crime ou délit de la compétence des tribunaux ordinaires, il est traduit, d'abord, devant le tribunal auquel appartient la connaissance du fait emportant la peine la plus grave, et renvoyé ensuite, s'il y a lieu, pour l'autre fait devant le tribunal compétent.

En cas de double condamnation, la peine la plus forte est seule subie.

Si les deux crimes ou délits emportent la même peine, le prévenu est d'abord jugé pour le fait de la compétence des tribunaux militaires.

Le prévenu est traduit, soit devant le conseil de guerre dans le ressort duquel le crime ou délit a été commis, soit devant celui dans le ressort duquel il a été arrêté, soit devant celui de la garnison de son corps ou de son détachement. (Le militaire prévenu de désertion doit toujours être reconduit à son corps.)

Compétence des conseils de guerre aux armées et dans les divisions territoriales en état de guerre.

Sont justiciables des conseils de guerre aux armées pour tous crimes ou délits :

1° Les justiciables des conseils de guerre dans les divisions territoriales en état de paix ;

2° Les individus employés, à quelque titre que ce soit, dans les états-majors et dans les administrations et services qui dépendent de l'armée ;

3° Les vivandiers et vivandières, cantiniers et cantinières, les blanchisseuses, les marchands, les domestiques et autres individus à la suite de l'armée, en vertu de permissions.

Sont justiciables des conseils de guerre, si l'armée est sur le territoire ennemi, tous individus prévenus, soit comme auteurs, soit comme complices, d'un des crimes ou délits militaires ; ces crimes et délits sont définis par le Code, livre IV, titre II.

Sont également justiciables des conseils de guerre, lorsque l'armée se trouve sur le territoire français, en présence de l'ennemi, pour les crimes et délits commis dans l'arrondissement de cette armée :

1° Les étrangers prévenus de crimes et délits prévus par l'article précédent ;

2° Tous individus prévenus, comme auteurs ou complices, d'un des crimes considérés par le Code de justice militaire comme ayant une influence directe sur la sûreté de l'armée et l'accomplissement de sa mission (pillage, trahison, espionnage et embauchage), crimes prévus par les articles 204 à 208 et 249 à 254 du Code de justice militaire.

Sont traduits devant le conseil de guerre de la division ou du détachement dont ils font partie, les militaires, jusqu'au grade de capitaine inclusivement, et les assimilés des rangs correspondants.

Sont traduits devant le conseil de guerre du quartier général de leur corps d'armée :

1° Les militaires attachés au quartier général, jusqu'au grade de colonel inclusivement, et les assimilés de rangs correspondants attachés à ce quartier général ;

2° Les chefs de bataillon, les chefs d'escadron et les majors, les lieutenants-colonels et les colonels, et les assimilés des rangs correspondants détachés aux divisions composant le corps d'armée.

Sont traduits devant le conseil de guerre du quartier général de l'armée :

1° Les militaires et les assimilés désignés dans l'article précédent, lorsqu'il n'a pas été établi de conseil de guerre au quartier général de leur corps d'armée ;

2° Les militaires et les individus attachés au quartier général de l'armée ;

3° Les militaires et les individus assimilés aux militaires qui ne font partie d'aucune des divisions ou d'aucun des corps d'armée ;

4° Les officiers généraux et les individus de rangs correspondants employés dans l'armée ; toutefois, le général en chef peut, s'il le juge nécessaire, les mettre à la disposition du Ministre de la guerre, et, dans ce cas, ils sont traduits devant le conseil de guerre d'une des divisions territoriales les plus rapprochées.

Tout individu justiciable des conseils de guerre aux armées, qui n'est ni militaire ni assimilé aux militaires, est traduit devant l'un des conseils de guerre de l'armée les plus voisins du lieu dans lequel le crime ou le délit a été commis, ou du lieu dans lequel le prévenu a été arrêté.

Les règles de compétence établies pour les conseils de guerre aux armées sont observées dans les divisions territoriales déclarées en état de guerre par un décret de l'Empereur.

Compétence des conseils de guerre dans les communes, les départements et les places de guerre en état de siége.

Les conseils de guerre, dans le ressort desquels se trouvent les communes, les départements et les places de guerre déclarées en état de siége, connaissent de tous crimes et délits commis par les justiciables des conseils de guerre aux armées, conformément aux articles 63 et 64, sans préjudice de l'application de la loi du 9 août 1849 sur l'état de siége.

Compétence en cas de complicité.

Lorsque la poursuite d'un crime, d'un délit ou d'une contravention comprend des individus non justiciables des tribunaux militaires et des militaires ou autres individus justiciables de ces tribunaux, tous les prévenus indistinctement sont traduits devant les tribunaux ordinaires ; mais le conseil de guerre devient compétent, alors même que les complices ne seraient pas ses justiciables en raison de leur position au moment du crime ou du délit:

1° Lorsqu'ils sont tous militaires ou assimilés aux militaires ;

2° S'il s'agit de crimes ou délits commis par des justiciables des conseils de guerre et par des étrangers ;

3° S'il s'agit de crimes ou délits commis aux armées en pays étranger ou en présence de l'ennemi sur le territoire français.

Lorsqu'un crime ou délit a été commis de complicité par des individus justiciables des tribunaux de l'armée de terre et par des individus justiciables des tribunaux de la marine, la connaissance en est attribuée aux juridictions maritimes, si le fait a été commis sur les vaisseaux et autres navires de l'état ou dans l'enceinte des ports militaires, arsenaux ou autres établissements maritimes.

Si le crime ou le délit a été commis en tous autres lieux que ceux qui sont indiqués dans l'article précédent, les tribunaux de l'armée de terre sont seuls compétents. Il en est de même si les vaisseaux, ports, arsenaux ou autres établissements maritimes où le fait a été commis se trouvent dans une circonscription en état de siége.

DES CONSEILS DE RÉVISION.

Les jugements rendus par les conseils de guerre peuvent être attaqués par recours devant les conseils de révision.

Il est établi pour les divisions territoriales des conseils de révision permanents dont le nombre, le siége et le ressort sont déterminés par le décret impérial du 18 juillet 1857 ; ils sont au nombre de huit dont trois pour l'Algérie.

Ces conseils connaissent des recours formés contre tous les jugements des conseils de guerre placés dans leur circonscription, même lorsqu'une ou plusieurs communes ou un ou plusieurs départements ont été déclarés en état de siége : dans ce cas le siége du conseil peut être transféré dans l'une de ces communes ou dans l'un de ces départements.

Aux armées il est établi un conseil de révision au quartier général de l'armée : selon les besoins du service, le général peut établir un conseil de révision pour une ou plusieurs divisions ou pour un ou plusieurs détachements.

Il est établi un conseil de révision dans toute place de guerre en état de siége, s'il n'en existe pas déjà un.

Les conseils de révision sont composés de cinq membres, savoir :

Un général de brigade, président.

Deux colonels ou lieutenants-colonels . . . . . \
Deux chefs de bataillon, chefs d'escadron ou juges.
    majors. . . . . /

Il y a pour chaque conseil de guerre un commissaire impérial, officier supérieur ou sous-intendant militaire en activité de service ou en retraite et un greffier. Il peut être nommé un substitut du commissaire impérial et un commis greffier si les besoins du service l'exigent.

Les règles tracées pour le mode de nomination des membres du conseil de révision, des commissaires impériaux, des substituts et des greffiers, sont les mêmes que celles fixées pour les conseils de guerre, et les causes d'incompatibilité sont identiques; la condition d'âge est seule différente, les membres du conseil de révision devant avoir trente ans accomplis.

Lorsque le conseil de guerre, dont le jugement est attaqué, a été présidé par un général de division ou un maréchal de France, le conseil de révision est également présidé par un général de division ou par un maréchal de France; le général de brigade siége alors comme juge, et le chef de bataillon ou d'escadron ou le major le moins ancien de grade ne prend point part au jugement de l'affaire.

Dans le cas où, soit aux armées, soit dans les places de guerre en état de siége, il n'est pas possible de trouver un nombre suffisant d'officiers du grade requis, le conseil peut n'être composé que de trois juges, lesquels peuvent être pris, savoir :

Le président parmi les colonels et les lieutenants-colonels;
Les deux juges parmi les chefs de bataillon, les chefs d'escadrons ou les majors.

Les fonctions de commissaire impérial peuvent être remplies par un capitaine ou par un adjoint de l'intendance militaire.

Dans tous les cas, le président du conseil de révision doit être d'un grade au moins égal à celui de l'accusé.

Compétence des conseils de révision.

Les conseils de révision prononcent sur les recours formés contre les jugements des conseils de guerre établis dans leurs ressorts.

Ces recours peuvent être formés soit par le condamné, soit à la requête du commissaire impérial.

Toutefois ce droit ne peut être exercé par le commissaire impérial que dans l'intérêt de la loi ou pour fausse application de la peine, ou encore lorsque l'absolution du condamné a été motivée sur la non-existence d'une loi pénale, qui pourtant existerait : ils doivent être formés au greffe dans les vingt-quatre heures qui suivent l'expiration du jour où le jugement a été lu au condamné.

Les conseils de révision ne connaissent pas du fond des affaires, et ils ne peuvent annuler les jugements que dans les cas suivants :

1° Lorsque le conseil de guerre n'a pas été composé conformément aux dispositions du Code de justice militaire ;
2° Lorsque les règles de la compétence ont été violées ;
3° Lorsque la peine prononcée par la loi n'a pas été appliquée aux faits déclarés constants par le conseil de guerre, ou lorsqu'une peine a été prononcée en dehors des cas prévus par la loi ;
4° Lorsqu'il y a violation ou omission des formes prescrites à peine de nullité ;
5° Lorsque le conseil de guerre a omis de statuer sur une demande de l'accusé ou une réquisition du commissaire impérial, tendant à user d'une faculté ou d'un droit accordé par la loi.

DES PRÉVÔTÉS.

Le nouveau Code de justice militaire a élevé les prévôtés à la hauteur d'une véritable juridiction et régularisé législativement les pouvoirs donnés au grand prévôt et aux prévôts par les règlements en vigueur, spécialement par ceux du 3 mai 1832 sur le service des armées en campagne, et du 1er mars 1854 sur le service de la gendarmerie.

Lorsqu'une armée est sur le territoire étranger, les grands prévôts et les prévôts, indépendamment des attributions de police qui leur sont déférées par les règlements militaires, exercent une juridiction dont les limites et les règles sont déterminées par le Code de justice militaire du 9 juin 1857. (Voir plus loin Compétence des prévôtés.)

Les pouvoirs de police et ceux de justice sont ainsi confiés à une même personne, c'est une dérogation au droit commun qui trouve sa justification dans les circonstances exceptionnelles en vue desquelles ces dispositions ont dû être formulées.

Le grand prévôt exerce sa juridiction soit par lui-même, soit par les prévôts, sur tout le territoire occupé par l'armée et sur les flancs et les derrières de l'armée.

Chaque prévôt exerce sa juridiction dans la division ou dans le détachement auquel il appartient, ainsi que sur les flancs et les derrières de cette division ou de ce détachement.

Le grand prévôt ainsi que les prévôts jugent seuls, assistés d'un greffier qu'ils choisissent parmi les sous-officiers et brigadiers de gendarmerie.

Compétence des prévôtés.

Les prévôtés ont juridiction :
1° Sur les vivandiers, vivandières, cantiniers, cantinières, blanchisseuses, marchands, domestiques et toutes personnes à la suite de l'armée en vertu de permission ;
2° Sur les vagabonds et gens sans aveu ;
3° Sur les prisonniers de guerre qui ne sont pas officiers.

Elles connaissent à l'égard des individus ci-dessus désignés dans l'étendue de leur ressort :

1° Des contraventions de police et des infractions aux règlements relatifs à la discipline (art. 271 du Code de justice militaire);

2° De toute infraction dont la peine ne peut excéder six mois d'emprisonnement et 200 francs d'amende, ou l'une de ces peines ;

3° Des demandes en dommages-intérêts qui n'excèdent pas cent cinquante francs, lorsqu'elles se rattachent à une infraction de leur compétence.

Les décisions des prévôtés ne sont susceptibles d'aucun recours.

Des pourvois devant la Cour de cassation.

Les conseils de révision étant pour les militaires ce que la Cour de cassation est pour l'ordre civil, le pourvoi contre les jugements des conseils de guerre et de révision est interdit aux individus que la loi a déclarés formellement justiciables de ces tribunaux et à ceux qui, sur le territoire ennemi, sont auteurs ou complices de crimes prévus par le Code de justice militaire, ou encore à ceux qui, en France, mais en présence de l'ennemi, sont étrangers ou prévenus de crimes qui touchent à la sûreté de l'armée.

Dans ces divers cas le jugement est exécutoire dans les vingt-quatre heures à partir de l'expiration du délai fixé pour le recours en révision, ou de la réception du jugement qui a rejeté le recours ; toutefois le général commandant la division peut faire suspendre l'exécution du jugement à la charge seulement d'en rendre compte au Ministre de la guerre : de plus il doit être sursis à l'exécution de toute condamnation à la peine capitale prononcée par les conseils de guerre des divisions territoriales, et en ce qui concerne les condamnations prononcées en Algérie et hors du territoire français, on doit se conformer aux dispositions de l'ordonnance du 1er avril 1842.

Le Code maintient au contraire la faculté de se pourvoir en cassation en faveur des citoyens français non militaires ou non assimilés aux militaires, tout en la réduisant au cas d'incompétence.

Dès que la compétence de la juridiction est reconnue, tout ce qui touche à la procédure, à la régularité des formes et à l'application des lois, ne saurait relever que des conseils de révision.

Les dispositions des articles 441 à 447 et 542 du Code d'instruction criminelle, sont applicables aux jugements des tribunaux militaires.

Ces articles se rapportent aux dénonciations faites d'office à la Cour de cassation par le procureur général près cette Cour, aux demandes de révision en cas de condamnation portée injustement, aux renvois à d'autres tribunaux de même qualité pour cause de sûreté publique ou de suspicion légitime, et enfin aux conflits de juridiction.

Le Ministre de la guerre peut également dans l'intérêt de la loi dénoncer les jugements qui lui paraissent irréguliers.

Dans ces différents cas la Cour de cassation régulièrement saisie peut casser ces arrêts ; mais alors c'est le jugement, et non la partie, qui est jugé par le tribunal suprême.

INSOUMISSION.

L'insoumission est le retard apporté par les jeunes soldats (appelés, substituants ou remplaçants) à rejoindre leurs corps.

Les engagés volontaires et les remplaçants par voie administrative, sont assimilés aux jeunes soldats pour le délit d'insoumission.

Est considéré comme insoumis, et puni d'un emprisonnement de six jours à un an, tout jeune soldat appelé par la loi (appelé, substituant ou remplaçant), tout engagé volontaire ou tout remplaçant par voie administrative qui, hors le cas de force majeure (entrée à l'hôpital, maladie grave régulièrement constatée le retenant chez lui), n'est pas rendu à destination dans le mois qui suit le jour fixé par son ordre de route. En temps de guerre, la peine est d'un mois à deux ans d'emprisonnement. (Code de justice militaire, 9 juin 1857, art. 230.)

Sont punies dans le premier cas d'un emprisonnement de six mois au plus ou de 20 fr. à 200 fr. d'amende et dans les deux derniers de un mois à un an d'emprisonnement, les personnes reconnues coupables :

1° D'avoir recélé ou pris à leur service un insoumis ;
2° D'avoir favorisé l'évasion d'un insoumis ;
3° D'avoir par des manœuvres coupables empêché ou retardé le départ d'un insoumis.

Les fonctionnaires publics, employés du Gouvernement, ministres des cultes salariés par l'Etat, sont passibles de deux années d'emprisonnement, et en outre d'une amende qui peut s'élever jusqu'à 2,000 fr. (Loi du 21 mars 1832, article 40.)

Le jeune soldat auquel un ordre de route a été notifié, et qui, sans en avoir obtenu l'autorisation, ne se présente pas au jour fixé par cet ordre au chef-lieu du département, pour y être passé en revue, est immédiatement recherché. A cet effet le commandant du dépôt de recrutement fait les diligences nécessaires pour assurer la prompte arrestation du jeune soldat en retard, en le signalant à la gendarmerie ainsi qu'aux autorités locales.

S'il est arrêté ou s'il se présente volontairement avant le délai d'un mois, il est, s'il y a lieu, conduit à sa destination sous l'escorte de la gendarmerie ; mais s'il dépasse ce délai et si ce retard ne provient pas de force majeure, il est immédiatement noté, signalé et poursuivi comme prévenu d'insoumission.

Si le jeune soldat abandonne en route le détachement dont il fait partie, l'officier ou le sous-officier commandant le détachement envoie son signalement au commandant du dépôt de recrutement (sous le couvert du sous-intendant militaire), ainsi qu'à la gendarmerie et aux autorités locales. Le signalement doit indiquer le jour de la disparition du jeune soldat.

On procède ensuite comme dans le cas précédent, suivant l'époque à laquelle il se présente ou est arrêté.

Si le jeune soldat n'a pas rejoint un mois après le jour fixé par l'ordre de route pour l'arrivée à destination, le chef de corps renvoie, dans les vingt-quatre heures, au commandant du dépôt de recrutement (sous le couvert du sous-intendant militaire), le contrôle signalétique dressé par cet officier, et certifie au bas que le jeune soldat n'est point arrivé à destination dans le délai d'un mois après le jour fixé par son ordre de route, et qu'il n'a point été informé que la cause du retard provienne d'un cas de force majeure.

S'il s'agit d'un engagé volontaire, le chef de corps renvoie au sous-intendant militaire l'expédition de l'acte d'engagement et le bulletin n° 3. Celui-ci inscrit sur le registre, qu'il tient à cet effet, la non-arrivée et transmet ces pièces au commandant du dépôt de recrutement, afin que cet officier puisse le signaler comme insoumis, et le noter comme prévenu d'insoumission sur les contrôles qu'il tient à cet effet et sur lesquels il raye seulement :

Les décédés ;
Les condamnés à une peine afflictive et infamante ayant un commencement d'exécution ;
Les amnistiés.

La prescription pour le délit d'insoumission, ne commençant à courir que du jour où l'insoumis a atteint l'âge de 47 ans, auquel la loi du 26 avril 1855 fixe l'inaptitude au service militaire, à quelque époque que l'insoumis soit arrêté, il est mis à la disposition du Ministre de la guerre pour faire, s'il y a lieu, le temps de service qu'il doit à l'Etat.

La libération d'une classe ne profite pas aux jeunes gens de cette classe qui n'ont pas satisfait à la loi.

Le commandant du dépôt de recrutement doit se renseigner auprès du général sur les causes qui ont pu empêcher le jeune soldat de rejoindre.

Recherche et poursuite des insoumis.

A l'expiration du délai fixé par la loi, et dès que les pièces constatant le délit d'insoumission lui sont parvenues, le commandant du dépôt de recrutement du département duquel fait partie le jeune soldat ou du département où l'engagement a eu lieu, s'il s'agit d'un engagé volontaire, envoie immédiatement le signalement du prévenu :

1° Au Ministre de la guerre ;
2° Aux préfets des départements ci-après :
Celui au contingent duquel le jeune soldat appartient ou dans lequel l'engagé volontaire a contracté son engagement ;
Celui où le jeune soldat ou l'engagé volontaire avait son dernier domicile ou sa résidence ;

Celui où il est né ;

3° Aux commandants des légions de gendarmerie dans l'arrondissement desquelles ces départements sont situés.

Pour le département de la Seine, ces pièces sont envoyées au préfet de police et au commandant de la première légion (1).

Les préfets donnent à tous les fonctionnaires et agents civils, spécialement aux gardes champêtres et forestiers, l'ordre de se concerter avec la gendarmerie pour la recherche et l'arrestation des insoumis, et de lui transmettre tous les renseignements.

La gendarmerie et les agents de l'administration doivent vérifier avec soin les passe-ports des voyageurs qui, par leur âge, paraissent appartenir aux classes appelées.

Une gratification de 25 fr. est accordée pour la capture d'un insoumis.

Les sous-préfets et les maires doivent correspondre exactement avec les préfets, les commandants de brigade de gendarmerie avec le commandant de la gendarmerie du département, pour leur rendre compte de toutes les mutations parvenues à leur connaissance dans la position des jeunes soldats et des engagés volontaires prévenus d'insoumission. Avis de ces mutations doit être transmis au commandant du dépôt de recrutement, afin qu'elles soient annotées sur le contrôle à ce destiné.

Les préfets, de leur côté, se donnent réciproquement tous les avis nécessaires pour les insoumis absents de leurs départements et correspondent avec le Ministre pour ceux qui seraient en pays étranger.

L'insoumis arrêté ou qui s'est volontairement présenté, est incarcéré dans la prison militaire du lieu où siège le conseil de guerre permanent de la division militaire, dans laquelle l'arrestation ou la présentation volontaire a eu lieu.

Le général de division fait immédiatement prévenir le commandant du dépôt de recrutement du département auquel l'insoumis appartient.

Après s'être assuré de l'identité de l'insoumis, le commandant du dépôt de recrutement adresse un rapport en forme de plainte au général commandant la division, où l'insoumis est détenu, afin qu'il soit jugé conformément à la loi.

Sont annexés à la plainte :

1° La copie de la notification faite à domicile de la lettre de mise en activité ;

2° La copie des pièces énonçant que l'insoumis n'est pas arrivé à destination ;

---

(1) Les contrôles des jeunes soldats et des engagés volontaires, prévenus d'insoumission, sont tenus, par l'officier commandant la gendarmerie du département, dans le même ordre que ceux du commandant du recrutement, au moyen des feuilles de signalement que celui-ci lui envoie.

3° L'exposé des circonstances qui ont accompagné l'insoumission.

S'il s'agit d'un engagé volontaire ou d'un remplaçant, une expédition de l'acte de l'engagement ou du remplacement est annexée à la plainte. Cette plainte est transmise au général de division, qui ne peut refuser l'ordre d'informer.

Les généraux de brigade rendent compte tous les mois des dispositions prises pour la recherche des insoumis.

Les généraux de division rendent compte trimestriellement au Ministre.

Les commandants des dépôts de recrutement envoient dans les vingt jours de chaque année, en double expédition, le relevé numérique visé par le sous-intendant militaire,

1° Des jeunes soldats. . . . } prévenus d'insoumission.
2° Des engagés volontaires.

(Bureau du recrutement et de la justice militaire.)

ÉTAT DES OFFICIERS.

L'état des officiers est constitué par la loi du 19 mai 1834.

Elle est applicable aux corps de l'intendance militaire, aux officiers de santé, aux vétérinaires militaires de tous grades (décret du 28 janvier 1852, *Journal militaire*, page 68), aux officiers d'administration des différents services et du personnel de la justice militaire (décret du 9 janvier 1852, *Journal militaire*, page 12; 1er novembre 1853, *Journal militaire*, pages 297et 299), aux employés militaires de l'artillerie, du génie et des équipages militaires (décret du 28 mars 1852, *Journal militaire*, page 324).

Les chefs de musique n'étant pas officiers, ni assimilés, la loi sur l'état des officiers ne leur est pas applicable.

L'Empereur prononce leur révocation sur la proposition du Ministre de la guerre. (Décret du 16 août 1854 ; règlement du 25 du même mois, et décision impériale du 5 mars 1855.)

On distingue dans l'état des officiers :
Le grade,
L'emploi,
La position.

Le grade est un titre auquel sont attachés des prérogatives et des droits déterminés par les lois militaires. Il est conféré par l'Empereur et constitue l'état de l'officier.

L'officier ne peut le perdre que par l'une des causes ci-après :
1° Démission acceptée par l'Empereur ;
2° Perte de la qualité de Français prononcée par jugement ;
3° Condamnation à une peine afflictive ou infamante ;
4° Condamnation à une peine correctionnelle, pour délits prévus par la section 1re et les art. 402, 403, 405, 406 et 407 du chapitre 2 du titre 2 du livre 3 du Code pénal ; c'est-à-dire, pour banqueroute, complicité dans une banqueroute frauduleuse, emploi de faux noms ou de fausses qualités, abus de confiance, abus d'un blanc seing, vols ;
5° Condamnation à une peine correctionnelle d'emprisonnement, et qui, en outre, a placé le condamné sous la surveillance de la haute police, et l'a interdit des droits civiques, civils et de famille ;
6° Destitution prononcée par jugement d'un conseil de guerre.

Indépendamment des cas prévus par les autres lois en vigueur, la destitution peut être prononcée pour les causes ci-après déterminées :
1° A l'égard de l'officier en activité, pour l'absence illégale de son corps, après trois mois ;
2° A l'égard de l'officier en activité, en disponibilité ou en non-

activité, pour résidence hors de l'Empire sans l'autorisation de l'Empereur, après quinze jours d'absence.

La destitution est indépendante de la peine d'emprisonnement qu'encourt l'officier en état d'absence illégale.

Tout officier condamné par jugement à un emprisonnement de plus de six mois, est suspendu de son emploi ou mis en réforme, en se conformant aux dispositions des art. 6 et 13 de la loi du 19 mai 1834.

La durée de l'emprisonnement ne comptera jamais comme temps de service effectif, même pour la retraite.

L'emploi est distinct du grade, c'est une des fonctions dévolues au titulaire d'un grade suivant la position.

Les positions des officiers sont :
L'activité et la disponibilité,
La non-activité,
La réforme,
La retraite.

DE L'ACTIVITÉ.

L'activité est la position de l'officier appartenant à l'un des cadres constitutifs de l'armée, pourvu d'emploi, et de l'officier hors cadre employé temporairement à un service spécial ou à une mission.

La disponibilité est la position de l'officier général ou d'état-major appartenant au cadre constitutif et momentanément sans emploi.

La solde d'activité et celle de disponibilité sont réglées suivant des tarifs approuvés par l'Empereur. (Voir Service de la solde.)

DE LA NON-ACTIVITÉ.

La non-activité est la position de l'officier temporairement hors cadre et sans emploi.

L'officier en activité ne peut être mis en non-activité que pour l'une des causes ci-après :
Licenciement de corps ;
Suppression d'emploi ;
Rentrée de captivité à l'ennemi, lorsque l'officier prisonnier de guerre a été remplacé dans son emploi ;
Infirmités temporaires ;
Retrait ou suspension d'emploi.

La mise en non-activité à titre d'infirmités temporaires n'est applicable qu'aux officiers qui, ayant été plus de six mois consécutifs sans faire de service pour raison de santé, ne sont pas en état de servir activement (voir la décision ministérielle du 18 mai 1835) : dans ce cas l'officier est signalé au chef de corps par un rapport du chef de bataillon ou du major, s'il s'agit d'un officier comptable, ou enfin du lieutenant-colonel s'il s'agit d'un officier supérieur.

Ce rapport, qui fait mention du temps passé par l'officier soit aux hôpitaux, soit aux eaux, soit enfin dans une position donnant lieu à des exemptions de service, est certifié par le colonel, qui le remet à l'inspecteur général. Celui-ci, après avoir fait visiter et contre-visiter l'officier, adresse le dossier au Ministre avec son avis.

En dehors du temps des inspections générales, le rapport est transmis par l'intermédiaire du général de brigade au général de division, qui procède comme il est prescrit pour le général inspecteur.

La mise en non-activité, par retrait ou suspension d'emploi, a lieu par décision impériale, sur le rapport du Ministre de la guerre.

Elle peut être prononcée pour inconduite, faute dans le service ou défaut de capacité. (Voir la décision ministérielle du 18 septembre 1834, *Journal militaire*, page 146.)

Les officiers en non-activité par suspension d'emploi peuvent rentrer à leur corps avant l'expiration d'une année : ils ne sont pas remplacés dans leur grade.

La solde de non-activité est fixée :

1° Pour l'officier sorti de l'activité par suite de licenciement de corps, de suppression d'emploi, de rentrée de captivité à l'ennemi ou d'infirmités temporaires, à la moitié de la solde d'activité, dégagée de tous accessoires et de toute indemnité représentative ;

2° Pour l'officier sorti de l'activité par retrait ou par suspension d'emploi, aux deux cinquièmes de la même solde.

Les lieutenants et sous-lieutenants en non-activité touchent les trois cinquièmes de la solde d'activité, dépouillée de tous accessoires, par exception au § 1er de l'article précédent.

Les officiers en non-activité par licenciement de corps, suppression d'emploi ou rentrée de captivité à l'ennemi, sont appelés à remplir la moitié des emplois de leur grade vacants dans l'arme à laquelle ils appartiennent. Le temps passé par eux en non-activité leur est compté comme service effectif pour les droits à l'avancement, au commandement, à la réforme et à la retraite.

Les officiers en non-activité pour infirmités temporaires et par retrait ou suspension d'emploi sont susceptibles d'être remis en activité.

Le temps passé par eux en non-activité leur est compté comme service effectif pour la réforme et pour la retraite seulement. (Voir l'ordonnance du 16 mars 1838.)

DE LA RÉFORME.

La réforme est la position de l'officier sans emploi qui, n'étant plus susceptible d'être rappelé à l'activité, n'a pas de droits acquis à la pension de retraite.

L'officier mis en réforme est rendu à la vie civile et libéré des obligations des positions d'activité et de non-activité.

Il peut changer de résidence, voyager et se marier sans être tenu d'en demander l'autorisation au Ministre,

Il peut résider hors de l'Empire, mais, dans ce cas, il est soumis aux conditions de la loi du 24 février 1832, aux termes de laquelle la jouissance des pensions militaires est suspendue par la résidence hors de l'Empire, sans autorisation de l'Empereur.

La réforme peut être prononcée :
1° Pour infirmités incurables ;
2° Par mesure de discipline.

Réforme pour infirmités incurables.

La mise en réforme pour infirmités incurables est applicable aux officiers atteints d'infirmités, qui les mettent hors d'état de servir et de rentrer ultérieurement au service, mais dont les causes ne rentrent pas dans les circonstances spécifiées par la loi du 11 avril 1831, comme donnant droit à une pension de retraite.

La nature des infirmités, leur gravité et leur incurabilité sont constatées dans les formes prescrites par la loi du 11 avril 1831, sur les pensions de l'armée de terre. (Ordonnance du 2 juillet 1831 ; circulaire ministérielle du 26 janvier 1850 ; loi du 25 juin 1861 ; décret du 20 août 1864.)

Réforme par mesure de discipline.

Un officier ne peut être mis en réforme pour cause de discipline que pour l'un des motifs ci-après :

Inconduite habituelle ;
Fautes graves dans le service ou contre la discipline ;
Fautes contre l'honneur ;
Prolongation au delà de trois ans de la position de non-activité, sauf les restrictions énoncées en l'article suivant.

La réforme, par mesure de discipline, des officiers en activité et officiers en non-activité, est prononcée par décision impériale, sur le rapport du Ministre de la guerre, d'après l'avis d'un conseil d'enquête dont la composition et les formes sont déterminées par un règlement d'administration publique. (Ordonnance royale du 21 mai 1836.)

La réforme, à raison de la prolongation de la non-activité pendant trois ans, ne peut être prononcée qu'à l'égard de l'officier qui, d'après l'avis du même conseil, a été reconnu susceptible d'être rappelé à l'activité.

Les avis du conseil d'enquête ne peuvent être modifiés qu'en faveur de l'officier.

DES CONSEILS D'ENQUÊTE.

Composition des conseils d'enquête.

Les conseils d'enquête sont de trois espèces :
1° Conseils d'enquête de régiment ;

2° Conseils d'enquête de division ;
3° Conseils d'enquête spéciaux.

Les conseils d'enquête de régiment statuent à l'égard des officiers inférieurs des régiments, ceux de division à l'égard des officiers supérieurs de toutes armes, et des officiers inférieurs sans troupe et de troupe autres que ceux de régiment, ainsi qu'à l'égard des officiers d'administration et employés militaires auxquels est appliquée aujourd'hui la loi sur l'état des officiers.

Les conseils d'enquête spéciaux sont appelés à statuer à l'égard des officiers généraux et des intendants militaires.

Le président et les membres de chaque conseil d'enquête, soit de régiment, soit de division, sont nommés par le général de division, ceux des conseils d'enquête spéciaux sont nommés par le Ministre.

Chaque conseil d'enquête est composé de cinq membres, qui sont désignés, d'après le grade ou l'emploi de l'officier objet de l'enquête, conformément au tableau ci-après, parmi les officiers du régiment pour les conseils d'enquête de régiment et parmi les officiers de la division pour les conseils d'enquête de division.

Deux membres au moins doivent être de l'arme ou du corps d'administration militaire auquel l'officier appartient.

Les membres du conseil, autres que le président, sont pris à tour de rôle et par ancienneté de grade. Ceux du grade de l'officier objet de l'enquête ne peuvent être moins anciens de grade que lui.

En cas d'absence ou d'empêchement constaté, les membres absents ou empêchés sont remplacés par des officiers du même grade, et, à défaut, du grade immédiatement inférieur ; mais sans que les officiers nouvellement désignés puissent être ni moins anciens, ni de grades moins élevés que l'officier objet de l'enquête.

Si, à raison de l'ancienneté de grade, le remplacement ne peut avoir lieu, il y est pourvu par la désignation d'officiers du grade immédiatement supérieur à celui de l'officier absent ou empêché.

S'il n'existe pas dans le régiment ou dans la division d'officiers réunissant les conditions voulues pour faire partie du conseil d'enquête, il en est référé au Ministre de la guerre, qui prend les mesures nécessaires pour compléter le conseil.

Ne peuvent faire partie du conseil d'enquête :

1° Les parents ou alliés de l'officier objet de l'enquête, jusqu'au quatrième degré inclusivement ;

2° Les auteurs de la plainte ou du rapport spécial qui a motivé la réunion du conseil.

COMPOSITION DES CONSEILS D'ENQUÊTE.

TABLEAU N° 1.

Conseil d'enquête de régiment.

DÉSIGNATION du grade de l'officier objet de l'enquête.	PRÉSIDENT.	MEMBRES.
Pour un sous-lieutenant.	Un général de brigade..	Un colonel ou lieutenant-colonel, un officier supérieur (chef de bataillon, d'escadron ou major), un capitaine, un sous-lieutenant.
Pour un lieutenant ou un médecin aide-major.	Un général de brigade..	Un colonel ou lieutenant-colonel, un officier supérieur (chef de bataillon, d'escadron ou major), un capitaine, un lieutenant.
Pour un capitaine ou un médecin-major.	Un général de brigade..	Un colonel ou lieutenant-colonel, un officier supérieur (chef de bataillon, d'escadron ou major), deux capitaines.

TABLEAU N° 2.

Conseil d'enquête de division.

DÉSIGNATION du grade ou de l'emploi de l'officier objet de l'enquête.	PRÉSIDENT.	MEMBRES.
Pour un sous-lieutenant.	Un général de brigade..	Un colonel ou lieutenant-colonel, un officier supérieur (chef de bataillon, d'escadron ou major), un capitaine, un sous-lieutenant.
Pour un lieutenant...	Un général de brigade..	Un colonel ou lieutenant-colonel, un officier supérieur (chef de bataillon, d'escadron ou major), un capitaine, un lieutenant.

DÉSIGNATION du grade ou de l'emploi de l'officier objet de l'enquête.	PRÉSIDENT.	MEMBRES.
Pour un capitaine....	Un général de brigade..	Un colonel ou lieutenant-colonel, un officier supérieur (chef de bataillon, d'escadron ou major), deux capitaines.
Pour un chef de bataillon, d'escadron ou major.......	Un général de division..	Un général de brigade, un colonel ou lieutenant-colonel, deux officiers supérieurs (chefs de bataillon, d'escadron ou major).
Pour un lieutenant-colonel........	Un général de division..	Un général de brigade, un colonel, deux lieutenants-colonels.
Pour un colonel.....	Un général de division..	Deux généraux de brigade, deux colonels.
Pour un médecin aide-major........	Un général de brigade..	Un sous-intendant militaire, un officier supérieur (chef de bataillon, d'escadron ou major), un médecin-major, un médecin aide-major.
Pour un médecin-major.	Un général de brigade..	Un sous-intendant militaire, un officier supérieur (chef de bataillon, d'escadron ou major), deux médecins-majors.

Des formes de l'enquête.

Aucun officier ne peut être envoyé devant un conseil d'enquête sans l'ordre spécial du Ministre de la guerre : hors du territoire français européen, les gouverneurs généraux et les généraux en chef exercent les mêmes pouvoirs que le Ministre de la guerre, excepté dans le cas où il s'agit d'un officier général ou d'un intendant militaire.

Lorsqu'un officier doit être envoyé devant un conseil d'enquête, soit pour cause de discipline, soit à la suite d'un jugement le condamnant à plus de six mois d'emprisonnement, un rapport spécial, avec la plainte s'il en a été formé, est transmis par la voie hiérarchique au Ministre de la guerre.

La plainte peut être portée par toute personne qui se prétend lésée, ou, d'office, par l'un des supérieurs de l'officier qu'elle concerne.

Quel que soit le grade de l'officier qui la reçoit, il est tenu de la faire parvenir hiérarchiquement au Ministre de la guerre.

Au temps des inspections, et lorsque l'inspecteur général est sur les lieux, les pièces, au lieu d'être transmises au Ministre de la guerre par le général commandant la division, le sont par l'inspecteur général auquel elles sont remises directement par le chef du corps ou du service inspecté.

Le rapport spécial est fait, savoir :

Pour l'officier d'un corps de troupes . . . . } Par le commandant du corps ou l'officier supérieur qu'il désigne.

Pour les chefs de corps, les officiers de gendarmerie, les officiers sans troupe et ceux en disponibilité ou en non-activité, jusqu'au grade de colonel inclusivement. . . } Par le commandant de la brigade ou de la subdivision territoriale.

Pour les membres de l'intendance militaire (autres que les intendants), les officiers de santé ou d'administration des hôpitaux, et les agents de l'habillement et du campement . . . . } Par le chef de service.

Pour un général de brigade ou un intendant militaire. . . . . } Par un général de division désigné par le Ministre de la guerre.

Pour un général de division . . . . } Par un maréchal de France désigné par le Ministre de la guerre.

Les officiers par l'intermédiaire desquels la plainte et le rapport spécial sont transmis au Ministre de la guerre le visent sans émettre d'opinion.

Le Ministre de la guerre peut, lorsqu'il le juge nécessaire, et sans l'accomplissement des formalités ci-dessus prescrites, envoyer d'office un officier en activité ou en non-activité devant un conseil d'enquête, pour l'une des causes spécifiées aux art. 12 et 27 de la loi du 19 mai 1834.

Lorsqu'un officier est resté en non-activité pendant trois ans, il doit être envoyé devant un conseil d'enquête par le Ministre de la guerre.

Lorsque le Ministre de la guerre envoie un officier devant un conseil d'enquête, il adresse au général commandant la division toutes les pièces propres à éclairer le conseil.

Ces pièces, s'il s'agit d'un officier en non-activité depuis trois ans, doivent faire connaître les causes de sa mise en non-activité, et présenter tous les renseignements donnés par les autorités civiles et militaires sur sa conduite et sur son état physique.

S'il s'agit d'un officier condamné par jugement à un emprisonnement de plus de six mois, une expédition du jugement doit faire partie du dossier.

A la réception des pièces envoyées par le Ministre de la guerre, le général commandant la division désigne les membres qui doivent composer le conseil d'enquête et nomme parmi eux un rapporteur qui est toujours d'un grade supérieur à celui de l'officier objet de l'enquête.

Il convoque ensuite le conseil, en indiquant à chacun de ses membres l'époque, le lieu et l'objet de la convocation.

Le général donne également ordre à l'officier objet de l'enquête de se rendre au conseil, aux lieu, jour et heure indiqués, et lui fait connaître le nom du rapporteur.

Si l'officier objet de l'enquête est intendant militaire, général de brigade ou général de division, le Ministre de la guerre remplit lui-même ces formalités.

Toutes les pièces qui ont donné lieu à la convocation du conseil d'enquête sont d'abord envoyées au président, qui les remet au rapporteur; celui-ci fait connaître à l'officier qu'elles concernent l'objet de l'enquête.

A l'ouverture de la séance, le président, après avoir fait introduire l'officier objet de l'enquête, donne lecture au conseil des art. 9, 10, 12, 13, 18 et 27 de la loi du 19 mai 1834, concernant la mise en réforme des officiers par mesure de discipline.

Si l'officier objet de l'enquête ne se présente pas aux lieu, jour et heure indiqués, et s'il n'a fait valoir aucun empêchement légitime, il est passé outre, et il est fait mention de son absence au procès-verbal contenant l'avis du conseil d'enquête.

Le rapporteur donne lecture de l'ordre de convocation et de toutes les pièces transmises par le Ministre de la guerre.

L'officier envoyé devant un conseil d'enquête, à raison de la prolongation de sa non-activité pendant trois ans, peut être visité par des officiers de santé désignés par le président.

Dans ce cas, le procès-verbal, contenant l'avis du conseil d'enquête, fait mention de la déclaration des officiers de santé.

Les officiers de santé ou autres personnes appelées devant le conseil, pour donner des renseignements, font leur déclaration successivement et séparément.

L'officier objet de l'enquête et les membres du conseil peuvent leur adresser les questions qu'ils jugent convenables, mais par l'organe du président.

Les personnes appelées devant le conseil entendues, l'officier objet de l'enquête présente ses observations.

Le président consulte ensuite les membres du conseil, pour savoir s'ils se trouvent suffisamment éclairés; dans le cas de l'affirmative, il fait retirer l'officier objet de l'enquête; dans le cas contraire, l'enquête continue.

L'enquête terminée, le président, suivant le cas, pose séparément, et dans les termes ci-après, les questions suivantes, savoir :

Pour cause de discipline.

1° M.   est-il dans le cas d'être mis en réforme pour inconduite habituelle ?

2° M.   est-il dans le cas d'être mis en réforme pour fautes graves dans le service ?

3° M.   est-il dans le cas d'être mis en réforme pour fautes graves contre la discipline ?

4° M.   est-il dans le cas d'être mis en réforme pour fautes contre l'honneur ?

Pour cause de non-activité.

M.   en non-activité depuis plus de trois ans, est-il dans le cas d'être mis en réforme, comme reconnu non susceptible d'être rappelé à l'activité ?

Pour cause de condamnation à un emprisonnement de plus de six mois.

M.   , condamné à plus de six mois de prison, par jugement du   , est-il dans le cas d'être mis en réforme ?

Aucune autre question que celles indiquées en l'article précédent ne peut être soumise au conseil d'enquête.

Sur chacune des questions que le conseil a à décider pour former son avis, les membres votent au scrutin secret, en déposant dans une urne, pour l'affirmative, une boule sur laquelle est inscrit le mot *oui*, et, pour la négative, une boule sur laquelle est inscrit le mot *non*.

La majorité forme l'avis du conseil d'enquête, et le résultat du vote est consigné dans un procès-verbal qui est signé par tous les membres et envoyé au Ministre de la guerre, avec toutes les pièces à l'appui, par l'intermédiaire du général commandant la division, et directement par le président, s'il est général de division ou maréchal de France.

Les séances du conseil d'enquête ne peuvent avoir lieu qu'à huis clos.

Le conseil d'enquête est dissous de plein droit, aussitôt après qu'il a donné son avis sur l'affaire pour laquelle il a été convoqué.

Traitement de réforme.

Nul officier réformé n'a droit à un traitement, s'il n'a accompli le temps de service imposé par la loi du recrutement.

Tout officier réformé, ayant moins de vingt ans de service, reçoit, pendant un temps égal à la moitié de la durée de ses services effectifs, une solde de réforme égale aux deux tiers du *minimum* de la pension de retraite de son grade, conformément à ce qui est déterminé par la loi du 11 avril 1831 et par celle du 25 juin 1861.

L'officier ayant, au moment de sa réforme, plus de vingt ans de service effectif, reçoit une pension de réforme dont la quotité est déterminée d'après le *minimum* de la retraite de son grade, à raison d'un trentième pour chaque année de service effectif.

Les pensions et traitements de réforme ci-dessus déterminés peuvent se cumuler avec un traitement civil.

Les pensions de réforme accordées après vingt ans de service sont inscrites au livre des pensions du Trésor public.

Elles sont, comme les pensions de retraite, incessibles et insaisissables, excepté dans le cas de débet envers l'Etat, ou dans les circonstances prévues par les art. 203, 205 et 214 du Code civil. (Aliments.)

Dans ces deux cas, les pensions de réforme sont passibles de retenues qui ne peuvent excéder le cinquième pour cause de débet, et le tiers pour aliments.

Dans aucun cas, il ne peut y avoir lieu à réversibilité de tout ou partie de la pension de réforme sur les veuves et les orphelins.

DE LA RETRAITE.

La retraite est la position définitive de l'officier rendu à la vie civile et admis à la jouissance d'une pension, conformément aux lois en vigueur.

BLANCHISSAGE DU LINGE DE LA TROUPE.

Convention ayant pour objet de fixer les conditions d'exécution et le prix du blanchissage du linge de la troupe par l'adjudicataire du service des lits militaires.

Annexe du marché de ce service (2 octobre 1865).

Le blanchissage du linge de la troupe ainsi que le blanchissage du linge des militaires détenus dans les établissements pénitentiaires doit, à partir du 1er octobre 1866, être effectué par l'adjudicataire du service des lits militaires dans toutes les places de fixation de literie à l'intérieur, à l'exception :

1° Du linge des troupes stationnées dans les places ci-après désignées, où fonctionnent des buanderies militaires, savoir :

Valenciennes.	Perpignan.
Nancy.	Paris (l'exception ne s'applique qu'à 10,500 hommes, dont le linge est blanchi à la caserne de Reuilly).
Montpellier.	

2° Du linge de ceux des corps de la garde impériale stationnés à Paris, Rueil et Courbevoie, dont le blanchissage s'exécute actuellement au moyen d'un marché particulier.

Dans le cas de suppression d'une ou plusieurs buanderies militaires établies dans les places ci-dessus désignées, l'entrepreneur est tenu d'y exécuter le blanchissage de la garnison aux conditions générales stipulées dans cette convention, pourvu qu'il ait été prévenu au moins trois mois à l'avance. Il en est de même en ce qui concerne le blanchissage des corps de la garde impériale stationnés à Paris, Rueil et Courbevoie, dans le cas de résiliation ou de cessation du marché spécial mentionné ci-dessus.

Le prix du blanchissage est fixé à raison de 5 cent. par homme et par semaine pour les troupes de toutes armes et les militaires détenus.

Ce prix s'applique aux collections d'effets dont le détail suit :

1 chemise par semaine............ } Par homme à pied ou à cheval.
1 caleçon par quinzaine...........

2 blouses de cuisine par semaine.....
2 pantalons de cuisine par semaine.... } Par escadron, compagnie ou batterie des
4 torchons de cuisine par semaine.....   troupes à pied ou à cheval.
2 sacs à distribution par semaine.....

Les détails d'exécution de ce service sont confiés, dans chaque compagnie, escadron ou batterie, à un caporal ou brigadier, qui opère sous la direction de l'officier de casernement.

La période d'échange d'un blanchissage à l'autre est de sept jours pleins et ne doit pas excéder ce laps de temps.

Dans les places dont la fixation ne dépasse pas 500 lits et où il est possible de ne faire qu'une seule lessive par semaine, le linge doit être remis au blanchissage le lundi matin et être restitué tout blanchi également le lundi matin de la semaine suivante.

Dans les places dont la fixation excède 500 lits et où il y a, par suite, impossibilité pour l'entrepreneur de blanchir en un seul jour tout le linge de la garnison, il est assigné à chaque corps un jour différent de la même semaine pour le versement de son linge, lequel doit lui être rendu tout blanchi le jour correspondant de la semaine suivante.

Le sous-intendant militaire doit se concerter avec le commandant de place pour déterminer le roulement qu'il convient d'adopter à cet égard.

Afin de déterminer la quantité d'effets à blanchir par semaine dans chaque compagnie, escadron ou batterie, il est établi par les soins du capitaine commandant un *bulletin de blanchissage* conforme au modèle A annexé au traité.

Ce bulletin est remis, la veille du jour assigné pour le versement du linge à blanchir, à l'officier de casernement chargé de centraliser les détails du service.

Au jour fixé pour la remise du linge sale, les effets à blanchir sont réunis, par les soins des caporaux, dans des sacs indiquant le numéro de la portion du corps à laquelle ils appartiennent, et portés à la même heure au magasin des lits militaires par les soins du corps.

La remise en est faite, après reconnaissance préalable contradictoire entre l'officier de casernement et le préposé des lits militaires, en présence des caporaux ou brigadiers; elle est constatée par deux expéditions de *l'état d'effectif* hebdomadaire (modèle B annexé au traité) formé au moyen des bulletins de compagnie.

Le préposé conserve la première expédition pour lui servir d'ordre d'exécution et rend à l'officier de casernement la seconde, revêtue de son récépissé.

Après blanchissage, le linge est réuni par le préposé dans les sacs qui le renfermaient et restitué, en présence de l'officier de casernement, après reconnaissance préalable de son contenu, au caporal ou brigadier chargé des détails du blanchissage de la portion de corps qui s'y trouve indiquée, lequel doit aller lui-même, accompagné d'une corvée, en prendre livraison au magasin des lits militaires.

La restitution du linge blanchi est constatée au moyen du récépissé donné par l'officier de casernement sur l'expédition de l'état hebdomadaire resté entre les mains du préposé.

L'expédition restée entre les mains de l'officier de casernement est alors remise par lui au trésorier ou à l'officier payeur.

Le montant du prix du blanchissage du linge de chaque compagnie, escadron ou batterie, décompté d'après les indications portées sur les bulletins des compagnies et totalisé, pour tout le corps, sur l'expédition de l'état d'effectif hebdomadaire, restée en la possession de l'officier de casernement, est versé directement par les commandants de chaque compagnie, escadron ou batterie, entre les mains du trésorier, qui en donne quittance sur le livret d'ordinaire.

Le trésorier ou l'officier payeur paye au préposé, lorsqu'il se présente à son bureau, muni d'une expédition de l'état d'effectif hebdomadaire constatant la remise du linge au corps, le montant du blanchissage de la semaine. Cet agent donne récépissé sur l'expédition dudit état hebdomadaire remis au trésorier par l'officier de casernement.

Les sous-officiers ne vivant pas à l'ordinaire ont néanmoins la faculté de faire blanchir leur linge avec celui de la compagnie ou de l'escadron dont ils font partie et aux mêmes conditions. Le prix en est retenu, le cas échéant, sur le prêt et porté en recette aux produits additionnels sur le cahier d'ordinaire pour balancer la dépense portée audit cahier.

Afin d'éviter de scinder le prix ferme fixé pour le blanchissage de chaque collection d'effets et de rendre la comptabilité simple et uniforme, on doit prendre pour base de chaque collection la quantité de chemises données au blanchissage, laquelle doit nécessairement être égale à celle de l'effectif présent, tel que l'indique l'état hebdomadaire. En conséquence est considérée comme complète toute collection à laquelle manquerait le demi-caleçon, qui, ajouté à la chemise, doit composer ladite collection, ou l'un des torchons, blouses ou pantalons.

En cas de perte d'effets par le préposé, ils sont remboursés à la masse individuelle de la partie lésée, d'après les deux tiers de la valeur de l'effet, neuf, et par voie de déduction, sur les sommes dues à l'entrepreneur pour prix du blanchissage opéré par ses soins.

L'entrepreneur n'est chargé ni de l'entretien ni du raccommodage, ni du marquage du linge, menus travaux qui, en principe, doivent être laissés aux soins de l'homme lui-même appelé à se suffire en campagne. Toutefois les corps peuvent, dans des cas tout à fait exceptionnels, traiter à l'amiable, soit avec des femmes du régiment, soit avec les préposés qui consentiraient à se charger de ce soin, lorsque les conditions offertes leur paraîtront avantageuses à tous égards ; mais l'administration de la guerre n'intervient pas dans ces sortes d'arrangements.

Le Ministre a la faculté d'adopter, dans le cours du présent traité, toutes les améliorations que pourra suggérer l'expérience en ce qui touche le service du blanchissage du linge de la troupe, pourvu que ces améliorations n'aient pas pour effet d'accroître les charges du traité.

L'entrepreneur peut, de son côté, provoquer auprès du Ministre les modifications compatibles avec une bonne exécution dudit service, en tant que ces modifications n'entraînent aucune augmentation des prix fixés.

Le blanchissage du linge de la troupe ne devant occasionner à l'Etat aucune dépense de quelque nature qu'elle puisse être, en excédant des prix fixés, tous les frais de construction et d'aménagement auxquels pourra donner lieu l'installation du service dans les bâtiments militaires ou civils, dont la jouissance gratuite est garantie à l'entrepreneur, demeurent entièrement à sa charge.

Il en est de même des frais de location des établissements ou emplacements qu'il jugerait indispensable d'ajouter aux moyens d'exploitation que possédaient ses prédécesseurs.

Les contestations qui peuvent s'élever entre le département de la guerre et l'adjudicataire relativement à l'interprétation ou à l'exécution des clauses de la convention, sont jugées administrativement, sauf appel au Conseil d'Etat, si l'entrepreneur croyait devoir se pourvoir contre les décisions du Ministre.

SERVICE DE MARCHE.

Il n'existe pas de règlement sur le service de marche proprement dit ; mais chacune de ses parties essentielles, telles que les frais de route, les convois, les transports généraux et les équipages militaires, est régie par un règlement spécial. Considéré dans la généralité que son nom exprime, le service de marche embrasse l'ensemble des opérations et des actes administratifs destinés à pourvoir aux prestations et autres moyens de locomotion qui sont dus :

Aux troupes et aux militaires isolés en marche, pour les mettre à même de se rendre à leur destination ;

Aux troupes en marche pour le transport de la portion de bagages qui doit les suivre, ou aux militaires isolés ou escortés pour le transport de ceux qui sont dans l'impossibilité de faire la route à pied ;

Aux corps de troupes et aux différents services pour le transport des objets matériels qu'ils ont reçu l'ordre d'expédier d'un point sur un autre ;

Aux militaires français qui se trouvent dans les pays étrangers.

DES FEUILLES DE ROUTE.

Toute allocation de prestations au titre du service de marche est subordonnée à la délivrance préalable d'un ordre de mouvement ou d'une feuille de route.

Les ordres de mouvement sont expédiés directement par le Ministre de la guerre et s'appliquent exclusivement aux corps et détachements de troupes.

Ils tiennent lieu de feuille de route et reçoivent à ce titre toutes les inscriptions que les règlements prescrivent de porter sur lesdites feuilles.

Les feuilles de route sont imprimées par les soins du ministère de la guerre et délivrées par les sous-intendants militaires ou par leurs suppléants légaux, sur la présentation des ordres des autorités compétentes ou des titres ayant les mêmes effets.

Elles ont pour objet :

De tracer et de fixer l'itinéraire que les troupes marchant, soit en corps, soit en détachements, ou les militaires marchant isolément, doivent suivre pour se rendre à leur destination ;

De faire connaître l'état et les variations de l'effectif des troupes pendant leur marche, et les circonstances qui peuvent affecter la position des militaires voyageant isolément ;

De déterminer les droits des uns et des autres, d'après cet effectif ou ces positions individuelles, à celles des prestations de marche ou autres qui y sont applicables; de reproduire, au moyen d'annotations successives, dans l'intérêt de la comptabilité, ces faits ou accidents.

Aussitôt après leur délivrance, les feuilles de route et les mandats ou réquisitions, qui les accompagnent, sont inscrits sur des registres spéciaux, dits registres de route, tenus dans chaque résidence de sous-intendant militaire et de suppléant. Il est tenu des registres distincts pour les corps et détachements et pour les militaires isolés; de plus il est tenu un registre spécial pour les permissionnaires. (Décision ministérielle du 5 février 1863.)

Lorsqu'un sous-intendant militaire s'aperçoit que, par une fausse interprétation des règlements, une allocation a été faite à tort, il doit, sous sa responsabilité, en refuser la continuation, mentionner et motiver son refus sur la feuille de route.

Il fait connaître en outre à l'intendant de la division sur laquelle la partie prenante est dirigée, les sommes ou les fournitures indûment perçues pour qu'imputation lui en soit faite.

Les feuilles de route sont collectives et numériques pour les corps et détachements, ou individuelles et nominatives pour les militaires isolés.

Feuilles de route collectives.

Les corps et détachements qui doivent se mettre en marche, et auxquels des ordres de mouvement n'ont pas été expédiés directement par le Ministre de la guerre, reçoivent, sur la production de l'ordre du général commandant la division ou la subdivision, une feuille de route.

Ces feuilles de route sont délivrées par les sous-intendants militaires, qui doivent, avant le départ du lieu de résidence, passer la revue sur le terrain du corps ou détachement pour constater son effectif.

Le résultat de cette revue, appelée revue de départ, est transcrit à la suite de la feuille de route.

Ces feuilles sont conformes au modèle n° 117 de la nomenclature annexée à l'Instruction ministérielle du 7 juin 1861 (1er semestre, page 575).

Elles doivent relater : la dénomination, l'arme et le numéro du corps; et, si c'est un détachement, la désignation des bataillons, escadrons, batteries ou compagnies dont il se compose;

Le nom et le grade de l'officier ou du sous-officier qui commande;

L'effectif des hommes et des chevaux au jour du départ;

L'ordre en vertu duquel la troupe est mise en mouvement;

Le lieu de départ et celui de destination;

La date du départ;

Les dates des jours d'arrivée et, s'il y a lieu, de séjour dans chacun des gîtes d'étape à parcourir.

En même temps que la feuille de route, l'expéditeur délivre au corps ou détachement des mandats ou ordres de fournitures distincts, pour chacune des prestations de marche auxquelles sa position lui donne droit, jusqu'à la résidence la plus proche d'un sous-intendant militaire.

Ces mandats sont successivement renouvelés jusqu'à destination. Sont compris au nombre des mandats à délivrer ainsi, ceux relatifs à la fourniture du pain et des fourrages; ces mandats sont mentionnés sur les feuilles de route dans les colonnes réservées pour cet usage.

Dans chaque gîte d'étape, les feuilles de route sont soumises à la formalité d'un *vu arriver* daté, qui est apposé par les sous-intendants militaires ou par leurs suppléants légaux.

Dans les cas de séjour non prévu et occasionné par une circonstance accidentelle quelconque, le sous-intendant militaire mentionne cette circonstance, pour servir à justifier le retard et le droit à la solde de route qu'il implique en faveur de la troupe.

Un corps ou un détachement ne peut ni dépasser ni doubler les distances d'étape sans un ordre spécial qui l'y autorise ou qui soit mentionné sur la feuille de route, auquel cas seulement il a droit au supplément d'allocations réglé par le tarif.

Dans chaque résidence de sous-intendant militaire la troupe est passée en revue sur le terrain par le sous-intendant militaire, qui se fait rendre compte des mutations survenues depuis la dernière revue, et arrête l'effectif actuel de la troupe pour servir de base à la délivrance de nouveaux mandats de fournitures. Le résultat de ces revues de passage est transcrit sur la feuille de route à la suite de la revue de départ.

A l'arrivée des corps ou détachements à leur destination, des revues, dites revues d'arrivée, sont passées par les sous-intendants militaires; le résultat de ces revues est également inscrit sur les feuilles de route, à la suite de toutes les indications qui y sont portées, et en forme la clôture.

Feuilles de route individuelles.

Les militaires et les employés militaires désignés dans l'arrêté du Ministre des travaux publics, en date du 31 décembre 1859 (*Journal militaire*, 1er semestre 1860, page 63), comme ayant droit à la réduction sur le prix des places en chemin de fer, reçoivent seuls des feuilles de route.

Elles se rapprochent du modèle 1. A. qui fait suite à l'instruction du 7 juin 1861.

Elles indiquent :

1° Le régiment, le bataillon ou escadron, la compagnie ou batterie, ou le corps spécial dont le militaire fait partie; et, si c'est un sous-officier ou soldat, son numéro matricule;

2° Les nom, prénoms, signalement, grade et mutation;

3° Le lieu et le jour de son départ; pour la troupe, les gîtes d'étape;

4° Le lieu de sa destination;

5° Les prestations et moyens de transport qui lui sont accordés pour l'accomplissement du trajet, et le montant, en toutes lettres, du mandat délivré; les délais de route suivant la distance à parcourir et le mode de transport, et les délais d'arrivée, en comprenant, outre les délais de route, les délais de tolérance.

Tout militaire, qui se déplace isolément, reçoit une feuille de route sur la présentation du titre en vertu duquel il doit exécuter ce mouvement : à cet effet le major du corps ou le commandant du détachement, et, pour les militaires isolés, les déserteurs et les prisonniers de guerre, le commandant de la place adresse au sous-intendant militaire une invitation de feuille de route.

La feuille de route était, d'après l'ordonnance de 1823, indispensable pour tout déplacement exécuté à l'intérieur par un militaire isolé; mais, d'après la décision ministérielle du 5 février 1863, *Journal militaire*, p. 44, les permissions doivent servir de feuille de route, au moyen d'un *vu bon pour servir de feuille de route* apposé sur la permission par le sous-intendant militaire ou son suppléant.

La délivrance des feuilles de route n'appartient qu'aux sous-intendants militaires et à leurs suppléants légaux. Les maires ne peuvent délivrer que des sauf-conduits valables jusqu'à la première résidence du sous-intendant militaire, où ils sont échangés contre une feuille de route.

La feuille de route doit toujours être visée, à l'arrivée, par le sous-intendant militaire ou son suppléant, et à défaut par le brigadier de gendarmerie; celui-ci l'envoie au sous-intendant militaire du ressort, qui s'assure que le militaire est arrivé dans les délais, et opère, s'il y a lieu, le rappel des indemnités acquises.

En principe, la feuille de route prise au départ n'est valable que jusqu'à destination; mais quand le militaire doit revenir au point de départ, elle peut encore servir pour le retour, sans autre formalité, si le militaire n'a droit à aucune allocation de route, et dans le cas contraire au moyen d'un *vu bon pour rejoindre* apposé par le sous-intendant militaire ou son suppléant légal.

A la présentation qui leur est faite d'une feuille de route, les sous-intendants militaires doivent, sous leur responsabilité, consulter le livret de l'emplacement des troupes et changer la destination primitive, s'il y a eu un mouvement exécuté ou ordonné depuis la mise en route du militaire, ou erreur dans les premières indications.

Les prestations du service de marche, y compris le logement chez l'habitant, sont refusées à tout militaire qui n'est pas porteur d'une feuille de route en règle ou qui ne l'a pas fait viser pour le retour, ou qui ne les réclame pas dans un délai de cinq jours.

Cas de perte d'une feuille de route.

Lorsqu'un militaire a perdu sa feuille de route, il en fait la déclaration à la mairie du premier gîte, en désignant la date, le lieu de la délivrance et le signataire ; s'il exhibe des titres authentiques, qui justifient la qualité qu'il a prise, le maire lui donne un sauf-conduit pour aller jusqu'à la résidence la plus prochaine d'un sous-intendant militaire, qui prend les dispositions suivantes :

Officiers. — Le sous-intendant reçoit la déclaration de l'officier, et, après s'être assuré de son identité, il lui délivre une nouvelle feuille de route sur laquelle il mentionne les allocations qu'il a reçues depuis son départ.

Sous-officiers et soldats. — Le sous-officier ou soldat est mis en subsistance dans un des corps de la garnison ou envoyé à la maison d'arrêt, suivant que le sous-intendant juge ou non sa déclaration véridique.

Ce fonctionnaire écrit immédiatement à son collègue qui a délivré la feuille de route, ainsi qu'au Conseil d'administration du corps auquel l'homme a déclaré appartenir. Il adresse en même temps un bulletin de recherches aux sous-intendants des résidences qui se trouvent sur la route parcourue depuis le point de départ, pour connaître les allocations faites à ce militaire.

Aussitôt que tous ces renseignements lui sont parvenus, le sous-intendant militaire dirige le militaire sur le lieu de sa destination, s'il appartient réellement au corps, en lui délivrant une nouvelle feuille de route, sur laquelle il mentionne le résultat de ses recherches. Dans le cas contraire, il le livre à l'autorité militaire.

L'officier marchant isolément peut suivre une autre route que celle indiquée par l'itinéraire, mais sous la condition d'arriver à sa destination dans le délai prescrit par sa feuille de route.

Tout homme de troupe marchant isolément, qui se présente ou qui est rencontré sans titres en bonne forme ou hors de la direction de la route qu'il doit tenir, est arrêté et conduit de brigade en brigade jusqu'à sa destination.

Les autorités civiles et militaires font arrêter tout homme porteur d'une feuille de route présentant des surcharges dans l'écriture ou altération quelconque, ou qui n'a pas été expédiée sous ses nom, prénoms et signalement ; elles le font conduire près du général commandant la division, qui lui inflige une punition disciplinaire, ou le traduit au conseil de guerre, s'il y a lieu, d'après la gravité du délit.

DES FRAIS DE ROUTE DES MILITAIRES ISOLÉS.

Les militaires et employés militaires voyageant isolément reçoivent au compte de l'État ou à titre d'avance, sous les conditions et réserves spécifiées par les divers règlements, les moyens qui leur sont nécessaires en argent (ou en vivres à l'étranger seulement) et en effets, soit pour se rendre à leur destination, ou remplir la mission qui leur est donnée par l'autorité compétente, soit pour attendre pendant un séjour obligé le moment de rejoindre leur corps.

Ces prestations sont désignées sous le nom de frais de route et sont régies par l'instruction provisoire du 31 août 1863, et par les dispositions de l'ordonnance du 20 décembre 1837 et du décret impérial du 15 juin 1853 en tant qu'elles ne sont pas contraires à celles de l'instruction provisoire.

Les frais de route se divisent en plusieurs indemnités, qui sont : l'*indemnité de transport*, l'*indemnité journalière*, l'*indemnité de déplacement*, l'*indemnité extraordinaire de voyage*.

Aux dispositions qui régissent l'allocation de ces diverses indemnités se rattachent, quant au mode de perception et de régularisation, celles relatives aux avances en argent et aux fournitures d'effets de petit équipement faites, en cas d'urgence, aux militaires voyageant isolément dans l'intérieur de l'empire et aux frais de rapatriement, qui sont fournis, par les agents politiques et consulaires français, aux militaires français qui se trouvent dans les pays étrangers par suite d'évasion des prisons de l'ennemi, de naufrage ou de tout autre événement extraordinaire.

Dispositions communes à toutes les parties prenantes.

Tout militaire ou employé militaire qui réclame une allocation en argent ne peut la recevoir, s'il est au point de départ, que sur l'exhibition d'un titre régulier délivré par l'autorité compétente, s'il est en marche, qu'autant qu'il présente une feuille de route en bonne forme.

DES DROITS AUX FRAIS DE ROUTE.
Mode de locomotion prescrite aux militaires isolés.

Les officiers, fonctionnaires et employés militaires voyageant isolément sont transportés par les chemins de fer et par les diligences sur les routes ordinaires du point de départ jusqu'à destination.

Les sous-officiers, caporaux et soldats ainsi que les employés militaires assimilés sont transportés par les chemins de fer ; en dehors des voies ferrées, ils voyagent à pied par étapes ; les itinéraires étant réglés en vue de la plus grande économie, ce qui conduit habituellement à abréger, le plus possible, les parcours sur les routes ordinaires.

Il n'est fait d'exception à cette règle que pour les militaires voyageant d'urgence d'après l'ordre d'un officier général ou d'un intendant militaire; dans ce cas, ils sont transportés en diligence sur les routes ordinaires.

Les militaires escortés et ceux ayant droit aux convois voyagent suivant les règles posées dans l'instruction spéciale sur ce service (5 mai 1863).

Les jeunes soldats des deux portions du contingent voyagent d'après le même mode et ont droit aux mêmes prestations que les militaires isolés, soit qu'ils se rendent au chef-lieu du département pour assister à la revue de départ, soit qu'ils se rendent au dépôt d'instruction où qu'ils en reviennent.

L'appréciation des droits des parties prenantes aux frais de route et l'ordonnancement des paiements appartiennent aux sous-intendants militaires et subsidiairement à leurs suppléants légaux, en prenant pour base le tableau annexé à l'art. 16 de l'ordonnance du 20 décembre 1837 et les diverses décisions qui l'ont modifié.

Il faut observer qu'il n'y a pas à tenir compte des cas où la double indemnité était allouée par ladite ordonnance, cette allocation ayant été supprimée, pour les officiers, par le décret du 15 juin 1853, et pour la troupe par la circulaire ministérielle du 31 juillet 1861.

Ce tableau présente une longue énumération des positions donnant droit à l'indemnité de route, et il a déjà subi de nombreuses modifications. On peut résumer ces droits en disant :

1° Que tout militaire (jusqu'au grade de colonel inclusivement) ou employé militaire voyageant isolément, en état de santé ou de maladie, n'importe par quelle voie, pour un objet de service ou pour une cause que les intérêts directs ou les accidents du service ont produite, a droit à l'indemnité de route; tel est celui qui se rend soit à une destination déterminée par l'ordre de l'autorité compétente, soit à l'hôpital ou aux eaux, ou qui rentre dans ses foyers par réforme, libération ou retraite ;

2° Que le militaire qui voyage pour sa convenance personnelle ou pour telle cause que ce soit, dans laquelle le service n'est pas directement intéressé, n'a pas droit à l'indemnité de route : tel est celui qui s'absente par semestre ou congé, qui change de corps sur sa demande ou est renvoyé dans ses foyers comme indispensable soutien de famille;

3° Que tout militaire recevant l'indemnité de déplacement ou l'indemnité extraordinaire de voyage, transporté et nourri sur les bâtiments et aux frais de l'Etat, voyageant pour le compte d'une administration étrangère au département de la guerre ou n'ayant pas à faire un parcours équivalent à une journée de marche (40 kilomètres sur les voies ferrées et 12 kilomètres sur les routes ordinaires) est également exclu des droits à l'indemnité de route.

Ont encore droit à l'indemnité de route :

Les hommes de la deuxième portion du contingent pour se rendre au chef-lieu de département ;

Les invalides de la guerre ;

Les sous-officiers, caporaux et soldats de la garde nationale, de la garde de Paris et les officiers de santé civils exécutant un service militaire ou y participant ;

Les veuves et les orphelins de militaires décédés étant en activité de service, pour se rendre dans leurs foyers, les individus présumés déserteurs et relaxés ;

Les insoumis allant faire leur soumission devant l'autorité compétente ;

Les prisonniers militaires et les réfugiés militaires étrangers.

L'indemnité de route a pour objet de fournir aux militaires, auxquels elle est allouée, les moyens de pourvoir à leur transport et à leur subsistance.

Cette indemnité se divise en indemnité de transport et en indemnité journalière.

De l'indemnité de transport.

L'indemnité de transport est allouée :

1° Aux officiers, à raison du nombre de kilomètres parcourus ou à parcourir, tant sur les chemins de fer que sur les routes ordinaires ;

2° Aux sous-officiers et soldats, comme ci-dessus, mais sur les chemins de fer seulement, sauf le cas où, voyageant d'urgence par l'ordre d'un officier général ou d'un intendant militaire, ils doivent faire le trajet en diligence.

De l'indemnité journalière.

L'indemnité journalière est allouée pour chaque journée passée en route, quel que soit le mode de locomotion employé.

Une journée passée en route correspond aux trajets suivants :

Pour les officiers supérieurs . . . . { à 400 kilomètres sur les chemins de fer.
{ à 120 kilomètres en diligence.

Pour les officiers subalternes, les sous-officiers et soldats . . . . { à 360 kilomètres sur les chemins de fer.
{ à 120 kilomètres en diligence.
{ à une distance d'étape.

Les indemnités de transport et journalières sont allouées cumulativement, sauf dans le cas ci-après :

L'indemnité de transport est allouée seule, pour tout premier trajet ou fin de parcours, moindre de 40 kilomètres sur les chemins de fer et 12 kilomètres en diligence sur les routes ordinaires.

L'indemnité journalière est allouée seule :

1° Toutes les fois que le transport est assuré, soit au moyen de réquisitions sur les chemins de fer, soit au moyen de mandats de convois sur les routes ordinaires;

2° Pour tout trajet comprenant moins de deux étapes, le voyage étant dans ce cas toujours supposé fait à pied, même lorsqu'il pourrait être effectué en chemin de fer;

Cette disposition ne s'applique qu'aux sous-officiers et soldats.

3° Pour chaque étape ou distance équivalente franchie à pied;

4° Pour chaque journée de séjour obligé dans une localité.

Tarif des indemnités de transport et journalière.

DÉSIGNATION des GRADES.	INDEMNITÉ KILOMÉTRIQUE de transport			Indemnité journalière.	OBSERVATIONS.
	en chemin de fer.		en diligence.		
	1/4 de place.	1/2 place.			
Colonel......... Lieutenant-colonel... Chef de bataillon.... Capitaine........	0 04	0 07	0 16	5 00	Mêmes allocations pour les fonctionnaires et employés militaires, suivant leur assimilation (tarif du 11 juin 1858).
Lieutenant et sous-lieutenant........	0 035	0 054	0 14	3 00	
Adjudant sous-officier.	0 035	0 054	0 14	2 00	
Sergent-major.....				1 50	
Sergent.........	0 016	0 03	0 125	1 50	
Caporal.........				1 25	
Soldat..........				1 25	

Il n'est fait allocation d'aucune indemnité pour une distance franchie à pied et moindre de 12 kilomètres.

Les indemnités de transport et journalière ne peuvent se cumuler avec aucune autre allocation de voyage (frais de poste, frais spéciaux autorisés par le Ministre) ni avec une fourniture de vivres en nature.

Des délais de route.

Les délais de route sont fixés en raison des distances à franchir par le militaire dans chaque journée.

Il n'est accordé aucun délai de route pour les trajets inférieurs à 40 kilomètres sur les chemins de fer ou à 12 kilomètres sur les voies ordinaires.

Calcul des délais de route.

Si le trajet doit être effectué en entier en chemin de fer ou en diligence, il se fait en divisant les distances kilométriques à franchir par les nombres 400, 360 ou 120, suivant le cas, représentant la distance à franchir par jour suivant les grades et les voies.

Le quotient entier de la division donne les délais de route. S'il y a un reste, il ne donne droit à un jour en sus qu'autant qu'il est égal ou supérieur à 40, s'il s'agit d'un parcours en chemin de fer ou à 12 pour les parcours en diligence.

Si le trajet comprend un parcours en chemin de fer et un parcours en diligence, on divise chacun d'eux séparément, comme si le trajet se faisait en entier par l'un des deux modes, et les quotients réunis des deux divisions donnent les délais de route.

S'il y a des restes, on les additionne après avoir triplé celui relatif au parcours en diligence : on divise le total par 400 ou 360, suivant le cas, ce qui donne un ou deux jours de délai en sus, selon que le dernier reste est inférieur ou supérieur à 40.

Exemple :

Officiers du grade de capitaine.	Trajet en chemin de fer.	963^k
	Trajet en diligence.	210^k
963^k à raison de 360^k par jour, donnent droit	à 2 jours de délai ; il reste.	243^k
210^k — 120^k —	à 1 j., et il reste 90 qui, triplé, donne.	270^k
	Total.	543^k

543^k à raison de 360^k par jour, donnent droit à 1 jour, et il reste 183.
183^k compris entre 40 et 360^k, donnent droit à 1 jour.

Total des délais de route. . . . . . 5 jours.

NOTA. Ce décompte appliqué à un officier supérieur, c'est-à-dire, en divisant les distances à parcourir en chemin de fer par 400^k, ne donne que 4 jours de délai de route.

Pour les trajets inférieurs à 40 et à 12 kilomètres, lorsqu'ils sont premiers parcours, on opère comme il vient d'être dit pour les restes des divisions.

Quand le trajet doit être effectué, partie par chemin de fer, partie par étapes, on opère sur les distances à franchir en chemin de fer, conformément à ce qui est prescrit dans ce cas, et on y ajoute autant de jours qu'il y a d'étapes à franchir à pied.

Délais de tolérance.—Officiers.

Il est accordé, sous le nom de délai de tolérance, quatre jours aux officiers de tous grades, quelle que soit la distance pour se rendre à destination.

Ce délai s'ajoute aux délais de route pour servir à fixer la date de l'arrivée; il est toujours accordé, à moins de mention contraire exprimée dans l'ordre ou la lettre de service.

Sous-officiers et soldats.

Il est accordé un jour de délai de tolérance aux sous-officiers et soldats pour tout trajet excédant 360 kilomètres sur les chemins de fer, et 120 kilomètres sur les routes ordinaires en diligence, mais seulement dans le cas où le voyage ne pourrait s'effectuer sans désemparer sur l'une ou l'autre voie. Ce délai doit toujours être accordé, lorsque le militaire, en quittant la voie de fer, doit prendre la diligence, *et vice versâ*.

Le délai de tolérance n'autorise en aucune façon les sous-officiers et soldats à retarder leur départ, qui doit toujours avoir lieu à la date fixée par la feuille de route.

Les voyages effectués à pied par étapes ne donnent droit à aucun délai de tolérance : il est suppléé, en cas de nécessité, par des autorisations de séjour forcé.

Les délais de tolérance ne donnent droit à aucune indemnité.

Militaires ayant dissipé leurs indemnités.

Tout militaire marchant isolément, qui, après avoir dissipé son indemnité, se présente dans un lieu de passage, reçoit, à titre d'avances en route imputables à sa masse individuelle, la somme strictement nécessaire pour rejoindre son corps par les voies ferrées. La gendarmerie doit l'escorter jusqu'à la station du chemin de fer le plus voisin et surveiller son départ.

Ce militaire doit subir à son arrivée à destination une punition disciplinaire, conformément aux prescriptions de la circulaire ministérielle du 3 novembre 1863 (Nouvelle rédaction prescrite par décision ministérielle du 1er septembre 1865).

Militaires entrant à l'hôpital en route.

Le militaire qui, après avoir reçu des indemnités de voyage, entre, sur la route, dans un hôpital ou un hospice civil, est tenu de déposer entre les mains du comptable de l'établissement les sommes non employées : elles lui sont rendues à sa sortie. Si le militaire entre à l'hôpital après avoir dissipé ses indemnités, il lui est fait application du paragraphe précédent à sa sortie.

Toutefois, s'il y a présomption qu'il n'ait dépensé ses indemnités que par suite de l'état de maladie, qui l'a contraint à entrer à l'hôpital, il en est rendu compte au sous-intendant militaire, qui lui fait une avance imputable sur sa masse pour le mettre à même de rejoindre sa destination.

Des séjours en route.

Lorsqu'un militaire est obligé de séjourner en route, par suite d'une cause indépendante de sa volonté, il s'adresse à l'autorité militaire locale, et, à défaut, au commandant de la gendarmerie, qui constate sur la feuille de route la nécessité du séjour et en fixe la durée.

Lorsque les séjours résultent de la nature d'une mission confiée au militaire, l'ordre ou la lettre de service doit les mentionner ou en fixer la durée.

Cas de retard à l'arrivée.

Tout militaire qui n'arrive pas à destination dans les délais, qui lui sont assignés par sa feuille de route, est puni disciplinairement.

Le retard ne peut, dans aucun cas, entraîner la suppression des allocations de voyage.

DU DÉCOMPTE DES INDEMNITÉS.

Bases des décomptes.

Les distances, qui servent de base au décompte des indemnités, résultent des itinéraires, qui s'établissent à l'aide des documents suivants :

Le livret spécial de juin 1861, le livret-Chaix et la carte des étapes.

Les sous-officiers et soldats, dont le voyage s'effectue en partie sur les routes ordinaires, doivent quitter les voies ferrées en des gîtes d'étape, ou, à défaut, aux stations les plus rapprochées de leur destination.

Le décompte de l'indemnité de transport se fait en multipliant les distances kilométriques à franchir en chemin de fer et en diligence par le taux du tarif afférent à chaque locomotion, suivant le grade et en additionnant les produits.

Celui de l'indemnité journalière s'obtient en multipliant le taux de cette indemnité, suivant le tarif par les délais de route.

CONVOIS MILITAIRES.

(Instruction ministérielle du 5 mai 1863.)

Le service des convois est réglementé par l'ordonnance du 31 décembre 1823 et les décisions ministérielles qui l'ont suivie, en tant que leurs dispositions peuvent se concilier avec les modifications qui font l'objet de l'instruction du 5 mai 1863.

But et organisation du service.

Le service des convois a pour but de procurer les moyens de transport, sur les routes ordinaires, aux militaires isolés et à ceux escortés par la gendarmerie, lorsque la nécessité en a été reconnue par les officiers de santé.

Il doit pourvoir, en outre, au transport des bagages à la suite des corps ou détachements en marche par étapes.

Marchés par départements.

Le service des convois est assuré au moyen de marchés passés, par voie d'adjudication publique, dans chaque département pour tous les gîtes qu'il renferme, conformément aux conditions du cahier des charges du 13 avril 1866. (Voir plus loin, page 167, l'extrait du cahier des charges.)

La durée des marchés est fixée à cinq années, du 1er juillet 1866 au 30 juin 1871, avec faculté pour l'administration d'en proroger le terme jusqu'au décembre 1871 en prévenant l'entrepreneur trois mois à l'avance.

Toutes les dispositions des marchés et celles de la présente instruction en matières d'allocations sont applicables aux marins.

PRINCIPES D'ALLOCATION.

Militaires isolés.

Positions donnant droit aux convois.

Les positions dans lesquelles les militaires peuvent avoir droit aux convois sont déterminées par le tableau n° 3 annexé au règlement du 31 décembre 1823; mais l'allocation ne peut être faite qu'après l'avis favorable des officiers de santé constatant qu'ils sont dans l'impossibilité de faire la route à pied. Dans le cas contraire, les militaires, dans les positions prévues au tableau n° 3 et dans toute autre position non prévue, n'ont droit qu'aux allocations du service de marche, c'est-à-dire à l'indemnité de route si leur position la comporte. (Voir ce tableau après l'instruction, page 169.)

Il faut observer ici que, d'après les dispositions modifiant le service de marche, les militaires, qui ont droit à l'indemnité de route, voyagent sur les chemins de fer, où leur transport est assuré jusqu'au point le plus rapproché de leur destination. Dans l'état actuel du réseau, c'est à peine s'il leur reste à franchir à pied deux ou trois étapes sur les routes ordinaires; il semble donc qu'un grand nombre d'hommes traités dans les hôpitaux, et auxquels jusqu'ici les convois étaient alloués, peuvent, à l'aide de l'indemnité seule, effectuer leur déplacement, particulièrement lorsqu'ils sortent guéris pour rejoindre leurs corps. (Dépêche ministérielle du 5 mai 1863.)

Les militaires, ne pouvant faire route à pied et soumis à l'examen des officiers de santé, sont rangés en deux catégories, ayant chacune des allocations distinctes.

Première catégorie. — La première catégorie comprend la presque totalité des ayants droit aux convois : ce sont les hommes qui peuvent supporter la diligence, et que l'économie aussi bien que l'intérêt du service commandent de diriger par les voitures publiques.

Le billet d'hôpital ou le certificat de visite, suivant le cas du militaire placé dans cette catégorie, porteront, de la main de l'officier de santé, la mention suivante : *Convoi.*

Dans ces positions, les militaires reçoivent sur les routes ordinaires, à partir du point où cesse pour eux l'emploi des voies ferrées, l'indemnité kilométrique de transport en diligence et l'indemnité journalière par journée passée en route.

Ces allocations sont faites d'après les principes du service de marche et les transports qu'elles assurent à ces militaires dans les voitures publiques restent en dehors du service des entrepreneurs départementaux : ceux-ci étant chargés de fournir les moyens de transport aux hommes de la deuxième catégorie seulement.

Deuxième catégorie. — La deuxième catégorie comprend les militaires qui ne peuvent faire partie de la première catégorie : ce sont ceux désignés par les officiers de santé comme ne pouvant supporter la diligence ou dont l'état de faiblesse ou d'infirmité serait une cause d'exclusion des voitures publiques par la gêne qui en résulterait pour les voyageurs, et aussi les militaires qui ne peuvent voyager sans être accompagnés, lorsque la nature de leurs infirmités leur interdit l'usage des voitures publiques; tels sont toujours les aliénés; mais les aveugles, par exemple, pourront être compris dans la première catégorie.

Le billet ou le certificat de visite, suivant le cas du militaire placé dans la deuxième catégorie, portera de la main de l'officier de santé la mention suivante : *Convoi à petites journées.*

Les fonctionnaires de l'intendance et leurs suppléants, seuls responsables en matière d'allocations de convois, devront considérer comme de simples avis les désignations faites par les officiers de santé; ils pourront, s'ils le jugent convenable, vérifier par eux-mêmes, soit au point de départ, soit même dans les lieux de passage, l'état des militaires voyageant à petites journées et modifier le genre d'allocation à la suite d'une nouvelle visite et contre-visite. (Dépêche ministérielle du 5 mai 1863.)

Tous ces militaires voyagent à petites journées, à partir du point où ils quittent la voie ferrée.

Ils sont transportés dans des voitures suspendues, de gîte en gîte, jusqu'à destination, par les soins des entrepreneurs départementaux, qui reçoivent des mandats n° 123 de la nomenclature, ils jouissent, en outre, de l'indemnité journalière par journée passée en route.

L'itinéraire doit être réglé de manière à ce que *le militaire quitte le chemin de fer en un point qui soit gîte d'étape*, sauf dans le cas prévu par l'art. 5 du cahier des charges, où l'entrepreneur est tenu d'avoir des préposés aux gares des stations qui ne seraient point gîte d'étape ; ce cas se rapporte particulièrement aux militaires dirigés sur les établissements thermaux ou en revenant, lorsqu'ils ont droit aux allocations de la deuxième catégorie.

L'état du militaire voyageant à petites journées exige qu'en route il soit l'objet des soins des voituriers. Aussi l'art. 10 du cahier des charges dispose-t-il que *les voituriers prendront le militaire à domicile, tant au point de départ que dans chaque gîte*, et qu'il sera rendu de même à domicile au lieu de destination.

A l'arrivée à chaque étape, le voiturier conduit le militaire à la mairie, où il prend son billet de logement et le dépose ensuite au gîte qui lui a été assigné pour la nuit.

Mode de délivrance des mandats.

Les mandats de convoi sont délivrés au point de départ par les fonctionnaires de l'intendance ou leurs suppléants légaux, pour aller du point d'arrêt du chemin de fer jusqu'à la résidence du sous-intendant la plus rapprochée de la route à parcourir ; ils sont ensuite renouvelés de résidence en résidence jusqu'à destination.

Est considéré comme ayant donné lieu à rachat, tout mandat exécuté par voiture publique, et l'entrepreneur est passible des peines prévues par l'art. 26 du cahier des charges (25 francs d'amende, destitution de l'agent et radiation des comptes de la fourniture rachetée).

Transport des militaires des corps ou établissements aux gares des chemins de fer et *vice versâ*.

L'état d'impotence, qui distingue les militaires de la deuxième catégorie, exige qu'ils soient transportés des corps ou établissements aux gares des chemins de fer et réciproquement.

D'un autre côté, ce service de transport est trop éventuel pour qu'il soit possible de l'assurer au moyen d'un traité sur quelque point que ce soit, on se conformera donc, le cas échéant, aux dispositions suivantes :

Si le militaire compte à un hôpital ou à un hospice civil, le comptable de l'établissement le fait transporter à la gare dans une voiture de place, en le faisant accompagner autant que possible par un infirmier chargé de lui venir en aide.

La dépense ne doit jamais excéder les prix en usage dans la localité pour ce genre de transport : elle est acquittée par le comptable, et comprise dans ses comptes d'exploitation, après avoir été préalablement autorisée par le sous-intendant militaire ou son suppléant légal.

Si le militaire compte à son corps, le conseil d'administration opère comme le comptable et comprend la dépense dans le compte des dépenses de la deuxième portion de la masse générale d'entretien.

Dispositions communes aux deux catégories.

Les allocations de convoi accordées pour l'aller ne sont pas dues pour le retour, à moins qu'à la suite d'une nouvelle visite, les officiers de santé n'aient reconnu la nécessité de comprendre le militaire dans l'une des deux catégories, dont il recevra alors les allocations. Dans le cas contraire, le militaire est traité d'après les dispositions du service de marche.

Corps et détachements.

Allocations en raison des effectifs.

Les allocations à faire aux corps et détachements sont fixées comme ci-après, en raison de leur effectif :

Un détachement de toutes armes, comprenant *moins de vingt-cinq hommes,* et ne comportant pas d'officier, n'a droit à *aucune allocation,* mais les hommes qui en font partie, et qui ne peuvent faire route à pied, sont considérés comme *militaires isolés* et reçoivent des mandats individuels de transport après avoir subi la visite prescrite. (Art. 14, 31 décembre 1823.)

S'il comporte un ou plusieurs officiers, il lui est alloué. . . . . 1 voiture à 1 collier.
De 25 à 160 hommes (officiers compris). . 1 —
De 161 à 320 hommes (officiers compris). . 2 —
De 321 à 480 hommes (officiers compris). . 3 —

Et ainsi de suite en ajoutant *une voiture* pour un *accroissement de 160 hommes à l'effectif.*

Charge des voitures.

Chaque voiture doit porter 625 kilogrammes ou de 1 à 5 hommes au plus.

Le poids des portemanteaux d'officier ne doit pas excéder 30 kilogrammes. (Décision ministérielle du 7 août 1855.)

Allocations supplémentaires.

Il est accordé en sus des allocations précédentes, auxquelles ont droit les corps ou détachements, en raison de leur effectif, les allocations supplémentaires ci-après :

1° Une voiture à un collier, pour le transport *de la caisse et des archives,* à tout corps ou portion de corps ayant une administration distincte régulièrement organisée.

Toutefois, les portions des corps doivent au préalable justifier de la nécessité d'avoir une caisse à leur suite, et de l'impossibilité d'en assurer le transport au moyen des allocations qui leur sont attribuées, d'après leur effectif, pour les effets d'un usage journalier et pour les éclopés ;

2° Une voiture à un collier à *tout dépôt* de corps voyageant *avec un effectif d'au moins douze officiers.*

Le surplus de la charge de la voiture supplémentaire profite à la troupe.

Ces allocations supplémentaires doivent cesser d'être faites pendant la route, si les causes, qui les ont motivées, viennent à disparaître.

Les chefs de détachement et les fonctionnaires de l'intendance sont responsables, chacun en ce qui les concerne.

Les mandats de voitures à collier pour les corps et détachements sont du modèle 122 de la nomenclature.

Militaires ou marins escortés.

Les militaires ou marins escortés par la gendarmerie voyagent, sur les voies ferrées, à l'aide de réquisitions, par conséquent sans l'intermédiaire de l'entrepreneur des convois.

Ils reçoivent les vivres de prison à la fin de chaque journée.

Les itinéraires doivent donc être tracés de manière qu'ils arrivent vers le soir dans une place où ils puissent être écroués à la prison. Les itinéraires sont généralement fixés par le Ministre de la guerre.

En dehors des voies ferrées, ils voyagent à pied, de brigade en brigade, à moins que leur état de santé ou des mesures de police ou de discipline exigent qu'ils reçoivent des moyens de transport.

Dans ce dernier cas, il est fourni des voitures par les entrepreneurs départementaux, qui reçoivent des mandats n° 122 de la nomenclature : chaque mandat peut comprendre de 1 à 5 hommes.

Si deux ou plusieurs escortes, parties de points différents et venant à se rencontrer à un gîte, *doivent suivre la même route,* les commandants de ces escortes sont tenus, sous leur responsabilité, de s'entendre pour réunir les militaires, de manière à réduire autant que possible le nombre des voitures.

Ils font alors, aux signataires des mandats, le renvoi de ceux dont ils sont porteurs et qui concernent la route ou portion de route à faire en commun, et se font délivrer, par le maire de la localité, un ordre de fourniture accidentelle jusqu'au gîte voisin, en exécution de l'art. 15 du cahier des charges, portant que, le cas échéant, les préposés aux convois militaires doivent obtempérer aux ordres des autorités locales pour le transport des détenus et condamnés civils.

Sur les chemins de fer, les militaires escortés, devant être séparés des autres voyageurs, sont transportés, quel que soit leur nombre et jusqu'à concurrence de dix, y compris les gendarmes d'escorte, dans un compartiment de 2° classe.

Il importe donc de les réunir, autant que possible, dans un but d'économie et pour soulager le service de la gendarmerie.

Les gendarmes d'escorte sont compris, pour l'aller, sur les réquisitions des escortés ; mais, pour le retour, ils voyagent dans les wagons de 3° classe avec l'indemnité de transport et journalière, comme les militaires isolés. (Art. 314 du décret impérial, 18 février 1863, sur la gendarmerie.)

Dispositions générales.

Les contestations, qui s'élèvent en route entre les chefs de détachements et les préposés, sont constatées par des procès-verbaux de la gendarmerie. Il en est de même pour les altercations auxquelles pourraient donner lieu les fournitures à faire aux escortés et aux militaires voyageant à petites journées.

Si les procès-verbaux sont à la charge des préposés, l'intendant de la division use des pouvoirs qui lui sont conférés par l'art. 7 du cahier des charges. (Suspension ou révocation des agents.)

Le cas de récidive entraîne de droit la révocation du préposé.

EXTRAIT DU CAHIER DES CHARGES

Pour l'exécution du service des convois militaires du 1er juillet 1866 au 30 juin 1871

1. Le service des convois militaires consiste à fournir des voitures à collier pour le transport,

1° De la caisse, des papiers et des effets d'un usage journalier à la suite des corps et détachements de troupes voyageant par étapes, et, s'il y a lieu, des militaires et marins écloppés, ainsi que des enfants de troupe faisant partie des détachements ;

2° Des militaires et marins voyageant sous l'escorte de la gendarmerie en dehors des voies ferrées ;

3° A fournir en outre des voitures suspendues aux militaires et aux marins isolés voyageant à petites journées, lorsque le besoin en a été préalablement constaté par les officiers de santé des corps ou établissements.

2. Le service peut comprendre les fournitures à faire au ministère de la justice et au ministère de l'intérieur, d'après les clauses du cahier des charges.

3. Le marché peut être prorogé jusqu'au 31 décembre 1866 en prévenant trois mois à l'avance l'entrepreneur.

4. L'entrepreneur organise le service des convois dans tous les gîtes d'étape.

5. Dans les départements où existent des établissements thermaux, il est tenu d'avoir un préposé et des moyens de transport sur les points où cesse le parcours en chemin de fer, quand bien même ils ne seraient pas gîtes d'étape.

Dans tous les départements, le préposé de chaque gîte d'étape, situé sur un ou plusieurs chemins de fer, se fera représenter, dans les gares, par des personnes chargées de recevoir les militaires porteurs de mandats de convoi et de leur procurer, sur place, les voitures que comportent ces mandats.

6. Les agents ou préposés seront présentés par l'entrepreneur à l'acceptation des sous-intendants militaires.

7. Sur les plaintes portées par les sous-intendants militaires du département, l'intendant militaire pourra suspendre de leurs fonctions ou même obliger l'entrepreneur à révoquer définitivement les préposés pour fautes graves dans l'exécution du service.

8. A chaque voiture sera affectée une bâche, dont il sera fait usage lorsque le chef de la troupe le jugera convenable afin que les hommes et les effets soient abrités contre le soleil et protégés contre le mauvais temps.

Les voitures, qui seront employées au transport des hommes, seront toujours pourvues d'une bâche, elles seront en outre disposées de manière que ceux-ci puissent s'y asseoir commodément et elles seront garnies de nattes et de paille fraîche en quantité suffisante.

Dans aucun cas, les personnes des deux sexes ne pourront être transportées ensemble sur la même voiture : il ne sera fait d'exception à cette règle que pour les femmes attachées à l'armée.

Toute contravention aux dispositions qui précèdent sera punie d'une réduction de 25 p. 100 sur le prix du transport.

9. Il est formellement interdit à l'entrepreneur d'utiliser les voitures publiques pour exécuter les mandats ou ordres de fournitures sous peine de 25 fr. d'amende et radiation des comptes de la fourniture.

10. Les militaires voyageant à petites journés seront pris à domicile dans chaque gîte et rendus de même à destination. Ils seront pris aux gares d'arrivée ou conduits aux gares de départ, comme il est indiqué à l'art. 5, dans les gîtes où aboutissent des voies ferrées.

13. Le poids ou le nombre d'hommes avec leurs sacs et portemanteaux à transporter sur chaque voiture est fixé comme ci-après au maximum :

Voiture à un collier, 625 kilogrammes ou de un à cinq hommes, deux enfants de troupe de moins de douze ans ne comptent que pour une place.

14. Les mandats de fournitures sont délivrés, pour les corps et détachements et les escortés, par les fonctionnaires de l'intendance et leurs suppléants légaux autres que les maires, jusqu'à la plus prochaine résidence de sous-intendant militaire.

Il en sera de même pour les mandats des isolés.

L'ordre de fourniture délivré par un maire ou son adjoint devra être renouvelé dans chaque gîte, si les moyens de transport sont encore jugés nécessaires et jusqu'à la résidence d'un sous-intendant ou d'un suppléant légal, autre qu'un maire sur la ligne à suivre par les parties prenantes, corps, détachements ou isolés.

L'ordre énoncera les causes qui donnent lieu à la fourniture et spécifiera si le transport doit avoir lieu en voiture suspendue ou non suspendue.

Il sera appuyé :

1° De la demande motivée du chef de la troupe pour les corps et détachements ;

2° Du certificat d'un officier de santé militaire ou à défaut d'un officier de santé civil désigné par le maire, constatant la nécessité du transport, si la fourniture doit être faite à un militaire voyageant isolément, qui se trouverait dans le cas de l'art. 1er.

27. En cas d'interruption du service sur un point quelconque du département, il y serait pourvu par des marchés d'urgence, ou par tout autre moyen que les autorités locales jugeraient convenable, aux risques et périls de l'entrepreneur, qui serait tenu de payer immédiatement les fournitures faites, dans ce cas, aux prix des marchés d'urgence ou à ceux fixés par les autorités locales.

TABLEAU DES POSITIONS DANS LESQUELLES LES MILITAIRES ISOLÉS ONT DROIT AUX CONVOIS.

(N° 3, art. 29 du règlement du 31 décembre 1823.)

Officier, officier de santé et employé accompagnant une évacuation, sous-officier et soldat.

1° Allant aux hôpitaux externes ou aux eaux, ou en revenant ;

2° Faisant partie d'un détachement éloigné de plus d'une journée de marche et appelé à l'infirmerie du corps pour y être traité ;

3° Congédié avec solde ou sans solde de retraite, et se retirant dans ses foyers ;

4° Allant en congé de convalescence ou en congé limité et en revenant ;

5° Se rendant à une compagnie sédentaire ;

6° Acquitté par jugement et retournant à son corps;

7° Revenant de purger une contumace et retournant à son corps;

8° Appelé en témoignage et retournant à son corps ;
9° Revenant des colonies ;
10° Rentrant des prisons étrangères ;
11° Evacué d'un hôpital sur un autre ;
12° Tombé malade en route et dirigé sur l'hôpital le plus proche ;
13° Sous-officier et soldat de gendarmerie, comme les sous-officiers et soldats de l'armée ;
14° Canonnier garde-côte et ouvrier civil employé à des travaux militaires allant aux hôpitaux ou aux eaux ou en revenant ;
15° Portier-consigne des places de guerre (voir au tableau) ;
16° Invalide se rendant de son corps ou de ses foyers à l'hôpital des invalides ;
17° et 18° Invalide (voir au tableau) ;
19° Sous-officier et soldat conduit par la gendarmerie ;
20° Prisonnier de guerre étranger (voir au tableau).

ÉCOLES RÉGIMENTAIRES.

ORGANISATION DES ÉCOLES

(Règlement du 28 décembre 1835 ; Circulaire du 10 février 1837; Instruction du 31 décembre 1843).

Il y a deux degrés d'enseignement : le premier degré, dirigé d'après le mode mutuel et destiné aux caporaux ou brigadiers et soldats ; le deuxième degré, dirigé d'après le mode simultané et destiné aux sous-officiers.

Le personnel des écoles du premier degré est composé ainsi qu'il suit :

1° Dans un régiment entièrement réuni, ou dans un détachement fort de plus d'un bataillon ou de deux escadrons : un directeur (lieutenant ou sous-lieutenant), un moniteur général (sous-officier), trois moniteurs particuliers et trois moniteurs surnuméraires caporaux, brigadiers ou soldats);

2° Dans un bataillon formant corps, il n'y a point de moniteur général ;

3° Dans un bataillon détaché ou dans un détachement de cinq à sept compagnies, le directeur est sous-officier et il n'y a point de moniteur général ;

4° Dans un détachement fort de deux à quatre compagnies ou de un à deux escadrons : un directeur (sous-officier), deux moniteurs particuliers et quatre moniteurs surnuméraires.

Le personnel de l'école du deuxième degré se compose du directeur et du moniteur général de l'école du premier degré, et d'un certain nombre d'élèves de celle du deuxième degré comme moniteurs.

Les dépôts des corps employés en Afrique, quel que soit leur effectif, doivent ouvrir des écoles du premier et du deuxième degré.

Attributions du directeur.

Le directeur est nommé par le colonel sur la présentation du major.

Le moniteur général est nommé sur la proposition de l'officier directeur et la présentation du major. Les directeurs et les moniteurs généraux des écoles détachées sont nommés par le colonel et choisis parmi les sous-officiers qui ont rempli les fonctions de moniteurs particuliers à l'école principale. Les moniteurs particuliers et surnuméraires sont choisis par le directeur ; ils peuvent être pris parmi les enfants de troupe âgés de quatorze ans qui suivent les cours. Les premiers sont nommés pour un mois et peuvent être continués pendant trois mois consécutifs, mais jamais au delà, sans pouvoir être renommés avant un mois d'intervalle. (Décision ministérielle du 7 juin 1840.) Les moniteurs surnuméraires et ceux de l'école du deuxième degré sont désignés au commencement de chaque séance.

En cas d'absence de peu de durée, le moniteur général est remplacé par le directeur ou par un moniteur particulier ; si l'absence doit se prolonger, il est nommé un moniteur général par intérim, qui jouit de tous les avantages attribués à ces fonctions.

En cas de séparation, le colonel peut attacher l'officier directeur à une autre école que celle dont fait partie le moniteur général. Celui-ci devant suivre le mouvement de la compagnie hors rang, dont il est le sergent-major, si cette compagnie est comprise dans une fraction avec laquelle ne se trouve pas l'officier directeur, la direction de l'école établie pour cette position lui est donnée.

Les sous-officiers directeurs et moniteurs généraux ou particuliers reçoivent une gratification fixée par le tarif.

Le directeur est chargé de l'enseignement et de la discipline des écoles, sous la surveillance immédiate du major ou de l'officier qui en remplit les fonctions et la haute surveillance du général de brigade. (Décision ministérielle du 23 février 1843.)

Il tient un cahier trimestriel destiné à l'inscription : 1° de l'état de casernement ; 2° de la liste des élèves admis pendant le trimestre ; 3° de l'état nominatif des hommes qui ont rempli les fonctions de moniteur pendant le trimestre ; 4° enfin des notes indiquant l'époque de l'ouverture et de la clôture des cours, les interruptions et leurs causes.

Il fait établir par le moniteur général les cahiers, contrôles, listes, situations, etc., ainsi que les bons de dépense qu'il doit signer ; il tient lui-même le cahier des inscriptions de l'école des sous-officiers. Enfin il adresse au major toutes les demandes relatives aux écoles.

Durée des cours.

Les cours commencent chaque année du 1er au 15 octobre et finissent du 1er au 15 juillet ; toutefois, ils peuvent être continués pendant le troisième trimestre, d'après l'autorisation du général de brigade. (Décision ministérielle du 28 août 1843.)

Pendant l'hiver, les corps ouvrent des écoles du soir ; à cet effet, ils doivent économiser sur leurs allocations de chauffage. (Décision ministérielle du 7 juin 1840.)

Situations à adresser au Ministre.
(Circulaire du 4 décembre 1838.)

Une situation est adressée au ministre, sans lettre d'envoi, dans le courant du premier mois de chaque année. Elle est destinée à faire connaître l'état de l'instruction dans chaque régiment pendant l'année précédente, et doit comprendre l'effectif total du corps en sous-officiers, caporaux ou brigadiers et soldats, quel que soit le lieu où ils se trouvent stationnés ; on y porte, par conséquent, les absents aussi bien que les présents. A cet effet, les chefs de corps disséminés dans plusieurs garnisons se font adresser par les commandants de détachements les renseignements nécessaires.

Les résultats sont donnés numériquement pour le premier degré et nominativement pour le deuxième.

Ces situations sont adressées par l'intermédiaire des généraux commandant les divisions. (Circulaire du 10 février 1841.)

Local et mobilier des écoles.

Les salles doivent être disposées de manière à recevoir, autant que possible, pour un régiment à trois bataillons, 150 élèves ; pour deux bataillons, 130 ; pour un bataillon ou pour un régiment de cavalerie, 80. Le mobilier de chaque école est composé des objets désignés dans le tableau annexé à la circulaire ministérielle du 28 décembre 1835.

Matériel d'enseignement.

Chaque corps est pourvu du matériel détaillé dans le tableau annexé à la circulaire ministérielle du 6 février 1845 (Méthode Roland), et à celle du 28 décembre 1835, pour les écoles du premier et du deuxième degré. Les conseils d'administration doivent répartir le matériel qu'ils possèdent entre les divers détachements qui ont ouvert des écoles, suivant les besoins du service.

Réception et remise du matériel.
(Règlement du 30 juin 1856).

Ce matériel est compris parmi les objets dont le chef du génie doit faire établir l'inventaire en double expédition. Toutefois il est fait une exception pour les objets d'un transport facile, savoir : les évangiles, les syllabaires, les crayons, les porte-crayons, les méthodes d'écriture, et les manuels de la méthode. (Circulaire du 6 février 1845.) A chaque nouvelle occupation de la caserne, une expédition de l'inventaire est présentée par le chef du génie à l'officier directeur des écoles pour que la vérification en soit faite en présence du sous-intendant militaire.

Dans le cas où le directeur juge que certains objets ne sont pas recevables, le fait est constaté par un procès-verbal du sous-intendant pour être envoyé au Ministre avec son avis.

L'expédition de l'inventaire, visée par le sous-intendant et par l'officier directeur qui en conserve copie, reste déposée aux archives.

Les corps ou détachements, qui reçoivent un ordre de départ, laissent leur matériel d'enseignement, sous la garde du génie, pour être remis au corps qui doit les remplacer. En conséquence, le sous-intendant procède, de concert avec le chef du génie, à l'examen de ce matériel, afin de constater son état et d'exiger, s'il y a lieu, la réparation des objets détériorés ou le remplacement de ceux qui ne seraient pas représentés. Ces réparations ou remplacements sont mis, soit au compte de qui de droit, si la détérioration ou la perte provient d'un fait personnel, soit au compte du crédit affecté au service des écoles régimentaires, si elle provient de l'usage journalier.

Inventaire annuel.

Il est dressé annuellement par le sous-intendant, en présence du directeur, un inventaire du matériel d'enseignement que possède chaque corps. Cet inventaire est joint au compte du quatrième trimestre. La valeur des objets acquis dans le courant de l'année y est portée d'après le prix de facture, de manière que la somme des valeurs diverses corresponde avec le chiffre total des dépenses d'achat portées au compte en deniers.

Comptabilité.

(Instruction du 4 août 1838).

La comptabilité des recettes et dépenses relatives au service des écoles régimentaires est distincte et séparée de toute autre comptabilité. Il est accordé un fonds spécial pour cet objet. Toutefois, les corps doivent prélever, sur les fonds généraux de la caisse du corps, toutes les sommes nécessaires pour l'acquit des dépenses imputables sur ce fonds spécial. Ils sont remboursés de ces avances, aussitôt après la liquidation définitive des dépenses de chaque exercice, au moyen d'ordonnances directes du Ministre jusqu'à concurrence du montant de la liquidation définitive, et sauf examen des réclamations en cas de rejet des dépenses.

Les dépenses comprennent : 1° les indemnités allouées aux sous-officiers directeurs et aux moniteurs, pour chaque jour de séance ; 2° l'achat et le remplacement des objets mentionnés dans les circulaires ministérielles du 28 décembre 1835 et du 6 février 1845 ; 3° le remplacement des livres ou traités et instruments que le Ministre a jugé ou jugerait nécessaires, et qui ne sont pas compris dans le matériel réglementaire ; 4° l'achat du papier, des plumes, crayons, etc., suivant l'effectif des écoles ; 5° les travaux relatifs à l'arrangement des salles ou à l'acquisition des objets du mobilier nécessaire à l'instruction, et dont l'imputation sur les fonds des écoles serait spécialement autorisée.

Les corps, avant de pourvoir au remplacement des livres et méthodes et du matériel propre à chaque régiment, doivent soumettre les états de dépense au sous-intendant avec un procès-verbal du conseil, expliquant les motifs du remplacement, et, autant que possible, accompagné des objets mis hors de service, notamment en ce qui concerne les cahiers et tableaux manuels à l'usage des élèves. Il n'est point besoin de procès-verbal pour les acquisitions de papier, plumes, encre, le repassage des canifs, et pour les autres objets de même nature. Ces dépenses sont seulement justifiées par factures ou mémoires. (Circulaire ministérielle du 19 juin 1840.)

Tout achat de livres ou instruments, autres que ceux adoptés pour les écoles, ne peut avoir lieu sans une autorisation ministérielle.

Les dépenses occasionnées par la faute des élèves doivent être effectuées à leur compte et imputées sur leur masse individuelle ; mais les objets d'enseignement, qu'ils voudraient se procurer à leurs frais ne doivent, sous aucun prétexte, être imputés au compte de leur masse. (Décision ministérielle du 20 juin 1843.) La même responsabilité pèse sur le directeur et les moniteurs, chacun en ce qui le concerne.

Le directeur doit compte, d'ailleurs, des objets d'instruction ou de matériel confiés spécialement à sa surveillance.

Sont exclus de l'imputation sur le fonds spécial des écoles : 1° les frais de chauffage fourni par le service des vivres et chauffage ; 2° les frais d'éclairage, supportés par les masses d'entretien ; 3° l'achat des objets mobiliers, lorsqu'il n'a pas été spécialement autorisé par le Ministre.

Il est dressé pour le corps entier, dans les premiers jours de chaque trimestre, un relevé sommaire en double expédition des dépenses du trimestre précédent. Ce relevé énonce séparément, pour chacune des trois premières sortes de dépenses indiquées plus haut, les pièces relatives à ces dépenses et en désigne le montant. (Circulaire du 23 juillet 1842.) Il est établi et certifié par le directeur, arrêté par le Conseil d'administration, et accompagné des pièces justificatives suivantes, aussi en double expédition : 1° un état nominatif du sous-officier directeur et des moniteurs auxquels il a été payé des indemnités ; 2° les factures, mémoires ou autres pièces produites par les marchands ou fournisseurs, en relatant exactement la nature, la quantité et le prix, par espèce, des objets livrés (Circulaire du 4 février 1841) ; 3° les procès-verbaux exigés pour le remplacement des méthodes, livres ou autres objets relatifs à l'enseignement. Une des expéditions des mémoires ou factures qui s'élèveraient à plus de dix francs doit être faite sur papier timbré ou soumise au visa pour valoir timbre ; les frais de timbre restant à la charge des fournisseurs. (Circulaire du 4 février 1841.)

Les comptes ainsi établis, il en est adressé une expédition au sous-intendant, qui doit les vérifier et apposer son visa, tant sur le relevé que sur les pièces justificatives. Cette expédition, destinée au Ministre, doit comprendre les factures timbrées.

DEUXIÈME PARTIE.

ÉTAT CIVIL DES MILITAIRES.

Remplacer : Le sous-intendant militaire, qui, etc., *par :* 60-21.
Le sous-intendant militaire, après avoir visé les pièces, adresse à l'intendant pour être transmis au Ministre de la guerre le relevé nominatif avec une expédition de chaque acte de décès. Cette expédition reste en dépôt dans les archives du ministère de la guerre. L'autre expédition est transmise directement par le sous-intendant militaire aux conseils d'administration des corps de troupes. (Note ministérielle du 28 février 1863.)

Ajouter : Et en outre au conseil d'administration du corps. 60-33.
(Note ministérielle du 28 février 1863.)

CASERNEMENT. 68.

Mettre avant : Organisation, etc.,
Le casernement comprend tous les établissements affectés, soit au logement, au service et à l'instruction des troupes, soit aux divers services administratifs de la guerre ou à celui de la justice militaire.

Les établissements militaires sont dans les attributions respectives des commandants de place, des officiers du génie et des fonctionnaires de l'intendance militaire.

Attributions des commandants de place.

Les commandants de place titulaires ou les officiers qui en remplissent les fonctions sont chargés de la police militaire des casernes occupées par les troupes ; ils concourent à l'établissement de l'assiette du logement, ils désignent les locaux à affecter aux corps ; ils participent à la rédaction des procès-verbaux des bâtiments consacrés au logement des troupes ; enfin, ils sont responsables de l'observation des dispositions de l'assiette du logement arrêtée par le Ministre et donnent tous les ordres nécessaires pour l'assurer.

Attributions des officiers du génie.

Les officiers du génie sont chargés :
1° De la police administrative de tous les bâtiments militaires, conjointement avec les fonctionnaires de l'intendance militaire ;
2° Des propositions à faire et des travaux à exécuter pour la construction, la réparation et l'entretien des établissements du casernement ;
3° De la garde et de la surveillance exclusive des bâtiments non occupés ;
4° De la fourniture et de la conservation des parties de l'ameu-

blement qui sont spécialement placées par le règlement du 30 juin 1856, dans les attributions du service du génie ;

5° De concourir à la rédaction des procès-verbaux, pour tout ce qui intéresse les établissements du casernement, de concert avec les fonctionnaires de l'intendance militaire, et, lorsqu'il y a lieu, avec les commandants de place.

Les officiers du génie ont sous leurs ordres pour le service du casernement des *gardes du génie*. Ces employés, dont la fonction spéciale consiste dans la surveillance et la conservation de la partie du domaine militaire placé dans les attributions du service du génie, sont, en outre, chargés des opérations de détail de la remise et de la reprise des logements militaires, et de toutes les dépendances du casernement qui ressortissent à ce service.

Des *caserniers* nommés par le Ministre de la guerre, sur la proposition des directeurs des fortifications, sont chargés de veiller à tout ce qui intéresse la garde et la conservation des bâtiments et des objets d'ameublement affectés au logement des troupes.

Ils sont sous les ordres immédiats des chefs du génie ; néanmoins, ils rendent compte aux sous-intendants militaires de tout ce qui survient dans la distribution des logements, ainsi que de tout ce qui est relatif à la conservation des objets de casernement placés dans les attributions de l'intendance et déposés dans les casernes.

Ils sont dépositaires de toutes les clefs des chambres et des parties de bâtiments non occupées.

Ils doivent visiter, au moins une fois par jour, tous les locaux occupés et prévenir les officiers chargés du casernement des dégradations qu'ils découvrent, et en rendre compte sur le champ au chef du génie et au sous-intendant militaire, selon que les dégradations concernent des objets placés dans les attributions de l'un ou de l'autre.

Attributions des fonctionnaires de l'intendance militaire.

Les fonctionnaires de l'intendance militaire, sont chargés :

1° De la police administrative de tous les bâtiments militaires occupés, conjointement avec les officiers du génie ;

2° De la désignation des logements que les corps doivent occuper dans les bâtiments, qui leur sont affectés par le commandant de la place, en se conformant à ce qui est prescrit, à cet égard, par l'assiette du logement ;

3° Des opérations relatives tant à la location des bâtiments nécessaires au service du casernement qu'à la passation, à la rédaction et à l'exécution des baux dressés à cet effet, le tout avec le concours des officiers du génie ;

4° Enfin de la fourniture et de la conservation des objets de casernement, qui sont spécialement placées dans leurs attributions par le règlement sur le service du casernement et par d'autres dispositions ministérielles.

Assiette du logement.

Le titre III du règlement sur le service du casernement traite de l'assiette du logement, dont voici les dispositions principales :

Le chef du génie prépare un projet d'assiette du logement, et il se réunit avec le sous-intendant militaire chez le commandant de la place ou chez l'officier désigné pour en remplir les fonctions, pour le discuter. Ce travail une fois arrêté de concert est définitivement rédigé par le chef du génie et signé par les parties, qui ont concouru à sa formation, qui consignent, s'il y a lieu, leurs observations respectives, au-dessus de leurs signatures.

Remise en est faite aussitôt par le chef du génie au directeur des fortifications, qui réunit tous les états particuliers des diverses places de sa direction et en forme, par division militaire, un état général qu'il adresse au général commandant la division ; celui-ci le transmet avec ses observations au Ministre de la guerre.

Le Ministre approuve ou modifie pour chaque place le projet d'assiette du logement et fait connaître sa décision à l'officier général commandant la division, qui en notifie les dispositions au directeur des fortifications, à l'intendant militaire et aux commandants de place.

Les bases d'occupations des bâtiments ainsi arrêtées doivent être rigoureusement observées, tant que le Ministre ne les a pas modifiées.

Du 1er au 15 novembre de chaque année, le commandant de la place, le chef du génie et le sous-intendant militaire se réunissent, dans chaque place, pour reconnaître s'il y a lieu de proposer des modifications à l'assiette du logement.

Il ne peut être apporté de changements à l'assiette du logement que par ordre du Ministre, et en cas d'urgence par les généraux de division qui en rendent compte au Ministre.

Les scies et les haches sont achetées, entretenues et renouvelées 73-10. par les corps sur la masse générale d'entretien : elles doivent, lors des changements de garnison, être remises au service du génie avec les formalités à l'article 51. (Décision ministérielle du 20 novembre 1863.)

Lors des changements de garnison, les corps n'emportent avec 74-29. eux de tous ces différents objets que ceux qui sont d'un transport facile, savoir : les évangiles, les syllabaires, les crayons, les porte-crayons et les modèles d'écriture. Ils remettent les autres au service du génie d'après un inventaire dressé par le service de l'intendant militaire et signé par l'officier de casernement. A chaque nouvelle occupation de la caserne, cet inventaire est remis à l'officier directeur des écoles pour que la vérification en soit faite de nouveau. (Article 51 du Règlement du 30 juin 1856.)

Ces objets sont fournis, entretenus et renouvelés aux frais des 75-2. corps par les soins du service du génie.

Matériel du tir.

Le matériel du tir est acheté, entretenu et renouvelé par les corps sur les fonds de la masse générale d'entretien.

Lors des changements de garnison, il est laissé par les corps à la garde du service du génie avec les formalités prescrites.

Matériel des gymnases et des écoles de natation.

Le matériel des gymnases régimentaires et celui des écoles de natation sont établis par les soins du service du génie, d'après les ordres du Ministre.

La dépense des fournitures et des travaux relatifs à ces matériels est imputée, à la diligence des fonctionnaires de l'intendance, sur les fonds des allocations spéciales accordés pour cet objet aux corps.

76-4. Les pelles, pioches et brouettes nécessaires aux corps de troupes pour l'entretien de la propreté dans les cours et à l'extérieur des quartiers qu'ils occupent, doivent être fournies par le service du génie. (Décision ministérielle du 31 juillet 1863.)

77-2.
Pompes à incendie.

Lorsqu'il existe des pompes à incendie dans la place, les soins relatifs à leur conservation et à leur entretien sont confiés spécialement à un garde du génie : il assiste aux exercices de la pompe faits par la troupe et en dirige la manœuvre en cas d'incendie.

77-6. En dehors de ces circonstances, ils sont conservés dans les magasins du génie; cependant, s'ils doivent être arborés très-fréquemment, rien ne s'oppose à ce qu'on les laisse entre les mains du commandant de la place, s'il en fait la demande; cet officier en est alors responsable. (Décision ministérielle du 17 mai 1858.)

77-10. Elles sont fournies par le service du génie; mais le remplacement et l'entretien de ces planchettes sont à la charge de la masse générale d'entretien des corps, qui, lors des changements de garnison, remettent ces objets à la garde du service du génie (article 51).

Il est expressément interdit aux troupes de nettoyer les bufleteries sur les tables et sur les bancs sans l'interposition des planchettes.

78-36. Il ne doit y avoir que deux ifs par caserne, et pas plus de vingt-huit à trente-six lampions par if.

La dépense, que les corps peuvent imputer à la masse générale d'entretien pour ce motif, ne doit jamais excéder vingt à vingt-cinq francs par caserne. (Décision ministérielle du 17 novembre 1858.)

83-32. Conformément à l'instruction ministérielle du 12 mars 1861 (*Journal militaire*, 1er semestre, page 161), il doit être fait usage de la poudre de pyrèthre du Caucase pour la destruction des punaises, puces et autres insectes.

L'insufflation doit avoir lieu dans tous les locaux du casernement, y compris les cantines, salles de police, prisons, corps de garde, etc., par les soins des corps de troupes occupant, deux fois par an ; la première, vers la fin du mois de mars ou le commencement d'avril, époque de la ponte des œufs de punaises ; la seconde fois, au mois de juillet.

La deuxième année et les suivantes, il peut être suffisant de ne faire qu'une seule insufflation vers le mois de mai.

Cette opération se fait, à l'aide d'un soufflet à entonnoir, par les ordres du chef de corps, à jour et à heures fixes.

Le prix de la poudre est de six francs, celui du soufflet quatre francs ; chaque compagnie doit être munie d'un soufflet.

La quantité de poudre nécessaire pour chaque insufflation est de six grammes par homme présent.

La dépense occasionnée par ces acquisitions doit être imputée sur la masse générale d'entretien des corps de troupes.

Les procès-verbaux, constatant les dégradations ou pertes imputables aux corps occupant les bâtiments de casernement, doivent faire ressortir séparément les réparations au compte de la masse individuelle et celles qui doivent être soldées par la masse générale d'entretien. 87-23.

Remplacer les deux paragraphes : Les bâtiments, etc., et lorsque le blanchissage, etc., par : 89-25.

Les bâtiments sont blanchis tous les ans à deux couches vers le mois de mai, c'est-à-dire à l'époque de l'éclosion des œufs que les insectes de toute nature ont pu déposer dans les joints et fissures des murs ou même sous les écailles des couches de blanchissage anciennes.

On doit faire gratter parfaitement les couches de blanchissage antérieures, qu'il s'agit de renouveler, alors surtout que ces couches anciennes sont altérées, faire brosser les murs et les faire rejointer au besoin.

Ces opérations de grattage, de brossage ou de lavage, qui ne seront sans doute pas à effectuer chaque fois sur toute l'étendue de la surface à blanchir, peuvent être confiées à la troupe, en lui allouant, par mètre carré et pour main-d'œuvre, un huitième de centime, qui s'ajoutera à l'allocation propre du blanchissage même. (Circulaire ministérielle du 28 mai 1864. *Journal militaire*, p. 377.)

Ces opérations se font à deux couches chaque fois. (Même circulaire.) 90-10.

LITS MILITAIRES.

Un marché a été passé le 2 octobre 1865, par adjudication publique, pour la fourniture et l'entretien du mobilier du service des lits militaires, dans l'intérieur et en Algérie, pendant vingt 92.

années consécutives, commençant le 1ᵉʳ avril 1866 et expirant le 31 mars 1886.

Le sieur Charles Lafitte a été déclaré adjudicataire aux clauses contenues dans le Traité annexé au Règlement du 2 octobre 1865, sur le couchage des troupes dans l'intérieur et en Algérie.

Ce Règlement ne diffère pas essentiellement de l'Instruction ministérielle du 29 octobre 1841, portant Règlement sur le service des lits militaires (*Journal militaire*, 1ᵉʳ semestre, 1844, page 681), dont les dispositions principales sont reproduites dans le Cours du capitaine Grandamy, pages 92 et suivantes; en conséquence, cette partie du Cours n'a pas été refaite : il a paru suffisant d'indiquer les principaux changements.

Objet du service.

92-15.

Ce service comprend, en outre, l'exécution du blanchissage du linge de corps de la troupe, service dont les conditions et les prix sont stipulés par la convention spéciale qui fait suite au Traité. (Appendice, première partie, page 146.)

Nomenclature des diverses parties du mobilier.

92-27.

Il faut ajouter à cette nomenclature :
Les fournitures, hamacs de soldat en Algérie, et observer que, dans le nouveau règlement,
Les demi-fournitures se divisent en :
Demi-fournitures de soldat ;
Demi-fournitures de salle de police.

Fournitures d'officier destinées aux employés militaires.

93-10.

Une partie des fournitures d'officier est destinée :
Aux adjudants-majors de semaine ;
Aux officiers détenus par mesure de discipline.
Dans le cas où il n'y a pas de fournitures d'officier disponibles, il leur est délivré des fournitures de soldat.

Ameublements destinés aux employés militaires et aux adjudants sous-officiers.

93-16.

Ces ameublements sont destinés en outre :
Aux adjudants-majors et officiers de semaine couchant au quartier, quand il n'y a pas d'ameublement d'officier disponible ;
Aux officiers détenus par mesure de discipline.

Destination des demi-fournitures.

93-31. *Supprimer :* les vénériens et les galeux exceptés.
93-34. *Ajouter*, après demi-fournitures : *sans draps*.
94-1. *Supprimer :* 1° Des infirmeries régimentaires exclusivement pour les vénériens et les galeux.

Ajouter : Le Ministre se réserve de faire délivrer des demi-fournitures avec draps ou sacs aux parties prenantes, auxquelles sont destinées les fournitures de soldat et les fournitures d'infirmerie. 94-8.

Les devis pour la composition des ameublements, des fournitures et des demi-fournitures, ainsi que les tarifs pour les pertes et dégradations, sont les mêmes que dans l'ancien traité, sauf pour les couvertures, dont les prix varient suivant que ces objets sont dans la première ou la deuxième période.

Les fournitures d'infirmerie sont distribuées à raison de trois pour cent et les demi-fournitures affectées aux salles de police et aux prisons le sont à raison de 1 1/2 pour cent en France et de 2 pour cent en Algérie. 96-22.

Les autres modifications concernent principalement l'exécution du service en Algérie.

DES HOPITAUX. 130

Un règlement provisoire sur le service de santé de l'armée a été mis en pratique depuis le 1ᵉʳ janvier 1866.

Ce règlement comprend trois parties distinctes savoir :
1ʳᵉ partie. Service des hôpitaux à l'intérieur ;
2ᵉ partie. Service des hôpitaux en campagne ;
3ᵉ partie. Service régimentaire comprenant les infirmeries et les dépôts de convalescents.

Les deux dernières parties de ce règlement ne sont pas encore imprimées (mai 1866).

Nous n'avons à nous occuper ici que des dispositions qui faisaient l'objet des titres 5 et 7 du règlement du 1ᵉʳ avril 1831.

Ces dispositions ont subi quelques modifications, dont voici les principales :

DU MOUVEMENT DES MALADES.

Des conditions d'admission.

Cas généraux d'admission. 130-6.

Remplacer cet article par ce qui suit :

Sont, en cas de maladie, admis et traités dans les hôpitaux militaires ou dans les hospices civils, à la charge du département de la guerre :

1° Les militaires de toutes armes, en activité, en disponibilité ou en non-activité, présents ou absents ;

2° Les fonctionnaires de l'intendance militaire, les officiers de santé et les officiers d'administration, dans les mêmes positions ;

3° Les enfants de troupe présents ou absents ;

Page. lig.	

4° Les employés militaires et les employés de l'administration centrale du département de la guerre, présents ou absents;

5° Les jeunes soldats de la première partie du contingent appelés sous les drapeaux, lorsqu'ils ont reçu leurs ordres de route;

6° Les engagés volontaires et les remplaçants qui rejoignent leurs corps;

7° Les jeunes soldats de la deuxième portion du contingent, pendant la durée de leurs exercices annuels et lorsqu'ils sont déplacés de leur domicile par ordre de l'autorité militaire;

8° Les militaires libérés qui tombent malades en route, dans la direction et dans les délais prescrits par leur feuille de route;

9° Les militaires de la réserve et les jeunes soldats de la deuxième portion du contingent atteints de maladies syphilitiques ou psoriques.

132-16   Les galeux ne sont ordinairement pas traités dans les hôpitaux.

Aucun cas de gale simple, invétérée ou compliquée ne doit être traité dans les hôpitaux militaires, à moins de lésions concomitantes. Les détachements ou fractions de troupes moindres de deux compagnies sont seuls autorisés à envoyer à l'hôpital du lieu les militaires atteints de gale, et si, dans cet établissement il n'y a pas de moyens de traitement, ils les dirigent sur l'infirmerie régimentaire la plus voisine.

133-10. *Ajouter :* autant que possible et, à défaut, par un médecin civil désigné par l'autorité administrative.

133-27.   Billets d'entrée.

Les billets d'entrée (modèle 33) sont délivrés par les médecins qui ont reconnu l'état des malades; ils sont en outre signés savoir :

1° Pour les individus appartenant aux corps de troupes par l'officier commandant la compagnie ou l'escadron et *par l'officier chargé de la tenue des contrôles du corps.*

2° Pour les officiers sans troupe, les militaires isolés, *les colons agricoles de l'Algérie, les gardes nationaux,* les réfugiés politiques et les militaires étrangers, par le commandant de la place ou l'un de ses délégués, dans les places de guerre ; par l'officier qui en fait fonctions dans les autres places, et à défaut de toute autre autorité militaire par l'officier ou le sous-officier de gendarmerie ;

3° Pour les officiers sans troupe et les employés en résidence dans la place, ainsi que pour les personnels des administrations civiles et pour les ouvriers externes de l'artillerie et du génie par leur chef de service respectif ;

4° Pour les prisonniers de guerre, par les commandants et par les officiers payeurs des dépôts.

Nota. Les militaires séparés de leurs corps et qui ont besoin d'entrer à l'hôpital se présentent chez le commandant de la place, l'officier ou le sous-officier commandant la gendarmerie de la localité.

Celui-ci, après avoir examiné la position militaire des hommes et les avoir interrogés, leur prescrit de continuer leur route ou leur délivre un billet d'hôpital, qui est enregistré sur un cahier tenu à cet effet. Le billet désigne nominativement l'officier de santé chargé de procéder à la visite.

Dans une annotation au dos du billet, le commandant de place, l'officier ou le sous-officier de gendarmerie indiquent les motifs qui lui donneraient lieu de douter de la nécessité de l'admission.

Il envoie, à moins d'impossibilité physique, les militaires chez le médecin désigné sur le billet.

Celui-ci, après avoir pris connaissance des observations particulières du chef militaire, visite les hommes et constate, sur le billet qui est revêtu de sa signature, la nécessité de l'admission et la nature de la maladie.

Le billet doit en outre renfermer, *d'après le nouveau règlement* : 135-2.
La destination qu'il doit recevoir après guérison.
(Lorsque des militaires de la première portion du contingent ou de la réserve sont admis dans les hôpitaux, le billet d'entrée doit porter en gros caractères, l'annotation de cette position. Les mêmes indications doivent être portées sur les billets et feuilles d'évacuation, billets de sortie et feuilles nominales.)

L'argent, les bijoux et les valeurs, qu'un malade peut recevoir 136-30.
pendant son séjour à l'hôpital sont également remis au comptable, qui en constate la réception et en assure le dépôt de la même façon que pour ceux déclarés par le malade.

Les malades évacués isolément reçoivent la portion d'aliments 140-3.
prescrite par les officiers de santé et l'indemnité kilométrique de transport sur les chemins de fer ou en diligence, suivant le cas, quand ils n'ont qu'une journée de marche à faire.

Lorsqu'ils ont plusieurs journées de marche, ils sont traités comme les militaires isolés ayant droit aux frais de route, et reçoivent cumulativement l'indemnité de transport et l'indemnité de nourriture, d'après les bases indiquées dans l'instruction du 31 août 1863.

Quand un malade, évacué isolément, n'a qu'une journée de marche à faire, cette journée appartient toujours à l'hôpital qui le reçoit, et les aliments qui ont pu lui être délivrés le matin, avant le départ, doivent figurer dans les comptes comme ceux délivrés aux sortants externes.

Si l'évacué isolé a plusieurs jours de marche à faire, il n'appartient plus, pendant le trajet, à aucun établissement hospitalier.

Moyens de transport. 142-28.

En principe, à l'intérieur et en temps de paix, les évacuations ont lieu par les chemins de fer et les bateaux à vapeur sur rivière. Quand ces moyens ne peuvent être employés, on a recours aux voitures et aux bêtes de somme. Voir, pour les dispositions à prendre pour les évacuations par chemin de fer, l'art. 550 du règlement : les instructions qu'il renferme concernent le sous-intendant

Page, lig.	
	militaire et l'officier d'administration chargé de la conduite du convoi.
142-33.	**Escorte.**
	Les évacuations collectives effectuées à l'intérieur n'ont pas habituellement d'escorte militaire. Quand le commandement apprécie qu'il est exceptionnellement nécessaire de les faire escorter, le commandant de l'escorte, quel que soit son grade, a le commandement de l'évacuation.
147-15.	Si le malade a été traité successivement dans divers hôpitaux, on le mentionne sur le billet, en y indiquant les dates de ses diverses entrées et sorties.
	L'officier d'administration comptable adresse, chaque jour, aux divers corps de la garnison, l'état nominatif des hommes désignés pour sortir le lendemain, afin qu'ils puissent les faire prendre à l'hôpital par un sous-officier.
147-30.	Les billets de sortie sont remis aux hommes au moment de leur sortie de l'hôpital. Dans le cas d'évacuation collective, ils sont mis à l'appui de la feuille de route.
150-26.	**Visite des officiers de jour.**
	Un officier, fourni à tour de rôle par les différents corps de la garnison et choisi, autant que possible, dans le grade de capitaine, est désigné, chaque jour, par le commandant de la place, pour visiter les malades à l'hôpital.

Règles de la visite de l'officier de jour.

L'officier de jour doit se présenter à l'heure de l'une des distributions d'aliments. Il déguste, tant à la cuisine qu'à la dépense, le bouillon, le vin et les autres aliments. Il visite les salles occupées pour s'assurer si elles sont tenues proprement et si elles sont convenablement chauffées et aérées. Il doit toujours être accompagné de l'officier d'administration de garde.

S'il reçoit des réclamations de la part des malades, il est dans l'obligation, pour mieux les apprécier, de prendre immédiatement des renseignements, soit auprès du médecin de garde, soit auprès des officiers d'administration, suivant qu'elles sont relatives au service de santé ou au service administratif.

Il inscrit sur un registre ouvert à cet effet (modèle 64) son avis sur la qualité des aliments, sur la propreté et la tenue des salles. Il n'y relate que les réclamations qui lui paraissent fondées : il ne peut donner aucun ordre dans l'hôpital, ni exercer directement aucune action sur l'exécution des détails du service.

Rapport de l'officier de jour.

Les observations consignées sur le registre, par l'officier de jour, doivent toujours être reproduites dans le rapport qu'il adresse au commandant de place, dont il est le délégué.

Le sous-intendant militaire est informé, le jour même, par l'officier d'administration comptable des observations critiques faites par l'officier de jour ; il recherche si les observations sont fondées et consigne sur le registre le résultat de ses investigations ; il prend, d'ailleurs, les mesures nécessaires pour faire cesser les inconvénients ou les abus signalés.

Désignation des militaires. 156-21.

Mettre après : Tous les ans
Le 1ᵉʳ mars pour les première et deuxième saisons de tous les établissements d'eaux minérales.
Le 1ᵉʳ mai pour les troisième et quatrième saisons de tous les établissements d'eaux minérales.
Le 1ᵉʳ octobre pour la première saison d'hiver d'Amélie-les-Bains.
Le 1ᵉʳ décembre pour la deuxième saison d'hiver d'Amélie-les-Bains.

Remplacer les deux derniers paragraphes par : 156-29.
Les certificats individuels établis dans chaque corps de troupes et dans chaque hôpital sont renfermés dans un bordereau nominatif revêtu du visa du chef de corps et de celui du médecin en chef de l'hôpital, et sont transmis au sous-intendant militaire, chargé du service hospitalier, qui, après la contre-visite, résume les indications portées sur les certificats individuels dans un état récapitulatif de propositions.

Ces états récapitulatifs sont transmis par le sous-intendant militaire à l'intendant divisionnaire, qui transmet au Ministre de la guerre un état général numérique des places demandées dans sa division.

Le Ministre de la guerre, après avoir réuni tous les états généraux numériques, statue sur le nombre de places d'hôpital affectées à chaque division, et le notifie aux intendants de ces divisions.

Remplacer le tableau, par le tableau suivant, annexé à l'instruc- 157-4.
tion ministérielle du 18 mars 1862.

France.

INDICATION des ÉTABLISSEMENTS.	des divisions qui envoient des militaires aux eaux.	DURÉE DE CHAQUE SAISON.				CLÔTURE définitive.
		1re saison.	2e saison.	3e saison.	4e saison.	
Baréges	Toutes	1er juin au 9 juillet.	10 juillet au 19 août.	20 août au 30 sept.	. . . .	30 sept.
Bourbonne-les-Bains	Toutes	15 mai au 24 juin.	25 juin au 4 août.	5 août au 15 sept.	. . . .	15 sept.
Bourbon-l'Archambaut	Toutes	*Idem.*	*Idem.*	*Idem.*	. . . .	15 sept.
Guagno	17e divis. et Algérie.	1er juin au 9 juillet.	10 juillet au 19 août.	20 août au 30 sept.	. . . .	30 sept.
Plombières	Toutes	15 mai.	15 juin.	15 juillet.	15 août.	14 sept.
Vichy	Toutes	1er mai.	8 juin.	16 juillet.	23 août.	30 sept.
Amélie-les-Bains	Toutes	Saison d'été. 1er mai au 14 juin. Saison d'hiver. 1er déc. au 31 janv.	Saison d'été. 15 juin au 31 juillet. Saison d'hiver. 1er février au 31 mars.	Saison d'été. 1er août au 14 sept. Pendant les mois d'avril et de novembre, l'établissement restera fermé, sauf des cas très-exceptionnels où le médecin en chef reconnaîtra que le traitement des malades aura besoin d'être prolongé.	Saison d'été. 15 sept. au 31 oct.	31 oct.

158-12.   DES HÔPITAUX D'EAUX MINÉRALES EN ALGÉRIE.

(Instruction ministérielle du 20 février 1864).

Les dispositions des instructions du 6 mars 1857 et du 18 mars 1862 demeurent applicables au régime thermal de l'Algérie, sous la réserve que l'intendant militaire de chacune des divisions de l'Algérie fait directement la répartition des places pour les saisons des établissements situés dans sa division, sans autorisation ministérielle préalable.

Seulement chacun de ces fonctionnaires adresse au Ministre de la guerre (bureau des hôpitaux et des invalides) un état récapitulatif par saison des militaires de tous grades admis au traitement thermal.

Algérie.

INDICATION		DURÉE RÈGLEMENTAIRE DE CHAQUE SAISON.			CLÔTURE
des ÉTABLISSEMENTS.	des divisions qui envoient des militaires aux eaux.	1re saison.	2e saison.	3e saison.	thermale.
Hamman-Rirah....	Division d'Alger.	du 15 avril au 24 mai.	du 25 mai au 30 juin.	du 15 sept. au 31 octobre.	1er nov.
Hamman-Melouane....	Idem.....	Idem...	Idem...	Idem...	Idem...
Bains de la Reine......	Division d'Oran.	Idem...	Idem...	Idem...	Idem...
Hamman-es-Kouten...	Division de Constantine....	Idem...	Idem...	Idem...	Idem...

Ne sont appelés à suivre le traitement thermal dans chaque établissement ci-dessus désigné que les militaires ou agents civils résidant en Algérie et dans la division où se trouve situé l'établissement.

DES INFIRMERIES-HÔPITAUX.

Leur but.

Dans les garnisons dépourvues d'établissements hospitaliers militaires ou civils, et que la longueur ou la difficulté des communications séparent des places où il en existe, les militaires malades sont traités dans des infirmeries-hôpitaux, qui relèvent, sous le rapport de la gestion, de l'hôpital militaire le plus voisin.

Les infirmeries-hôpitaux sont, ordinairement munies du matériel et des médicaments, qui leur sont nécessaires, par les hôpitaux auxquels elles sont annexées.

Exécution du service.

Le service de santé est assuré, dans les infirmeries-hôpitaux, soit par des médecins détachés des hôpitaux militaires, soit par des médecins appartenant au corps de troupes de la garnison, soit à défaut de médecins militaires par des médecins civils requis.

La gestion est confiée, suivant l'importance de l'infirmerie-hôpital, à un adjudant d'administration ou à un infirmier-major sergent. Ils ont sous leurs ordres le nombre d'infirmiers militaires nécessaire pour l'exécution du service.

On observe, dans les infirmeries-hôpitaux, les dispositions réglementaires en vigueur dans les hôpitaux militaires.

DES HOSPICES CIVILS.

Admission dans les hospices civils.

Les formalités et les conditions d'admission dans les hospices civils sont les mêmes que celles prescrites pour l'admission dans les hôpitaux militaires. On se sert, pour les entrées, du même billet (modèle 79).

Traitement des malades.

Le traitement des militaires reçus dans les hospices civils a lieu suivant le mode prescrit pour les hôpitaux militaires, et, conformément aux dispositions ci-après, selon qu'il y a lieu ou non de former dans ces hospices des salles militaires.

Cas où il y a lieu de former des salles militaires.

Quand les hospices civils reçoivent habituellement un nombre suffisant de militaires malades, des salles particulières leur sont affectées exclusivement, sous la dénomination de salles militaires.

Le nombre de malades qui nécessite la formation d'une salle militaire est fixé, suivant les localités, de quinze à vingt. Lorsque ce nombre est plus considérable, il peut être formé autant de salles particulières que la commodité du service l'exige; mais, dans tous les cas, on doit maintenir entre les lits la même distance que dans les hôpitaux militaires et donner aux malades le même nombre de mètres cubes d'air.

Ces salles doivent être pourvues, par les soins des administrateurs de ces établissements, d'un mobilier proportionné aux besoins du service. On doit se conformer, autant que possible, pour les quantités, les qualités et les dimensions, tant des fournitures de coucher que des effets accessoires, à ce qui est prescrit pour les hôpitaux militaires. Il doit y avoir, selon le nombre des malades, une quantité suffisante de baignoires.

Visites, prescriptions et distributions.

Lorsque des médecins militaires font le service des salles militaires dans les hospices civils, les pansements, les visites, les prescriptions et les distributions ont lieu d'après les mêmes règles que dans les hôpitaux militaires.

Quand les salles sont desservies par les médecins et les chirurgiens de l'hospice, les sous-intendants peuvent, sur la proposition de ces officiers de santé, autoriser quelques modifications, soit dans la forme des prescriptions, soit dans l'ordre du service; mais ces modifications ne peuvent porter sur la composition du régime alimentaire. Dans les hospices qui ont habituellement un mouvement de plus de cinquante militaires malades, il doit y avoir, autant que possible, une marmite séparée pour leur service.

La police immédiate et supérieure des salles militaires appartient aux sous-intendants et aux intendants, conformément à ce qui est prescrit pour les hôpitaux militaires.

Si le sous-intendant le juge nécessaire, un sous-officier de planton peut être placé dans ces hospices pour concourir au maintien de la police. La consigne règle les obligations de ce sous-officier envers le médecin militaire ou civil chargé du traitement des malades.

Les salles militaires des hospices civils sont visitées et inspectées par les mêmes autorités que les hôpitaux militaires.

Les médecins des corps, admis à visiter leurs malades dans les hospices civils, ne peuvent s'immiscer dans le traitement des malades qu'autant qu'ils en sont requis pour les opérations à faire.

La vente des effets appartenant aux militaires décédés ou évadés a lieu par les soins de l'économe de l'hospice et en présence d'un des administrateurs qui intervient au procès-verbal.

Cas où il n'y a pas lieu de former une salle spéciale pour les militaires.

Lorsqu'un hospice ne reçoit pas ordinairement assez de militaires pour qu'il leur soit affecté une salle spéciale, le sous-intendant se concerte avec les administrateurs afin que le service y soit fait autant que possible d'une manière analogue à ce qui vient d'être dit.

Si les localités le permettent, les militaires sont séparés des autres malades, et le régime alimentaire est réglé conformément à ce qui est prescrit pour les hôpitaux militaires. Autant que possible les maladies contagieuses sont traitées dans des salles séparées.

Prolongation abusive du séjour.

Dans les places où il n'y a ni fonctionnaire de l'intendance, ni commandant de place, l'officier ou le sous-officier de gendarmerie de la localité se rend tous les dix jours, au moins, à l'hospice, où il procède à l'appel des hommes étrangers à la garnison; il lui est remis, par les soins de l'administrateur de l'hospice, un état nominatif sur lequel il inscrit, en regard de chaque nom, ses observations :

1° Sur la nécessité de la prolongation du séjour ;

2° Sur la possibilité d'évacuation sur l'hôpital ou l'hospice de la résidence du sous-intendant militaire ;

3° Sur le besoin que le malade peut avoir d'un congé de convalescence ;

4° Sur la convenance de sa réforme.

Il signe la feuille et le registre des entrées.

L'état nominatif ainsi annoté est soumis au médecin en chef de l'hospice, qui inscrit également ses propres observations, et il est transmis par les soins de l'administrateur, qui le vise, au sous-intendant militaire.

Ce fonctionnaire, aussitôt après la réception de la feuille, ordonne :

1° Que les militaires susceptibles d'être remis en route soient dirigés sur leurs corps respectifs ;

2° Que les militaires susceptibles d'être proposés pour des congés de convalescence soient immédiatement visités et contre-visités en présence de l'officier ou du sous-officier de gendarmerie, pour qu'il puisse être statué promptement sur leur position. Quant à ceux qui sont reconnus impropres à servir ultérieurement, après avoir été visités, comme ci-dessus, par les officiers de santé traitants, ils sont, dès que faire se peut, dirigés sur l'hospice du chef-lieu du département pour y être contre-visités et proposés, s'il y a lieu, pour des congés de réforme.

L'époque plus ou moins rapprochée des revues trimestrielles ou des inspections générales ne peut, dans aucun cas, retarder la mise à exécution des mesures qui précèdent.

Les sous-intendants et les commandants de place qui les suppléent, visitent au moins quatre fois par mois les hospices du lieu de leur résidence. Ils demandent la contre-visite des militaires qui leur paraissent en état de reprendre leur service, et peuvent ordonner au besoin la sortie. Ils ne doivent jamais autoriser ni tolérer l'admission ou la prolongation du séjour dans un hospice civil d'un militaire non malade, en expectative de retraite ou de réforme.

La deuxième partie, service des hôpitaux en campagne, ainsi que la troisième partie, service régimentaire, comprenant les infirmeries et les dépôts de convalescents n'étant pas encore publiées (juillet 1866), on doit se conformer aux instructions en vigueur.

MODE D'APPROVISIONNEMENT DES INFIRMERIES RÉGIMENTAIRES.

(Note ministérielle du 12 août 1865.)

La pharmacie centrale et le magasin central du mobilier de Paris sont exclusivement chargés de délivrer aux infirmeries régimentaires, dont les corps tiennent garnison en France, les 9° et 17° divisions exceptées, les médicaments et autres objets compris dans la nomenclature jointe à la note.

La réserve de médicaments et le magasin de réserve du mobilier de Marseille remplissent le même office à l'égard des corps stationnés dans les 9e et 17e divisions militaires et en Algérie ou faisant partie de la division d'occupation en Italie.

Les médecins des corps établissent, dans les premiers jours du mois précédant chaque trimestre, deux demandes distinctes, la première pour les médicaments et les autres objets qui doivent être pris à la pharmacie centrale de Paris ou à la réserve des médicaments de Marseille, la deuxième pour les objets du matériel d'exploitation qui devront être tirés du magasin central de Paris ou du magasin de réserve du mobilier de Marseille.

Une lettre spéciale, appliquée à chacun des articles de la nomenclature, fait connaître quels sont ceux de ces articles qui doivent figurer sur l'une ou l'autre des demandes en question.

Ces demandes, portant le visa du major du régiment ou du commandant de détachement, doivent être adressées, selon le cas, à l'intendant militaire de la 1re division ou à celui de la 9e division, pour être transmises aux établissements livranciers. Avant qu'il y soit donné suite, elles devront en outre être revêtues d'un *vu bon à délivrer* signé du sous-intendant militaire, chargé de la surveillance administrative de ces établissements.

Les intendants et les sous-intendants militaires, ainsi que les conseils d'administration, doivent tenir la main à ce que, dans la rédaction de ces états, l'ordre et les dénominations de la nomenclature, de même que les unités de poids, de mesure et de nombre appliqués à chaque article, soient exactement observés.

1° Les corps stationnés dans les 1re, 2e et 3e divisions militaires adresseront leurs demandes à la pharmacie centrale et aux magasins du mobilier de Paris, avant les 15 décembre, 15 mars, 15 juin et 15 septembre de chaque année ;

2° Dans les 4e, 5e, 6e, 7e et 8e divisions, les demandes seront envoyées avant les 15 janvier, 15 avril, 15 juillet et 15 octobre ;

3° Dans les 10e, 11e, 12e, 13e, 14e, 15e, 16e, 18e, 19e, 20e et 22e divisions, avant les 15 février, 15 mai, 15 mars et 15 octobre.

Un ordre semblable sera observé pour l'envoi des demandes des corps et établissements qui sont desservis par la réserve des médicaments et les magasins de réserve du mobilier de Marseille. (Note ministérielle du 12 août 1865.)

Les conseils d'administration des corps de troupes doivent renvoyer au comptable expéditeur, pour lui servir de décharge, l'une des deux factures accompagnant l'envoi des médicaments et objets mobiliers destinés aux infirmiers régimentaires et vétérinaires immédiatement après réception et mention de prise en charge. (Note ministérielle du 22 janvier 1866.)

Quant à la destination à affecter aux boîtes, flacons ou autres récipients ayant contenu les objets expédiés, on en référera aux règles ci-après :

1° Lorsque le régiment ou le détachement sera stationné dans l'intérieur ou à proximité de la place où se trouve le magasin expéditeur, les infirmeries renverront ces récipients, au fur et à mesure qu'ils seront demandés, en bon état de propreté, audit établissement, pour recevoir de nouveaux médicaments ;

2° Lorsqu'au contraire le corps se trouvera éloigné du magasin chargé de la fourniture, ces objets seront versés aux domaines pour être vendus au profit du Trésor.

Dans le but d'éviter, lors des changements de garnison, un transport encombrant, difficile et toujours onéreux pour l'Etat, par suite des pertes inévitables de substances médicamenteuses résultant de la fragilité des récipients, le matériel de pharmacie des infirmeries restera à poste fixe dans chaque lieu de garnison.

En conséquence, les corps devront se conformer aux prescriptions ci-après :

1° Lors des changements de garnison, et après que chaque colonne aura été pourvue de la quantité de médicaments jugés nécessaire pendant la route, le médecin partant sera tenu de faire au médecin arrivant la remise du matériel pharmaceutique (médicaments, ustensiles et objets mobiliers) à l'usage de l'infirmerie ;

2° Dans le cas où les médecins ne pourraient effectuer eux-mêmes cette remise, le matériel, dont il s'agit, après avoir été reconnu et vérifié en présence de deux officiers du régiment partant, sera renfermé dans le local affecté à l'infirmerie, et sera confié au garde du génie jusqu'à l'arrivée du nouveau médecin, qui en prendra charge de la même façon.

SERVICE DE MARCHE.

159 *Voir Appendice, 1re partie page 150.*

FRAIS DE ROUTE DES MILITAIRES ISOLÉS.

Voir Appendice, 1re partie, page 55, et supprimer dans Grandamy de 150 à 167.

Indemnité de déplacement.

Voir Grandamy, page 167.

Indemnité extraordinaire de voyage.

168 L'indemnité de voyage en poste a pris la dénomination de : indemnité extraordinaire de voyage.

174 TRANSPORTS GÉNÉRAUX.

Grandamy sans changement, en mettant à la fin de la page 187.

187 TRANSPORT DES MAGASINS DES CORPS.

On doit se conformer, pour l'exécution du transport des magasins des corps, aux règles fixées par le traité du 2 septembre 1861 (*Journal militaire*, page 217), et à l'instruction ministérielle explicative du 12 septembre de la même année, page 302.

Toutefois, conformément aux dispositions du § 2 de l'article 4 du traité ainsi conçu : Ne font pas partie de l'entreprise des transports généraux les bagages et magasins qu'un corps, portion de corps, détachement ou dépôt, emporte avec lui, lorsqu'il voyage par les chemins de fer, on doit observer que :

1° Lorsqu'un dépôt et à plus forte raison un corps ou partie de corps pourra effectuer en entier son voyage en chemin de fer, ses gros bagages et magasins doivent être remis au chemin de fer et voyager avec le corps ou dépôt ;

2° Lorsque tout le trajet ne pourra s'effectuer en chemin de fer, les bagages et magasins devront être livrés aux transports généraux. (Circulaire ministérielle manuscrite du 15 mai 1862.)

Dans le premier cas, les frais de transport seront d'autant plus faibles que l'effectif de la troupe sera plus élevé, puisque chaque homme a droit à la gratuité de 30 kilogrammes.

Les effets qu'un corps doit emporter avec lui ou remettre aux transports généraux, lorsqu'il reçoit l'ordre de faire un mouvement, doivent être emballés par les soins de ce corps à l'aide des ressources que présente le magasin, et, à leur défaut, au moyen d'un prélèvement fait sur la masse générale d'entretien.

Le tarif général du 30 novembre 1855 (*Journal militaire*, p. 471) présente le poids moyen de chaque espèce d'objets non confectionnés destinés à l'habillement, au grand et au petit équipement et au harnachement des troupes de toutes armes, de la garde et de la ligne, et indique ceux de ces objets qui doivent être emballés en caisse ou placés sous toile : le détail des objets que renferment les différents colis est reporté sur une feuille de détail (Mod. D^3, n° 161 *quater* de la nomenclature), portant le nom d'*Appendice* : le poids total de l'expédition est mentionné sur la lettre de voiture.

CONVOIS MILITAIRES.

Voir Appendice, 1re partie, page 162, *et supprimer dans Grandamy* 188 *de* 188 *à* 198.

SERVICE DES SUBSISTANCES.

Le règlement provisoire mis en vigueur à compter du 1er juillet 204 1866 ne présente que peu de changements, en ce qui concerne les corps de troupes.

CHAUFFAGE ET ÉCLAIRAGE. 235

Le combustible nécessaire à la préparation des bains est acheté 238-29 sur la partie de la masse générale d'entretien réservée à l'infirmerie : toutefois les sous-intendants militaires peuvent, mais dans des circonstances exceptionnelles, faire distribuer un supplément des magasins de l'Etat. La nécessité de cette allocation toute temporaire est constatée, chaque fois qu'il y a lieu, par un procès-verbal motivé dont ampliation est envoyée au Ministre.

239-8   En règle générale les allocations du tarif doivent suffire aux besoins. Elles ont été calculées, à cet effet, sur la moyenne résultant d'épreuves multipliées, et assez largement pour que, dans un grand nombre de garnisons, on puisse faire quelques réserves.

Si donc, en ce qui concerne la cuisson des aliments, les allocations du tarif sont trouvées faibles sur quelques points, et avec des fourneaux en bon état, la cause en sera évidemment dans la manière dont le feu sera gouverné.

En conséquence, et pour obvier autant que possible à cet inconvénient, une consigne sera affichée dans toutes les cuisines, et les surveillants des ordinaires devront la faire exécuter ponctuellement. Cette consigne fait suite à l'instruction du 30 juin 1840.

Bien qu'en général les fixations soient reconnues suffisantes, on admet que des circonstances particulières, telles que le mauvais état des fourneaux, surtout ceux d'ancien modèle, des vices de construction, etc., peuvent entraîner quelquefois les ordinaires au delà des bornes des allocations réglementaires de chauffage. Les réclamations faites à ce titre seraient donc admissibles, si des expériences de cuisson d'aliments démontraient la nécessité de supplément de chauffage, et ces suppléments seraient alloués tant que les causes accidentelles subsisteraient ; mais les efforts des intendants et des sous-intendants militaires, d'accord avec les officiers du génie, devront tendre à faire disparaître, ou au moins à réduire successivement et les causes et les suppléments d'allocations qu'elles entraînent.

Toute réclamation contre l'insuffisance des combustibles alloués pour l'ordinaire ne doit être soumise au Ministre qu'après qu'il aura été fait des expériences de cuisson d'aliments, en présence du sous-intendant militaire ou de son suppléant assisté d'un officier du génie et d'un officier, au moins, du corps qui présente la réclamation.

Les expériences de cuisson seront toujours précédées d'une expertise du combustible employé, afin de s'assurer s'il réunit bien les conditions exigées par le cahier des charges. Les deux opérations seront constatées par un procès-verbal très-circonstancié. Les expériences porteront sur l'ensemble des fourneaux qui donnent lieu à des réclamations, les soldats resteront chargés du feu ; mais on devra veiller à ce qu'ils se conforment exactement aux indications de la consigne.

SALLES DE CONVALESCENTS.

Les salles de convalescents établies dans les différentes garnisons des divisions militaires de l'intérieur, en conformité de la décision ministérielle du 6 décembre 1842, donnent lieu aux prestations de chauffage suivantes, savoir :

1° Cuisson des aliments des hommes.

La ration individuelle fixée pour les sous-officiers par homme et par jour.

2° Chauffage d'hiver.

Les allocations d'un corps de garde de 2° classe, occupé de jour seulement pour chaque salle occupée.

Bien que le chauffage d'hiver soit assimilé, quant à la durée et à la quotité des allocations, aux distributions au corps de garde, la régularisation des fournitures n'en aura pas moins lieu au titre du chauffage des chambres, attendu qu'il ne doit être porté en compte pour les corps de garde, que des fournitures à des postes militaires proprement dits. (Décis. min. du 12 février 1844, *Journal militaire*, page 53.)

INFIRMERIES RÉGIMENTAIRES DE LA PLACE DE PARIS.

(Décision manuscrite du 20 août 1844).

Une dépêche ministérielle du 17 fixe provisoirement l'allocation des combustibles nécessaire pour la cuisson des aliments, la préparation des tisanes, le chauffage de l'eau pour les bains, etc. dans les infirmeries régimentaires organisées dans la place de Paris, pour la saison d'été, à la quantité de 15 kilog. de bois par jour, et en hiver sur le pied d'un corps de garde de 4° classe, savoir :

Petit hiver, 22 kilog. de bois.
Moyen hiver, 32 kilog. de bois.
Plein hiver, 42 kilog. de bois.

Il est entendu que lors de la perception de ces dernières prestations, celle des 15 kilog. d'été cessera d'avoir lieu, attendu que les corps doivent opérer le prélèvement accoutumé sur les distributions ordinaires. Ces fournitures seront comprises dans les bons des corps au titre du chauffage des chambres et il en sera fait un article spécial dans les bordereaux de totalisation et dans les bordereaux généraux trimestriels de distribution.

Poêles dans les chambres. 240-2

Il est reconnu qu'une ration de chambre peut chauffer trois poêles, dont un destiné aux sous-officiers comptables. Cette indication n'est pas donnée comme règle, puisque les chefs de corps restent maîtres de la répartition intérieure du chauffage, mais elle peut guider dans cette répartition.

Durée du chauffage des écoles. 240-17

Les allocations pour les écoles commencent et finissent en même temps que celles pour les chambres, en tant cependant que les écoles sont ouvertes : autrement elles ne sont dues que depuis le jour d'ouverture jusqu'à celui de la fermeture. Une fois les écoles ouvertes et les cours commencés les allocations sont dues journellement, qu'il y ait classe ou non, à moins que les nécessités du service n'obligent le corps à une dissémination telle que, par le fait, l'enseignement soit suspendu.

Les dates d'ouverture et de clôture des cours étant inscrites sur le cahier trimestriel tenu en conformité de l'art. 53 du règlement du 28 décembre 1835 relatif aux écoles d'infanterie, il n'est accordé et compris de fournitures de chauffage dans les bons de distribution qu'autant que le droit a été consacré par cette inscription.

240-30 <center>Répartition intérieure du chauffage des chambres.</center>

Les besoins des compagnies, escadrons, batteries et pelotons variant selon le nombre et les dimensions des chambres occupées, la masse des distributions appartient au corps entier ou au détachement.

Les chefs de corps ou commandants de détachements en règlent la répartition intérieure, d'après les besoins résultant de l'assiette du casernement de chaque compagnie, escadron, batterie ou peloton.

Destination du chauffage des chambres.

Les allocations peuvent se trouver insuffisantes pour chauffer toutes les localités d'une caserne. Aussi n'entend-on pas fournir aux troupes les moyens de rester enfermées dans des chambres continuellement bien chauffées ; ce serait faire contracter aux soldats des habitudes tout à fait opposées à l'esprit et aux exigences de l'état militaire. Ces allocations sont donc destinées seulement à entretenir du feu dans quelques chambres où, dans les temps froids et pluvieux, les hommes, surtout ceux qui rentrent de service ou de corvée, et les détachements de recrues casernés le jour de leur arrivée, puissent se chauffer et se sécher.

Economies à faire pendant les temps non rigoureux.

Il est dans la saison d'hiver des jours, où l'on peut sinon se passer de feu, du moins n'en faire que fort peu. Dans ce cas, les chefs de corps font mettre en réserve, pour les temps plus durs, le combustible qui n'a point été consommé. Cette disposition est de rigueur : son exécution est confiée aux commandants de compagnie sous la surveillance du major.

242-23 Lorsque la troupe est campée ou bivouaquée sans abri, elle reçoit, en remplacement des prestations de paille de couchage, une ration supplémentaire de bois de chauffage, composée ainsi qu'il suit, savoir :

	PLACES SITUÉES dans la région chaude, froide ou tempérée.	
Pendant les mois d'hiver désignés par l'instruction du 30 juin 1840 sur le chauffage	0,60 décagr.	0,80 décagr.
Pendant les autres mois de l'année.	1 kil.	1 kil., 20

Toutefois, sur la demande expresse du commandant, il peut être alloué de la paille de couchage quand les circonstances le permettent ou l'exigent. (Décision ministérielle du 10 janvier 1852.)

Remplacer les corps de garde, etc., par : 243-3

Les postes de police des quartiers étant compris dans le service général des places, c'est leur effectif qui détermine, pour le chauffage comme pour le service, la classe dans laquelle ils doivent être rangés.

Les allocations continuent à être attribuées aux corps de garde d'après leur classe déterminée par le nombre des hommes de service, et non d'après les dimensions des locaux occupés. (Décision ministérielle du 30 janvier 1864.)

3° En Algérie, on compte quatre mois d'hiver de région chaude, 245-29 du 16 novembre au 15 mars inclusivement.

Après le tableau mettre : 247-30

L'éclairage pour la nuit entière commence une demi-heure après le coucher du soleil et finit une demi-heure avant son lever.

Les procès-verbaux indiquent si la totalité des becs doit être éclairée toute l'année, ou si, pour le tout ou seulement pour un certain nombre, il n'y aurait pas possibilité de suspendre l'éclairage pendant les courtes nuits (du 1er ou 16 avril au 16 ou 31 août), et dans tous les cas, pendant les nuits ou parties de nuit éclairées par la lune.

Le nouveau marché prend cours du 1er mai 1863. 252-14
(*Cahier des charges, novembre* 1862.)

La décision ministérielle du 1er avril 1864 rétablit l'allocation sup- 255-5 plémentaire de six décagrammes d'huile en faveur des postes d'où partent les rondes.

SOLDE ET REVUES.

Militaire proposé pour la retraite. 266-27

Tout militaire proposé pour la retraite cesse, à moins d'ordres contraires émanés du Ministre de la guerre, de jouir de la solde de présence, à partir du jour où il reçoit la notification officielle du règlement de sa pension, à l'exception de celui rentrant d'une armée active. (Art. 65 et 66.)

L'officier en expectative de la retraite, qui obtient un congé, pour se retirer immédiatement dans ses foyers, sans cesser de faire partie des cadres d'activité, reçoit dans cette position la demi-solde de son grade et de sa classe sans accessoires.

Page, lig.

Solde due aux militaires décédés.

La solde due par l'Etat aux officiers et aux employés militaires décédés est acquise, jusqu'au jour inclus de leur décès, à leurs héritiers ou ayants droit.

La solde due, à quelque titre que ce soit, aux sous-officiers, caporaux ou brigadiers et soldats morts ou désertés ou rayés des contrôles, soit par suite de longue absence, soit par suite de condamnation, est acquise à l'Etat.

267-15 Et par le visa du sous-intendant militaire ou de son suppléant sur la lettre de service qui doit lui être présentée par l'officier aussitôt après sa réception.

L'officier qui doit faire constater sa présence par le sous-intendant militaire doit se présenter chez ce fonctionnaire en tenue du jour et non en tenue du matin. Cette visite est destinée à constater une mutation ayant le caractère d'une revue d'effectif quoique individuelle : de son côté le sous-intendant doit recevoir en personne l'officier arrivant, qui n'est pas tenu de renouveler sa visite, s'il ne trouve pas ce fonctionnaire à son bureau. (Circulaire ministérielle du 17 avril 1846.)

267-17 Sursis d'arrivée.

Les généraux commandant les divisions militaires sont autorisés à accorder des sursis d'arrivée aux officiers de troupe et sans troupe et aux employés militaires changeant isolément de corps ou de résidence, pour lesquels la nécessité en aura été dûment constatée, à moins que l'ordre de service ne prescrive de rejoindre d'urgence, cas où, sous quelque prétexte que ce soit, il ne doit pas en être délivré.

La faculté accordée aux officiers généraux par le paragraphe qui précède s'exerce à l'égard des officiers et employés militaires en service ou en résidence dans leur division et avant le départ de ceux-ci.

Tout sursis obtenu en dehors de ces conditions est considéré comme nul, et entraîne privation de la solde pour le temps de sa durée.

La durée du sursis peut être de quinze jours au plus, abstraction faite des délais de tolérance, dont la durée a été fixée à quatre jours par l'instruction ministérielle du 31 août 1863, et de ceux nécessaires pour la demande et la concession du sursis.

L'officier en disponibilité ou en non-activité est maintenu dans cette position, sous le rapport de la solde, à partir de la date de sa feuille de route, pour le temps durant lequel il profite du sursis, en sus des délais réglementaires du voyage.

L'officier déjà en activité reçoit, durant le même temps, la solde de présence, à l'exclusion de l'indemnité de logement, et, si son changement de corps ou de résidence résulte de sa promotion à un grade supérieur, cette solde est celle de son ancien grade.

Ces règles d'allocation sont également suivies pour le temps écoulé entre la demande et la concession du sursis. (Décision impériale du 28 juin 1853, *Journal militaire*, page 880.)

Toulon et Marseille doivent être considérés comme point de départ des officiers venant d'outre-mer, et c'est au général commandant la 9ᵉ division militaire qu'il appartient de statuer sur les demandes de sursis faites par ces officiers. (Décision ministérielle du 8 septembre 1855, *Journal militaire*, page 280.)

Cette décision s'applique aux officiers rentrant du corps expéditionnaire du Mexique, qui doivent s'adresser au général commandant la 15ᵉ division militaire à Nantes.

Par exception et dans certains cas, le maréchal commandant la 1ʳᵉ division militaire peut accorder des sursis d'arrivée aux officiers de passage à Paris, dans la limite de six jours, mais avec solde de congé. (Décision ministérielle du 13 septembre 1860, *Journal militaire*, page 222.)

A droit à la solde d'activité, comme étant en mission, tout officier ou employé militaire absent de son poste, soit pour exercer les fonctions de membre d'un conseil général de département, d'un conseil de guerre ou d'enquête, soit pour déposer devant un tribunal civil ou militaire siégeant hors du lieu de sa résidence ou garnison. 267-28

L'officier présent passant d'un corps dans un autre, par l'effet d'une promotion, est payé de la solde affectée à son ancien grade, jusqu'au jour exclu de son départ. A dater de cette époque, et après son arrivée à destination, il est rappelé de la solde attribuée à son nouveau grade. L'arrivée doit être constatée par le visa du sous-intendant militaire sur la feuille de route de l'officier.

Les élèves sortant de l'Ecole impériale spéciale militaire avec le grade de sous-lieutenant, les élèves des corps impériaux de l'état-major du génie et de l'artillerie sortant des écoles d'application, pour passer à des emplois d'officier, ont droit à la solde de congé du grade qui leur a été conféré ou de l'emploi qu'ils sont destinés à remplir à compter du jour déterminé par la date de leurs lettres de nomination, à défaut d'une autre époque précisée dans la lettre de service, jusqu'à leur arrivée à destination (ils ont droit à l'indemnité de route).

Cette disposition est commune aux élèves de l'Ecole polytechnique passant à l'Ecole d'application d'état-major ou à celle de l'artillerie et du génie, ou nommés sous-lieutenants dans l'infanterie.

Si l'élève, nommé officier, doit rejoindre une destination outre-mer, il entre en solde de présence à compter du lendemain de son arrivée au port d'embarquement. (Note ministérielle du 21 juillet 1855.)

S'il est présent à l'école au moment de sa nomination, et qu'il ne reçoive pas de congé, il a droit à la solde de présence du jour de sa mise en route. (Feuille de vérification ministérielle du 29 novembre 1842.)

L'officier changeant de corps ou de résidence par l'effet d'une promotion, et qui va en congé avant de se rendre à sa nouvelle destination, n'entre en solde de son nouveau grade qu'à compter du jour où il est reçu après son retour au corps. (Décision ministérielle du 17 avril 1847.)

268-8 D'après une circulaire ministérielle du 28 décembre 1838, page 365, et une décision ministérielle du 27 juin 1840, page 268, les soldats d'élite ou de première classe admis à remplacer sans quitter le drapeau, peuvent être maintenus dans leur position précédente; mais ceux qui rentrent au service après l'avoir quitté par libération ou autrement, ne peuvent être replacés dans leur ancienne position qu'après avoir de nouveau rempli les conditions de service déterminées par l'article 11 de l'ordonnance du 16 mars 1838 sur l'avancement (avoir servi activement pendant six mois en temps de paix ou trois mois en temps de guerre).

Ces dispositions sont évidemment applicables aux rengagés, aux engagés volontaires après libération, et aux remplaçants par voie administrative.

268-13 Les sous-officiers, caporaux ou brigadiers et soldats, destinés pour les corps des sapeurs-pompiers et de la garde de Paris, doivent être dirigés sur ces corps isolément, quel que soit leur nombre : ils ne reçoivent pour les journées de route que l'indemnité de route. (Décision impériale du 13 décembre 1854.)

Les hommes de recrue et les engagés volontaires reçoivent, pendant le temps de leur route, lorsqu'ils forment détachement et jusqu'au jour exclu de leur admission, la solde fixée par le tarif (55 c. par jour).

268-21 L'officier de troupe remplissant près d'un tribunal militaire les fonctions de commissaire impérial, de rapporteur ou de substitut, et qui, nonobstant le départ de son corps, se trouve retenu par l'instruction ou le jugement d'une affaire, conserve également ses droits au traitement d'activité, comme s'il était présent à son corps. La durée de sa mission doit être constatée par un certificat du président du conseil.

268-33 Ils en sont rappelés sur la production d'un certificat du président. (*Journal militaire*, 1er semestre, 1838, page 205.)

L'officier qui, sur sa demande, passe d'un corps dans un autre, a droit à la solde de station pendant sa route. (Circulaire ministérielle du 10 août 1838.)

Les militaires qui se déplacent, à l'effet de souscrire un acte de rengagement ou de faire constater leur aptitude, ont droit à la solde dite sans vivres. (Décision ministérielle du 28 mars 1840 *Journal militaire*, page 112.) Ceux qui vont contracter un remplacement n'ont droit qu'à la solde de congé.

270-5 Les officiers chargés de conduire en Algérie des détachements tirés des corps de l'intérieur, ont droit à la solde de route sans vivres de campagne, pour le temps de leur séjour en Algérie, c'est-à-dire à compter du jour de leur débarquement jusqu'au jour exclu de leur rembarquement pour la France, et cela sans distinction de quelques journées passées en mer d'un point de la côte à l'autre, sur le territoire de l'Algérie. (Circulaire ministérielle du 26 janvier 1843.)

Les corps destinés à entrer en campagne et arrivant dans un camp ou cantonnement ou dans un port de mer pour y attendre l'ordre de franchir la frontière ou de s'embarquer, ont droit à la solde de route pendant deux jours à partir du lendemain de leur arrivée. (Décision ministérielle manuscrite du 18 août 1859.)

D'après une circulaire manuscrite du 26 mars 1841, les officiers voyageant en corps ou en détachement le 28 février et le 1er mars ont droit à la solde de route comme s'ils voyageaient effectivement le 29 et le 30, et ceux en route le 31 d'un mois n'ont droit qu'à la différence de la solde de station à celle de route, c'est-à-dire à l'indemnité journalière.

Lorsqu'une troupe se rend de l'intérieur de l'Empire à une armée stationnée hors de l'Empire, elle a droit à la solde de route jusqu'au jour inclus de son arrivée à la frontière.

Si elle quitte cette armée pour se rendre dans l'intérieur, elle a droit à la solde de route à compter du jour où elle passe la frontière, pourvu que dans l'un et l'autre cas elle ne jouisse pas des vivres de campagne.

La troupe, qui se rend du lieu de sa garnison à une armée stationnée dans l'intérieur de l'Empire, jouit de la solde de route jusqu'au jour inclus de son arrivée à destination, lors même que pour y arriver elle serait obligée de marcher dans l'arrondissement de l'armée.

Si elle quitte une armée stationnée dans l'intérieur pour se rendre au lieu de sa garnison, elle a droit à la solde de route à compter du jour où elle se met en mouvement pour se rendre à destination, quel que soit le point de départ.

Lorsque les hommes mis en route ne sont pas en nombre suffisant pour former un détachement, ils touchent l'indemnité de route et ils sont rappelés à leur destination de la solde de leur grade isolément sans vivres.

Cette disposition est applicable aux hommes envoyés en ordonnance à plus de vingt-quatre kilomètres de leur corps et généralement à tout militaire voyageant isolément pour objet de service, si d'ailleurs ils ne font pas partie d'un corps recevant l'indemnité de rassemblement ou les vivres de campagne.

Le minimum de la distance à franchir pour qu'un détachement ait droit à la solde de route est de douze kilomètres si la route suivie n'est pas ligne d'étape ou si la distance est moindre qu'une étape. (Décision ministérielle du 5 mai 1841.)

Les officiers, sous-officiers, caporaux ou brigadiers et soldats rentrant par congé d'une armée active, ont droit à la solde et aux vivres sur le pied de guerre jusqu'au jour inclus du passage de la frontière : le même traitement leur est acquis, à leur retour, lorsqu'ils rentrent sur le territoire étranger.

Les officiers et employés militaires, qui cessent de faire partie d'une armée active pour cause d'admission à la retraite, à la non-activité ou à la réforme, conservent leurs droits à la solde et aux vivres sur le pied de guerre, jusqu'au jour inclus du passage de la frontière.

Les sous-officiers, caporaux ou brigadiers et soldats rentrant de l'armée par libération, réforme ou admission à la retraite, ne reçoivent la solde que jusqu'au jour exclu de leur radiation des contrôles, mais les vivres de campagne leur sont fournis jusques et y compris le jour de leur arrivée en France (1).

D'après une décision ministérielle du 19 décembre 1838, non insérée au *Journal militaire officiel* et reproduite dans une décision ministérielle du 13 mai 1854 (*Journal militaire*, pages 812 et 945), les hommes de troupe de toute armée outre-mer rentrant en France par congé de libération, réforme ou admission à la retraite, n'ont droit à compter du jour de leur radiation des contrôles qu'à la solde de leur grade et de leur arme, et aux vivres sur le pied de guerre à l'exclusion de tous accessoires de solde et prestations quelconques en deniers, tels que haute paye journalière d'ancienneté, prime journalière d'entretien de la masse individuelle, hautes payes spéciales aux tambours-majors et aux sapeurs, même s'ils sont mis en subsistance avant leur embarquement. Ils reçoivent la solde et les vivres sur le pied de guerre jusqu'au jour exclu ou inclus de leur embarquement, selon qu'ils s'embarquent le matin ou le soir.

Ceux de ces militaires qui auraient navigué d'un port à l'autre de l'Algérie, n'ont droit à aucune solde pour le temps des traversées, parce qu'ils ont reçu les vivres de bord. (Solution ministérielle manuscrite du 3 mars 1854.)

271-15 En vertu d'une décision impériale du 2 mai 1863 modifiant l'article 92 de l'ordonnance royale du 25 décembre 1837, portant règlement sur le service de la solde, les officiers peuvent être payés de la solde de congé pendant leur absence, sur la production d'un certificat de cessation de paiement, délivré par le

---

(1) Les officiers et employés militaires de l'armée d'Afrique, qui rentrent en France par suite de leur admission à la retraite, à la non-activité, à la réforme, conservent le droit à la solde et aux vivres sur le pied de guerre jusqu'au jour inclus de leur débarquement en France, sans que ce délai puisse s'étendre au delà d'un mois, à partir du jour où ils auront été informés de leur changement de position. Il n'est fait d'exception qu'en faveur des officiers et employés malades qui seraient traités dans les hôpitaux d'Algérie, et le délai pour ceux-ci peut s'étendre jusqu'à trois mois, si, d'ailleurs, ils se munissent d'un bulletin d'embarquement aussitôt après leur sortie des hôpitaux. (Décision royale du 19 août 1842, *Journal militaire*, p. 106.)

conseil d'administration de leur corps, constatant qu'ils sont ou ne sont pas passibles de retenues pour débet envers l'Etat ou envers le corps : toutefois le paiement de la solde du dernier mois de leur congé n'a lieu qu'après leur retour au corps, s'ils y sont rentrés dans le délai fixé.

La durée des congés et permissions comprend le temps de l'aller et du retour; mais pour les militaires employés en Corse, ou sur tout autre point outre-mer, le congé ne prend date que du jour du débarquement ou de la sortie du lazaret, et, à son retour, le militaire est considéré comme rentré à son corps ou à son poste du jour de son arrivée au port d'embarquement.

A l'égard des militaires, faisant partie d'une armée et d'un rassemblement hors du territoire français, la durée des permissions ou congés ne commence que du jour du passage de la frontière.

Dans les mêmes cas, les mêmes militaires sont censés rentrés à leur corps ou à leur poste, lorsqu'ils sont rendus à la frontière au jour fixé pour l'expiration de leur congé ou permission.

Les permissions sont accordées aux officiers, sous-officiers caporaux ou brigadiers et soldats des corps de troupes conformément aux ordonnances portant règlement sur le service intérieur des corps de troupes.

Cependant des permissions avec solde de présence, sans accessoires, peuvent être accordées, dans les limites ci-après, aux officiers, sous-officiers, caporaux ou brigadiers et soldats (et enfants de troupe titulaires des emplois de tambour ou clairon. [Note ministérielle du 1er décembre 1862, page 613]), des corps de troupes, savoir :

Par les chefs de corps, quatre jours ;
Par les généraux de brigade, huit jours ;
Par les généraux de division, quinze jours ;
Par les maréchaux commandant les corps d'armée, trente jours.

Les caporaux et soldats versent à l'ordinaire la différence existant entre la solde de présence et la solde de congé. (Décision impériale du 12 avril 1862, page 151.)

Les prolongations de permissions avec solde de présence sont accordées avec solde de congé : si cette prolongation étend la durée de l'absence au delà de trente jours, la durée totale de l'absence est considérée comme un congé pour affaires personnelles n'entraînant que l'allocation de la demi-solde. (Décision ministérielle du 23 mai 1863 non insérée, reproduite dans la décision du 5 juin 1863.)

La durée des permissions n'excède jamais trente jours pour les militaires des corps de troupes : lorsque l'absence doit être de plus de trente jours, elle est autorisée par un congé.

On distingue quatre espèces de congés :
Les congés de semestre ;
Les congés de convalescence ;

Page, lig.	
	Les congés pour affaires personnelles ;
	Les congés illimités et les congés à titre de soutien de famille.
272-5	Les congés de six ou neuf mois accordés aux militaires rengagés donnent droit à la solde pendant six mois. (Décision ministérielle du 2 juillet 1860, *Journal militaire*, page 4.)
272-19	Toute prolongation d'une permission de trente jours ou tout congé y faisant suite ne donnent aucun droit à la solde du lendemain de l'expiration de la permission au jour de la rentrée au corps inclusivement. (Dépêche ministérielle manuscrite des 22 février 1839 et 5 juin 1863.)
	Les congés de convalescence accordés par le Ministre et faisant suite à un congé temporaire de six mois, donnent droit à la solde sans limites de durée. (Solution ministérielle du 5 octobre 1849.)
272-23	Cette disposition a été abrogée par décision impériale du 2 mai 1863.

Congés de semestre.

Les congés de semestre sont accordés aux officiers, sous-officiers, caporaux ou brigadiers et soldats des corps de troupes par les inspecteurs généraux d'armes, lors de leur revue d'inspection.

Passé le temps de l'inspection, les généraux commandant les divisions sont autorisés à délivrer, pendant le reste de la saison des semestres, aux militaires sous leurs ordres, des congés ou prolongations de congés donnant droit à la solde comme les semestres mêmes.

Le nombre des semestres ou congés est fixé par des décrets et des instructions spéciales; ils sont habituellement limités au tiers de l'effectif des officiers de chaque grade et au huitième de l'effectif des sous-officiers caporaux et soldats.

La saison des semestres commence au 1er octobre ou le lendemain de la revue d'inspection, si elle n'a pu être close à cette époque, et finit au 31 mars.

Le jour du départ des semestriers est déterminé par le procès-verbal arrêté par l'inspecteur général.

Pour les officiers, sous-officiers, caporaux et soldats du dépôt ils commencent le 1er avril et finissent le 30 juin.

Pour les troupes stationnées en Corse la saison des semestres commence au 1er avril et finit au 30 septembre.

Lorsqu'il y a lieu de déroger à ces règles, le Ministre fait connaître l'époque où les congés de semestre doivent commencer et finir et fixe le temps pendant lequel les militaires auront droit à la solde.

Les colonels, lieutenants-colonels, majors, capitaines instructeurs, officiers comptables, officiers de santé et officiers d'état-major détachés dans les corps de troupes pour y faire leur stage, peuvent obtenir des permissions comme les autres officiers ; mais ils ne peuvent s'absenter par congé sans autorisation spéciale du Ministre de la guerre. Ceux d'entre eux auxquels il en est accordé pour tenir lieu de semestre, et à quelque époque que ce soit, sont traités, quant à la solde, comme les semestriers.

Les officiers comptables ne peuvent obtenir de congé sans produire un certificat du conseil d'administration revêtu de l'avis motivé du sous-intendant, constatant que la situation de leurs écritures ne s'oppose point à leur absence. Les dispositions de cet article ne s'appliquent pas aux permissions. (Décision ministérielle du 2 juin 1844, p. 678.)

Congés de convalescence.

Les congés de convalescence et les prolongations de ces congés sont accordés par le Ministre ; néanmoins les officiers de troupe autres que ceux désignés précédemment, ainsi que les sous-officiers, caporaux ou brigadiers et soldats, peuvent en obtenir des généraux commandant les divisions, dans la limite de six mois.

A l'égard des militaires, déjà absents de leur corps par congé ou permission, les congés ou prolongations de congé de convalescence, qu'ils sont susceptibles d'obtenir des généraux de division, sont également renfermés dans la limite de six mois, à compter du jour de leur départ du corps, lors même qu'ils auraient passé une partie de leur congé à l'hôpital, l'absence par congé ne pouvant pas se prolonger au delà de six mois, sans autorisation spéciale du Ministre, sauf dans le cas de l'officier déjà en permission au moment des semestres et dans celui où le militaire ne peut rejoindre par suite de maladie constatée (art. 78 et 97).

Les demandes de congé de convalescence et de prolongation adressées aux généraux de division doivent être appuyées des certificats de visite et de contre-visite. Les certificats de visite sont délivrés par les officiers de santé des corps, et ceux de contre-visite par les officiers de santé en chef de l'hôpital militaire.

Lorsqu'il n'y a pas d'hôpital militaire, les médecins ou chirurgiens des hospices civils délivrent les certificats de visite, et ceux de contre-visite sont délivrés par les officiers de santé des corps de troupes, ou, en cas d'impossibilité, par des officiers de santé, au choix du général commandant la division.

Ces certificats sont visés par le sous-intendant militaire ou son suppléant.

Quant aux militaires en congé dans une commune où il n'existe ni hôpital militaire ni hospice civil, et qui sont hors d'état d'être transportés, leur demande de prolongation de congé est appuyée d'un certificat du médecin du lieu ou de l'arrondissement et d'une attestation du maire de la commune.

Le concours de la gendarmerie pour constater la position des militaires en congé demandant une prolongation à titre de convalescence doit être réclamé toutes les fois que la nature de la maladie ne leur permet pas de se déplacer. (Décision ministérielle du 22 septembre 1838, p. 157.)

Cette vérification est faite, à l'égard d'un officier, par le lieutenant de gendarmerie de l'arrondissement où se trouve le malade, à l'égard d'un sous-officier, caporal ou brigadier et soldat, par le commandant de la brigade.

Dans tous les cas où, par suite de force majeure, la vérification à l'égard d'un officier ne pourrait être faite par le lieutenant de gendarmerie de l'arrondissement, il en est rendu compte au Ministre. (Décision ministérielle du 18 avril 1846, *Journal militaire*, p. 212.)

Le Ministre peut, dans des cas particuliers, accorder des congés de convalescence avec solde de présence ; il décide sur la production des certificats de visite et de contre-visite des médecins en chef des hôpitaux, spécifiant que l'officier a encore besoin d'un traitement long et dispendieux susceptible d'absorber la solde entière.

Les militaires de l'armée d'Afrique ne peuvent obtenir des congés avec solde de présence que par décision ministérielle (Décision ministérielle du 26 juillet 1841, page 70). A cet effet, les militaires pourvus de congé de convalescence doivent, pour obtenir la solde entière, se présenter, aussitôt après leur débarquement, devant le général commandant le département des Bouches-du-Rhône, qui, au vu de leur congé, les envoie, pour y être contre-visités, devant la commission instituée à cet effet à Marseille. Il est prononcé sur la demande de solde entière d'après le rapport motivé que la commission adresse au Ministre.

Par exception, les congés de convalescence accordés par le Ministre, et faisant suite à un congé temporaire de six mois, donnent droit à la solde sans limite de durée. (Sol. ministérielle du 5 octobre 1849.)

L'officier qui jouit d'un congé de convalescence, et qui, par suite de maladie constatée, ne peut rejoindre à l'expiration de son congé, cesse d'avoir droit à cette solde. Il n'a droit ensuite qu'à la solde de congé, à moins que le Ministre ne lui alloue la solde de présence pendant la totalité ou une partie de son absence.

Congés pour affaires personnelles.

Les congés pour affaires personnelles sont accordés par le Ministre en dehors de la saison des semestres ; ils donnent droit à la solde de congé dans la limite de six mois.

Congés illimités et congés à titre de soutien de famille.

Les congés illimités, et ceux à titre de soutien de famille, délivrés aux sous-officiers, caporaux ou brigadiers et soldats, ne donnent droit à aucune solde. (Note ministérielle du 22 mai 1860, page 635.)

Tout congé temporaire, de quelque nature qu'il soit, doit indiquer la date précise de la libération du militaire auquel il est accordé, afin que les autorités locales soient toujours à même de reconnaître, dans le cas de renvoi anticipé, ceux de ces militaires en position régulière d'absence, auxquels la mesure peut s'appliquer.

Tout militaire qui obtient une permission de s'absenter ou un congé quel qu'il soit est tenu, avant son départ, de le présenter au visa du sous-intendant militaire ou de son suppléant légal. Celui-ci appose sur la permission un *vu bon pour servir de feuille de route* (Décision ministérielle du 5 février 1863, p. 44, modifiant le modèle des permissions) ou; dans le cas de congé, délivre une feuille de route. Ces visa sont toujours datés.

Les officiers de l'intendance doivent s'abstenir de viser les congés ou prolongations, qui seraient délivrés contrairement aux règles établies.

La mention du départ doit recevoir un numéro d'enregistrement sur un registre de délivrance de feuille de route tout spécial aux permissionnaires.

Ce registre est tenu par chaque sous-intendant militaire ayant un corps de troupes sous sa surveillance administrative : les imprimés du registre de route ordinaire peuvent servir à cet usage spécial. (Décision ministérielle du 5 février 1863, p. 44.)

Les militaires qui obtiennent des congés sont payés de leur traitement d'activité jusqu'au jour de leur départ exclusivement. A leur retour, ils sont rappelés de la solde à laquelle ils ont droit; toutefois les officiers en congé ont la faculté de recevoir leur solde à l'expiration de chaque mois (décision impériale du 2 mai 1863) : ils doivent, dans ce cas, produire un certificat de cessation de paiement délivré par le conseil d'administration de leur corps, constatant qu'ils sont ou ne sont pas passibles de retenues pour débet envers l'Etat ou le corps, ou pour dettes particulières, mais le paiement de la solde du dernier mois de leur congé n'a lieu qu'après leur retour au corps.

Les militaires qui reçoivent une autre destination pendant le temps de leur congé sont, à leur arrivée, rappelés de la solde qui leur est due au titre du nouveau corps.

Quand il s'agit de militaires passant dans la gendarmerie, dans la garde de Paris ou les sapeurs-pompiers de la ville de Paris, le rappel de la solde d'absence a lieu sur des états imputables à leur ancien corps.

Tout militaire en permission ou en congé, qui use de la faculté qui lui est acquise de rentrer à son corps ou à son poste avant l'expiration de son congé ou de sa permission, recouvre ses droits à la solde de présence, à compter du lendemain de son retour.

Ceux qui sont informés du changement de garnison de leur corps doivent se diriger sur le lieu de la nouvelle garnison. Ils entrent en jouissance de la solde de présence à compter du lendemain de leur arrivée dans ce lieu, lors même qu'ils y devanceraient le corps : néanmoins il leur suffit d'être arrivés en même temps que le corps, nonobstant l'expiration de leur congé ; dans ce cas, le congé est considéré comme expiré seulement du jour où

Page, lig.

ils ont rejoint ; mais, dans tous les cas, la solde de présence ne peut leur être allouée pour un temps antérieur à leur arrivée, quelle que soit, d'ailleurs, la route qu'ils aient eue à parcourir.

Tout militaire, rentrant de congé ou de permission, est tenu de se présenter chez le sous-intendant militaire ou son suppléant pour faire constater par un visa sur son congé ou sa permission la date de son retour à son corps ou à son poste.

272-32 Le temps passé à l'hôpital pendant un congé compte dans la durée de ce congé, même si c'est un congé de convalescence : le militaire doit rejoindre à l'expiration de son congé ou à sa sortie de l'hôpital, si son congé est expiré.

Les militaires en congé rentrent en solde de présence le lendemain du jour où ils ont rejoint leur corps ou leur poste, ou du jour de leur mise en route, lorsqu'ils sont rappelés ou qu'ils exécutent dans les quarante-huit heures l'ordre qui leur est donné de se rendre à leur nouvelle destination.

274-6 S'il est condamné, il n'a droit à aucun rappel.

Dans ce dernier cas, si la condamnation n'entraîne pas la perte du grade, l'officier ou l'employé militaire continue à recevoir la moitié de la solde d'activité jusqu'au moment où sa position militaire est de nouveau fixée s'il y a lieu, ou jusqu'à l'expiration de sa peine. Si, au contraire, la condamnation entraîne la perte du grade, l'officier ou l'employé, qui en est l'objet, cesse d'avoir droit à tout traitement, à partir du jour où le jugement est devenu définitif.

274-26 S'ils sont condamnés, ils n'ont droit à aucun rappel.

N'ont également droit à aucun rappel, pour tout le temps de la route, ceux qui rejoignent après avoir subi une détention par suite de jugement ou qui voyagent sous l'escorte de la gendarmerie pour quelque cause que ce soit.

Lorsqu'après leur détention les militaires détenus par mesure de discipline retournent librement à leur corps, il y a lieu de leur allouer la solde isolément sans vivres. (Décision ministérielle du 28 mai 1840, page 210.) S'ils ne rejoignent pas dans les délais, ils perdent leurs droits à tout rappel.

Les hommes qui rejoignent les bataillons d'Afrique sont considérés comme arrivés à destination du jour de leur mise en subsistance au port d'embarquement (Toulon ou Marseille), et ils ont droit à partir de ce jour à la solde de présence (ainsi qu'à la prime journalière de la masse individuelle, à la haute paye d'ancienneté et à la prime de rengagement s'il y a lieu). (Feuille de vérification ministérielle du 31 décembre 1847.)

275-14 Le Ministre de la guerre peut autoriser les familles des officiers ou employés militaires faits prisonniers de guerre à recevoir la moitié de leur traitement de captivité.

Ces autorisations n'ont d'effet que pour une année, si elles ne sont pas renouvelées.

Ces paiements ont lieu à titre d'avance, et la retenue en est opérée sur le décompte de la solde des officiers lors de leur retour en France.

En cas de décès de l'officier ou de l'employé militaire, si les avances reçues par sa famille, jusqu'au jour où elle est officiellement informée du décès, dépassent le montant du décompte de la solde de captivité, les paiements effectués sont considérés comme définitifs et le trop-perçu ne donne lieu à aucune reprise.

Outre ces suppléments : 277-17

Une décision impériale du 11 mars 1857, page 131, attribue un supplément de solde de trois centimes par jour aux sous-officiers, caporaux, soldats et enfants de troupe de toutes armes (la garde impériale et la gendarmerie exceptées), qui ne reçoivent pas de vivres en nature, dans les positions de station et de route en corps ou en détachement : seulement le versement doit en être effectué aux fonds de l'ordinaire, qu'il est destiné à améliorer, vu le renchérissement des denrées.

Les troupes qui, dans certaines localités, reçoivent une allocation plus élevée, en jouissent à l'exclusion de ce supplément, mais il doit être substitué à toute allocation égale ou inférieure à trois centimes.

Une décision impériale du 12 juillet 1857, page 3, accorde un supplément de solde de 150 fr. par an aux capitaines, lieutenants et sous-lieutenants des corps de toutes armes, gendarmerie comprise.

Ce supplément est payé intégralement dans toutes les positions de présence et d'absence en activité. Il n'est dû ni aux corps de la garde impériale, ni aux corps indigènes, ni aux chefs de musique des corps de toutes armes, ni aux officiers de santé. (Circulaire ministérielle du 5 août 1857, page 3.)

Soit dans les forts. 279-2

Les annexes officiellement reconnues sont :

Vincennes, Bicêtre, Saint-Denis, Neuilly, Rueil, Courbevoie, Saint-Cloud, Sèvres, Meudon, Versailles (décision impériale du 1er mai 1857), Saint-Germain-en-Laye (décision impériale du 29 novembre 1854), Melun (décision impériale du 12 septembre 1860), Rambouillet (décision impériale du 19 décembre 1860), Fontainebleau (décision impériale du 23 février 1861), Joinville-le-Pont, Saint-Cyr.

Ce supplément est égal au cinquième de la solde de station pour les officiers supérieurs et médecins-majors de 1re classe, au quart pour les capitaines et les médecins-majors de 2e classe et au tiers pour les lieutenants et sous-lieutenants et les médecins aides-majors.

Il est compris dans le tarif de la solde normale de la garde impériale.

Un supplément spécial est accordé aux garnisons de Lyon, Saint- 279-23 Etienne, Marseille et Toulon.

Ce supplément est alloué, comme celui de Paris, pour toutes les journées de présence des militaires de troupe ou sans troupe.

Cependant les officiers employés aux écoles situées dans les loca- 279-35

Page, lig.	

lités auxquelles s'étend le droit au supplément pour séjour dans Paris, cumulent avec ce supplément leur allocation du tiers en sus.

280-19 Le supplément est dû aux uns et aux autres à compter du jour où ils se mettent en route avec les recrues. Ils en conservent la jouissance jusqu'à leur retour au corps.

Les militaires également détachés des dépôts de recrutement pour conduire des recrues, continuent à recevoir le supplément de solde affecté à leur position.

Ces dispositions sont applicables aux officiers, sous-officiers, caporaux et soldats qui sont chargés de conduire, en détachement à Toulon, les hommes engagés pour la légion étrangère et non encore incorporés. (Décision ministérielle du 10 janvier 1846, page 140.)

Il n'est dû aucun supplément aux conducteurs de soldats changeant de corps. (2ᵉ semestre, 1839, page 148.)

Les officiers, sous-officiers, caporaux et soldats employés comme auxiliaires dans les dépôts de recrutement et de réserve, soit pour la tenue des écritures, soit pour le service du magasin d'habillement des jeunes soldats de la deuxième portion du contingent, ont droit au supplément attribué à ceux détachés pour la conduite des recrues. (Décision ministérielle du 2 juin 1841, page 345, et décision ministérielle du 14 mars 1861, page 160.)

Tout officier, sous-officier, caporal ou soldat marchant pour le service du recrutement, et qui, pendant sa route en allant ou en revenant, entre à l'hôpital ou obtient une permission, cesse d'avoir droit au supplément pour la durée de son séjour à l'hôpital ou de sa permission.

281-3 *Supprimer le premier paragraphe :* les hautes payes, etc., *et le remplacer par :*

Une haute paye journalière d'ancienneté est due aux sous-officiers, caporaux ou brigadiers et soldats liés au service autrement que par remplacement.

Les chefs armuriers comme employés militaires n'y ont pas droit.

281-20 Les sous-officiers, caporaux et soldats des zouaves et des tirailleurs algériens, ont droit, suivant qu'ils sont Français ou indigènes, à des suppléments ou hautes payes déterminés par les tarifs. (6 novembre 1842 et 9 août 1861.)

281-33 Le temps passé en congé illimité compte pour le droit à la haute paye.

Le jeune soldat dispensé du service militaire en vertu des paragraphes 3, 4 et 5 de l'article 14 de la loi du 21 mars 1832 sur le recrutement, et qui a perdu ses droits à la dispense, ne peut compter pour l'admission à la haute paye le temps écoulé depuis le jour de la cessation des services, fonctions ou études, qui lui avaient fait accorder la dispense, jusqu'à celui de la déclaration à laquelle il est obligé par l'article précité, ou à défaut de ladite déclaration jusqu'à celui où il a reçu une feuille de route pour se rendre à son corps. (*Journal militaire*, 2e semestre 1833, pages 123 et suivantes.)

Ni celui passé en détention par suite d'un jugement, ni celui qui doit être compté en déduction du temps de service exigé par la loi.

Est compté en déduction du temps de service exigé par la loi et par conséquent pour le droit à la haute paye :

1° Pour le dispensé, le temps qui s'écoule entre la cessation de ses services, fonctions ou études et la déclaration ou le jour où il reçoit sa feuille de route ;

2° Pour l'insoumis condamné, le temps passé en insoumission du jour de la déclaration d'insoumission à celui de la sortie de prison ;

3° Pour le déserteur condamné, le temps passé en désertion du jour du départ à celui de la rentrée;

(Les déserteurs et les insoumis acquittés par un conseil de guerre ne doivent pas éprouver de déduction.)

4° Pour le militaire détenu correctionnellemet par suite d'un jugement d'un tribunal civil ou militaire, le temps passé en prison depuis le jour où la condamnation est devenue définitive.

Toutefois, si la condamnation d'un jeune soldat était antérieure au 1er janvier de l'année où il a été immatriculé, la déduction ne sera faite qu'à partir de cette dernière époque. Il est tenu compte aux appelés et aux engagés volontaires servant en personne du service actif qu'ils peuvent avoir fait antérieurement.

Les remplaçants sont exclus de cette faveur ; toutefois, lorsqu'ils contractent un rengagement après avoir accompli le temps de service stipulé dans l'acte de remplacement, ils sont admis à compter leurs services antérieurs à quelque titre que ce soit, mais ils ne peuvent compter, pour la haute paye, les services déjà faits par les militaires dont ils ont pris la place sous les drapeaux.

Les hommes ayant servi dans des corps étrangers au service de la France sont admis à compter pour la haute paye leurs services dans ces corps.

Les sous-officiers, caporaux ou brigadiers et soldats qui se rengagent ou sont désignés pour un autre corps, ont droit à la haute paye attribuée à l'arme à laquelle appartient ce corps, à partir du jour où ils en reçoivent la solde.

Les militaires ayant des services dans la marine (comme marins ou ouvriers classés), sont admis à les compter, mais seulement de l'âge de dix-huit ans et pour le temps passé sur les vaisseaux ou dans les chantiers et arsenaux de l'Etat.

Les maîtres ouvriers n'ont aucun droit à la haute paye s'ils ne sont pas liés au service comme appelés ou comme engagés volontaires.

Les gagistes, servant dans un corps de troupes, qui contractent un engagement comme soldats, sont admis à la haute paye journalière à l'expiration du temps de service déterminé par la loi. Dans ce cas, la durée du premier temps de service court à partir du jour où l'homme a été incorporé comme gagiste ; toutefois il ne lui est pas tenu compte des services antérieurs à l'âge de dix-huit ans.

Page; lig.	
283-28	Les médecins-majors de 1re classe ne peuvent prétendre qu'à la ration en nature, et encore lorsqu'ils justifient de la possession d'un cheval. (Décision ministérielle du 21 novembre 1861, page 239.)
284-3	L'indemnité de logement complète celle d'ameublement ; mais si lors d'un changement cette dernière a été payée dans l'ancienne garnison pour la quinzaine entière, il y a lieu, si l'officier est logé à ses frais dans sa nouvelle résidence, de faire le rappel de la différence entre l'indemnité d'ameublement et celle de logement, à partir du lendemain de son arrivée pour le nombre de journées appartenant encore à cette quinzaine. (Solution ministérielle.)

L'officier qui, dans le cours d'une quinzaine, cesse d'être logé dans les bâtiments militaires, a droit du même jour à l'indemnité de logement. (Solution ministérielle.)

284-7 Les officiers des troupes occupant les forts autour de la capitale, ont droit à l'indemnité de logement ou d'ameublement sur le pied de Paris comme s'ils étaient logés *intrà-muros*. (Décision du président de la République du 22 juillet 1849 non insérée au *Journal militaire*.)

L'indemnité de logement dans Paris est due du jour de l'arrivée des officiers dans cette garnison. (Décision ministérielle manuscrite du 25 novembre 1823.)

284-25 Ce supplément est réduit à la moitié si le local est fourni sans meubles.

284-28 Les chefs de corps, les majors, les officiers comptables ou chargés des détails, qui se déplacent en vertu d'ordres supérieurs pour assister aux revues trimestrielles ou pour accompagner un inspecteur général, conservent, pendant la durée de ces missions, le droit à l'indemnité de logement ou d'ameublement, s'ils en jouissaient au moment de leur départ. (Décision ministérielle du 21 juillet 1844, *Journal militaire*, page 143.)

Les officiers ou employés militaires appelés en témoignage près d'un conseil d'enquête, d'un tribunal civil ou militaire siégeant hors du lieu de leur garnison ou résidence, ont droit à l'indemnité de logement pendant leur absence, s'ils en jouissaient précédemment.

Cette disposition est applicable aux officiers membres d'un conseil d'enquête, ainsi qu'aux officiers supérieurs, aux capitaines instructeurs, chirurgiens majors, vétérinaires en premier des corps de cavalerie en tournée dans les cantonnements par suite de la décision ministérielle du 24 avril 1841.

Les officiers supérieurs et les officiers de santé (décision ministérielle du 31 janvier 1854), membres des conseils de révision du recrutement, continuent à jouir de l'indemnité de logement pendant leur fonctions leur séjour dans les lieux où ils remplissent.

Les officiers employés à la conduite de recrues, et qui, au moment de leur départ, jouissent de l'indemnité de logement, la conservent pour le temps de leur absence, lors même qu'ils seraient logés pendant leur route par les soins des maires.

Cette disposition est applicable aux officiers des troupes à cheval, qui vont chercher des chevaux de remonte pour les amener à leur corps, et à ceux des officiers des troupes d'artillerie chargés de la visite des armes dans les corps. (Décision présidentielle du 17 mars 1851, page 89.)

Cet article n'est pas applicable à l'officier qui conduit des hommes de troupe à un autre corps ni à celui conduisant des jeunes soldats aux bataillons actifs du corps. (Lettre ministérielle du 26 avril 1853.)

L'officier passant de la non-activité ou de la disponibilité à l'activité, et celui qui vient d'une résidence où il était logé et meublé aux frais de l'Etat, n'ont droit à l'indemnité de logement ou d'ameublement qu'à compter du lendemain de leur arrivée à leur poste.

Tout officier passant de l'activité à la non-activité, à la réforme, à la retraite ou qui est mis en jugement ou détenu, continue d'avoir droit à l'indemnité de logement ou d'ameublement jusqu'à l'expiration de la quinzaine pendant laquelle le service cesse.

Cette disposition est applicable au cas de décès.

L'officier qui, jouissant déjà de l'indemnité de logement, est promu à un grade supérieur sans changer de garnison, reçoit l'indemnité affectée à son nouveau grade à compter du jour où il a droit à la solde de ce grade.

Les officiers des corps de troupes qui obtiennent des congés avec solde de présence pour aller prendre les eaux dans les établissements militaires ou civils et qui n'y sont pas traités aux frais de l'Etat, ont droit à l'indemnité de logement pour le temps effectif de leur séjour dûment constaté dans ces établissements. 284-34

Le bénéfice de cet article est acquis à l'officier logé dans les bâtiments militaires durant le cours d'une quinzaine. (Décision manuscrite du 28 septembre 1849.) 284-40

L'officier démissionnaire cesse d'avoir droit à l'indemnité de logement ou d'ameublement, à compter du lendemain du jour où il a reçu l'avis de l'acceptation de sa démission.

L'officier, qui n'occupe pas le logement qui lui est assigné dans un bâtiment de l'Etat, ne peut prétendre à l'indemnité représentative de logement. Il ne peut pas non plus prétendre à l'indemnité d'ameublement s'il refuse les meubles qui lui sont fournis au compte de l'Etat.

Un tarif spécial (décision présidentielle du 13 août 1851, *Journal militaire*, page 96) fixe l'indemnité de logement et d'ameublement pour l'armée d'Algérie.

L'indemnité de logement est augmentée de cinq francs pour les capitaines, lieutenants et sous-lieutenants : l'indemnité d'ameublement est la même. (2ᵉ semestre 1851, pages 95 et 178, et 2ᵉ semestre 1852, page 151.)

Les officiers qui sont campés ou baraqués ont droit à l'indemnité d'ameublement seulement. Ils conservent, pendant la durée des expéditions auxquelles ils prennent part, l'indemnité de logement ou d'ameublement dont ils jouissaient au moment de leur départ.

Cette règle est applicable à ceux qui sont chargés d'une mission temporaire en Algérie ou qui font mouvement dans l'intérieur de la colonie ou d'un point de la côte sur un autre.

Ceux qui partent en congé, entrent à l'hôpital ou sont mis en jugement, touchent la quinzaine.

Les officiers arrivant de France pour faire partie de l'armée ou qui rentrent de congé, ont droit à l'indemnité, s'ils ne sont pas logés en nature du jour de leur débarquement et jusqu'à leur arrivée à destination.

Les officiers, qui, en Algérie, vont aux eaux, ont droit à l'indemnité allouée en France pour le temps effectif de leur séjour, dûment constaté dans les établissements thermaux.

285-16 S'ils ne remplissent pas cette condition, l'indemnité est acquise de droit à leurs suppléants.

En cas de vacance d'emploi, l'indemnité est due à l'intérimaire.

Accordées à titre d'abonnement, elles doivent subvenir à toutes les dépenses de frais de bureau, qui se rattachent à l'exercice des fonctions d'après les indications du tarif n° 42, 25 décembre 1837, et sans que dans aucun cas les dépenses de cette nature puissent être prélevées sur les masses d'entretien.

285-21 Dans toute portion de corps administrée par un conseil éventuel, l'officier payeur est tenu de supporter les dépenses de frais de bureau que nécessitent les fonctions de major et d'officier d'habillement. La quotité des allocations à prélever sur son abonnement pour cet objet est réglée par une délibération du conseil éventuel proportionnellement au nombre de bataillons détachés. (Tarif, 28 février 1851.)

Il est alloué aux trésoriers pour l'administration des jeunes soldats de la deuxième portion du contingent, réunis dans les dépôts d'instruction, une indemnité pour frais de bureau fixée, savoir :

Jusqu'à 100 jeunes soldats.	40 fr. par mois.
De 101 à 200.	60 —
De 201 à 400.	80 —
De 401 à 600.	100 —
Au-dessus de 600.	120 —

Elle se règle d'après l'effectif moyen et se paye par mois à terme échu.

Il est alloué aux corps de troupes, pour frais de bureau et d'impressions occasionnés aux corps par le service de la dotation de l'armée, une indemnité proportionnelle au nombre des rengagés et des engagés volontaires après libération, sans tenir compte des remplaçants administratifs qui n'occasionnent aux corps aucune dépense sérieuse.

Cette allocation est établie ainsi qu'il suit :

De   1 à 20 rengagés et engagés volontaires après libération............................ 25 fr.
De 21 à 50. 50
De 51 à 100. 70
De 101 à 150. 85
De 151 à 200. 100
De 201 à 300. 125
De 301 à 400. 145

Au-dessus de 400 rengagés ou engagés après libération, l'indemnité accordée continue à s'augmenter de 20 fr. pour chaque centaine ou fraction de centaine au plus.

En prévision des variations que le nombre des rengagés et des engagés volontaires après libération pourrait subir dans le cours de l'année, l'allocation annuelle sera fixée d'après l'effectif moyen de ces militaires.

A cet effet, les conseils d'administration établissent à la fin de chaque année un état conforme au modèle (*Journal militaire*, 1864, 1" semestre, page 28), qui doit être vérifié par le sous-intendant militaire, chargé de la surveillance administrative du corps, et sur la production duquel la somme due est remboursée par le préposé de la caisse des dépôts et consignations. Ce remboursement une fois effectué, le montant en est versé à la masse générale d'entretien qui est, comme le prescrit la circulaire du 27 avril 1856, chargée de faire l'avance des frais dont il s'agit. (Décision ministérielle du 29 décembre 1863, *Journal militaire*, 1" semestre, 1864, page 26.)

En Algérie les officiers ne perçoivent pas en nature les rations de vivres et de chauffage qui leur sont attribuées; ils touchent l'indemnité représentative fixée à 44 centimes par ration.

Lorsque les officiers se trouvent dans des postes avancés, ils sont autorisés à percevoir, à titre de remboursement, les vivres qui leur sont nécessaires, sans pouvoir toutefois dépasser les rations dont le nombre est déterminé par les tarifs. Le décompte s'établit alors sur le nombre des rations de vivres et sans avoir égard au nombre de rations de chauffage.

Dans les lieux où les troupes ne reçoivent pas les vivres en nature, il est alloué aux ayants droit une indemnité de dix-huit centimes cinq millièmes, savoir :

Viande . . . .   0 fr. 15
Légumes..   0   03
Sel. 0   005
        Total. . . . .   0 fr. 185

En expédition et ou dans les circonstances extraordinaires, il est alloué un supplément de 50 grammes : alors, si le corps perçoit l'indemnité représentative, elle est de 0 fr. 215.

Quel que soit le mode suivi pour assurer le service des vivres (viande, légumes secs, sel), on doit toujours décompter l'indemnité, dans les états ou mandats de paiement, pour toutes les journées de présence, et la faire ressortir dans les feuilles de journées, de même qu'on doit toujours l'allouer dans les revues de liquidation, à l'exclusion des rations en nature. Le fonctionnaire, chargé d'arrêter les bons totaux, doit établir le décompte de la valeur des rations de chaque espèce et en faire l'objet d'une feuille de retenue sur la solde du corps.

Les rations de viande qui donnent droit au cinquième en sus, sont décomptées distinctement tant sur les états de paiement que dans les revues. (30 novembre 1849, 25 février 1850 et 21 octobre 1852.)

288-8 Ce tarif a été modifié par la décision ministérielle du 4 août 1863, (*Journal militaire*), page 155 et l'indemnité a été fixée ainsi qu'il suit :

Régiments d'infanterie, de la garde et de la ligne y compris les tirailleurs algériens.

Pour l'état-major avec ou sans dépôt. . . . . 0 fr. 25
Pour le dépôt (major, officiers comptables et compagnie H. R.). 0 15
Pour chaque compagnie. 0 03

Les fixations suivantes ont été attribuées par décision ministérielle du 7 novembre 1864 (*Journal militaire*, page 293), aux vaguemestres des régiments de cavalerie tant de la garde que de la ligne :

Pour l'état-major avec ou sans dépôt. . . . . 0 fr. 25 par jour.
Pour le dépôt constitué. . . . . 0 15 —
Pour un escadron isolé. . . . . 0 15 —
Pour chaque escadron réuni à l'état-major au dépôt ou à un escadron isolé. . . . . 0 10 —

288-25 S'il passe immédiatement à un autre corps, la gratification lui est payée avant son départ.

Lorsque des officiers ainsi promus redoivent à la masse individuelle, il doit leur être fait, sur leur gratification, une retenue de ce débet. En aucun cas la masse générale d'entretien ne doit supporter le redû d'un militaire rayé en recevant une première mise d'équipement. (*Journal militaire*, 1ᵉʳ semestre 1862, page 397.)

288-36 En vertu d'une décision impériale du 4 avril 1855, les officiers de la garde impériale, passant dans la ligne par promotion, ont droit, pour changement d'uniforme, à une indemnité qui est déterminée chaque fois par une décision ministérielle.

289-16 Elle n'est pas due à l'officier envoyé à l'armée pour y remplir une mission temporaire.

Tout sous-officier promu au grade de sous-lieutenant, étant à une armée active, a droit à la gratification, s'il y reste employé dans son nouveau grade ou s'il passe à une autre armée.

Elle est due aussi à l'officier permutant d'office avec un de ses camarades employé à une armée stationnée hors de l'Empire et à l'officier de troupe de toutes armes, gendarmerie comprise (5 août 1852, p. 82) permutant avec un autre officier, qui, après un séjour de six années consécutives en Algérie, demande à rentrer en France, soit que le climat l'ait éprouvé ou que l'âge ou des raisons particulières lui fassent faire cette demande. (Décret impérial du 13 février 1852 et note ministérielle du 7 mai suivant, *Journal militaire*, p. 395.)

Les officiers payeurs n'ont droit qu'à une indemnité de 400 fr., comme les lieutenants ou sous-lieutenants. (Lettre ministérielle du 20 février 1860.)

Ce complément est dû à l'officier qui permute pour convenance 289-20 personnelle avec un autre officier rentré en France par congé et promu depuis son départ de l'armée. (Sol. ministérielle du 16 avril 1843.)

Les adjudants-majors et les officiers de compagnie envoyés temporairement d'Algérie en France, pour concourir à l'instruction des recrues, n'ont pas droit, à leur retour en Algérie, à une nouvelle gratification, quelle que soit la durée de leur séjour en France. (Note ministérielle du 11 décembre 1844, page 114.) 289-38

Dans ce dernier cas, il n'est dû aucun rappel également à ceux 290-29 qui, par suite d'une éventualité quelconque, rentreraient au corps avant d'avoir reçu leur congé. Ils doivent être rayés des contrôles de l'armée, lorsqu'ils sont à l'hôpital, le lendemain du jour où l'officier général inspecteur a prononcé leur mise à la réforme, leur renvoi dans leurs foyers ou l'annulation de leur engagement volontaire. (2 sem. 1840, p. 181.)

Les officiers quittant les eaux doivent avoir rejoint leur corps dans 291-11 un délai de huit à quinze jours au plus (décision ministérielle du 19 juin 1859, *Journal militaire*, page 466); ils peuvent jouir de cette faculté sans l'accomplissement d'aucune formalité : ils ont droit, pendant ce délai, à la solde de présence. (Décision ministérielle du 7 décembre 1864, non insérée, adressée à l'intendant de la septième division militaire.)

Ces officiers conservent leurs droits aux indemnités de transport et de nourriture pour rejoindre leur corps. (Lettre du 9 juin 1865 à l'intendant de la quatrième division militaire, n° 654.)

Ces allocations ne leur sont faites que s'ils rejoignent dans un délai de quinze jours, y compris les délais de route et de tolérance.

Toutefois, les congés de convalescence accordés par le Ministre, 292-35 et faisant suite à un congé temporaire de six mois, donnent droit à la solde sans limite de durée. (Sol. ministérielle du 5 octobre 1849.)

Supprimer : exercer leurs droits d'électeurs, et dans ce paragraphe 293-1 tout ce qui est relatif aux élections, les militaires n'exerçant leurs droits d'électeurs que quand ils se trouvent dans le lieu de leur domicile.

Page, lig.

293-23 *Supprimer:* les congés accordés pour aller en pays étrangers ne donnent droit à aucune solde. (Cette disposition a été abrogée par décision impériale du 2 mai 1863.)

296-8 <center>Militaires allant aux eaux.</center>

Les articles 106 et 107 de l'ordonnance du 25 décembre 1837 ont été supprimés par décision impériale du 6 avril 1864 et remplacés par les dispositions suivantes.

106. Les militaires autorisés à aller prendre les eaux dans les lieux où il existe des établissements militaires sont assimilés, sous le rapport de la solde, à ceux qui se rendent aux hôpitaux externes.

Les officiers conservent la solde de présence, et ils ont droit à l'indemnité de logement et d'ameublement, lorsque, faute de place dans ces établissements, ils ont été obligés de se faire traiter à leurs frais, ce qui doit être constaté par un certificat du sous-intendant militaire.

Le même avantage peut être accordé à ceux qui se rendent aux eaux en vertu d'un congé ministériel. Dans ce cas, le congé indique, d'une manière expresse, le temps pendant lequel la solde de présence leur est accordée. Ce temps comprend toujours les délais de route.

Les feuilles de route doivent être libellées de manière à ne laisser aucun doute sur la nature des droits et la position des militaires (solde entière ou autre, hospitalisation, etc.).

Le militaire doit être porteur de son certificat individuel.

Si les officiers mentionnés au paragraphe précédent ne passent pas aux eaux tout le temps qu'ils doivent y passer, d'après la durée de leur congé, déduction faite des délais réglementaires de route, la solde de présence ne leur est allouée que pour le temps du séjour qu'ils y ont fait.

Lorsqu'après avoir fait usage des eaux, les militaires ne rejoignent pas dans la limite de leur congé, ils sont privés de tout rappel de solde pour le temps écoulé depuis leur sortie de l'établissement où ils ont été traités. (Voir Grandamy, page 291 et la note correspondante de l'appendice (291-11), page 221.)

107. Lorsque des officiers malades ont besoin d'aller prendre les eaux dans des lieux où il n'existe point d'établissement militaire, le Ministre de la guerre peut leur en accorder l'autorisation et leur conserver la solde de présence. Le congé qui leur est délivré à cet effet détermine le temps pendant lequel ils auront droit à cette solde. Ce temps comprend toujours les délais de route.

Ils ont, comme dans le cas précédent, droit aux indemnités de logement et d'ameublement (art. 194).

Dans tous les cas, les militaires doivent justifier, par des certificats de visite et de contre-visite établis comme ceux pour les congés de convalescence, que l'usage des eaux, auxquelles ils veulent se rendre, leur est indispensable.

Pour obtenir ensuite le rappel de leur solde, ils ont à produire un certificat du médecin en chef de l'établissement civil ou militaire, constatant le temps pendant lequel ils y ont été traités : ce certificat doit être visé par le maire du lieu ou par le sous-intendant militaire.

Les deux derniers paragraphes de l'art. 106 sont applicables à ces officiers.

L'officier envoyé aux eaux peut percevoir la solde qui lui est due à sa sortie de l'établissement thermal. (Circulaire ministérielle du 18 juin 1852.)

Il n'est payé que de la solde de congé, s'il ne produit pas un certificat constatant qu'il a été obligé de se faire traiter à ses frais.

Les sous-officiers, caporaux ou brigadiers et soldats désignés pour aller aux eaux, et dont les corps reçoivent un ordre de mouvement, avant l'ouverture de la saison thermale, doivent être mis en subsistance dans le corps qui vient remplacer celui auquel ils appartiennent, dans le cas où la nouvelle destination assignée à celui-ci éloignerait ces militaires des établissements où ils doivent se rendre.

Si le corps n'est pas remplacé dans sa garnison, ces militaires doivent être mis en subsistance dans un autre corps de la division, dont l'emplacement les rapprocherait des établissements hospitaliers où ils doivent se rendre.

4° Au remboursement des avances qui ont pu lui être faites, en route isolément, en argent ou en effets de petit équipement.   298-27

En principe, la masse individuelle est la propriété de l'homme de troupe : néanmoins le fonds en est, dans certains cas, acquis à l'Etat.

Sur la première portion de la prime ou de l'annuité allouée aux engagés volontaires après libération est prélevé le montant de la première mise de petit équipement, suivant l'arme à laquelle l'engagé est affecté.   299-11

Il en est de même pour les remplaçants administratifs. (Arrêté ministériel du 28 février 1863.)

Les artistes civils admis à titre provisoire n'ont droit, sauf rappel lors de leur nomination définitive, ni à la première mise de petit équipement, ni à la prime journalière d'entretien. (Décision ministérielle du 21 novembre 1856, p. 479.)   299-19

Celui auquel la première mise entière a été allouée, et qui est ultérieurement réformé pour des causes déjà existantes, mais inconnues à l'époque de son incorporation, subit sur le décompte de la masse individuelle et quelle que soit la durée de son séjour au corps la retenue de la moitié de la première mise, si cette masse en offre les moyens ; dans le cas contraire, l'avoir à la masse est retenu en totalité.   299-29

Cette disposition est applicable à l'engagé volontaire renvoyé dans ses foyers par suite de l'annulation de l'acte d'engagement :

elle l'est aussi (décision ministérielle man. du 6 octobre 1852) aux hommes qui obtiennent des congés de réforme n° 2, quel que soit, d'ailleurs, le motif de la réforme.

La reprise du montant de ces diverses déductions s'opère par voie d'imputation sur la solde du corps.

Les militaires renvoyés comme impropres au service par suite d'infirmités antérieures à leur incorporation, et qui ont été inscrits sur les contrôles de la réserve, cessant de faire partie de l'effectif soldé, doivent cesser aussi de figurer sur les contrôles annuels. Les prescriptions qui précèdent (art. 252) doivent être exécutées immédiatement à leur égard, en observant toutefois pour ceux qui n'auraient à subir que la retenue d'une portion de leur masse que le surplus doit être conservé dans la caisse du corps, pour leur être payé seulement à l'époque à laquelle ils seront congédiés définitivement, soit par l'effet d'une mesure spéciale, soit par l'effet de leur libération du service. (Décision ministérielle du 28 mars 1844, p. 173.)

L'homme qui, à son arrivée au corps, annonce l'intention de se faire exonérer, n'a droit qu'à une première mise provisoire. (Décision ministérielle du 17 juillet 1856, p. 12.)

L'avoir à la masse individuelle des militaires sous les drapeaux admis à se faire exonérer du service, en conformité de la loi du 26 avril 1855, est repris au profit du Trésor. En cas de débet ces militaires sont tenus d'en rembourser le montant à la caisse du corps. (Décision ministérielle du 8 avril 1856, p. 428.)

La propriété de la masse individuelle des musiciens français non liés au service et des musiciens étrangers ne leur est acquise qu'après deux années de présence sous les drapeaux, à moins qu'ils ne soient réformés ou retraités pour infirmités contractées ou blessures reçues dans le service. La reprise du fonds de masse des musiciens rayés des contrôles pour toute autre cause que celles ci-dessus spécifiées et avant d'avoir accompli deux années de service est opérée au profit du Trésor. (Décision ministérielle du 18 novembre 1856, page 472.)

299-37 Un supplément de première mise est également alloué :
Dans les corps de troupes de la garde impériale ;
Aux hommes venus d'un corps de la ligne ;
Aux hommes passant d'un corps dans un autre de la même arme, mais dont l'uniforme est différent ;
Aux caporaux et brigadiers promus sous-officiers :
Dans tous les corps indistinctement ;
Aux jeunes soldats de la deuxième portion du contingent définitivement incorporés par suite d'appel à l'activité ou de devancement d'appel à l'activité ;
Aux militaires nommés sous-chefs de musique.

300-4 Le fonds de masse individuelle des sous-officiers et soldats admis comme élèves à l'Ecole polytechnique et à l'Ecole spéciale militaire doit être envoyé par les soins des corps, d'où ils sortent, aux conseils d'administration de ces écoles.

Si l'élève est nommé officier, le fonds de masse lui est payé au moment de sa promotion.

Si, ne satisfaisant pas aux examens de sortie, l'élève est renvoyé dans un corps, son fonds de masse le suit.

Enfin, si l'élève décède pendant son séjour à l'école, le fonds de masse est versé dans une caisse publique par les soins du conseil d'administration. (Note ministérielle du 30 mai 1850, *Journal militaire*, p. 213.)

Tout militaire français ou indigène, passant dans les régiments de tirailleurs ou dans les zouaves, doit, pour avoir droit à la première mise, faire l'entier abandon de son avoir dans son ancien corps; toutefois, la retenue au profit du Trésor ne peut dépasser à cet égard le montant de la première mise allouée à l'arme et aux corps auxquels le militaire appartenait.

Réciproquement ceux qui passent dans un corps de troupes, où la première mise est inférieure à celle de leur ancien régiment, subissent, sur leur avoir, la différence entre cette première mise et celle qui leur a été allouée : la reprise est faite au profit du Trésor. (14 octobre 1842, et *Journal militaire*, 1er sem. 1856, page 393.)

Les chefs armuriers reçoivent, au moment de leur promotion, la première mise de petit équipement déterminée, pour leur grade, par le tarif. La prime journalière leur est payée avec la solde, comme cela a lieu pour les adjudants sous-officiers, et, par suite, ils n'ont plus de masse. (Arrêté ministériel du 7 août 1860, page 74.) 300-20

Les militaires commissionnés sous-chefs de musique reçoivent le supplément de première mise d'équipement déterminé pour les sous-officiers promus adjudants. Les artistes civils nommés audit emploi par suite d'organisation ont droit à la première mise de petit équipement fixée pour l'arme et au supplément attribué aux adjudants nouvellement promus. Les uns et les autres ont droit à la prime journalière d'entretien, à compter du jour où ils entrent en jouissance de la solde de leur emploi. (Arrêté ministériel du 14 août 1855, p. 264.)

Ainsi qu'aux enfants de troupe âgés de quatorze ans. 301-2

Les militaires en congé illimité y ont également droit, à dater du jour de leur départ pour rejoindre, quand ils sont rappelés sous les drapeaux.

La prime journalière est allouée aux jeunes soldats et aux engagés volontaires à compter du lendemain de leur arrivée au corps, ou à compter du jour même de leur incorporation, s'ils étaient domiciliés dans le lieu où le corps tient garnison.

Elle est due, à compter du jour du départ de leur résidence, aux jeunes soldats venant de la deuxième portion du contingent. (Décision ministérielle du 3 avril 1862.)

Les condamnés venant de subir leur peine et dirigés sur les

Page, lig.

corps d'Afrique ont droit à la prime journalière du lendemain de leur arrivée au port d'embarquement. (Feuille de vérification ministérielle du 13 décembre 1847.)

301-6 Dans ce cas, le militaire rentrant au corps ne recouvre ses droits à l'allocation de la prime que le lendemain de son arrivée *à sa compagnie*, quand bien même il serait rentré à l'ancienne garnison quelques jours auparavant et aurait eu droit à la solde de présence pour se rendre de ce lieu à celui où il doit retrouver la compagnie dont il fait partie. (Sol. ministérielle pour la signification de poste, compagnie du militaire, 23 mars 1838.)

301-19 Les hommes libérés du service cessent d'avoir droit à la prime journalière, à compter du jour de leur départ du corps, lors même que, pour rentrer dans leurs foyers, ils seraient formés en détachement, soit à l'armée, soit à l'intérieur; ceux libérés en position d'absence perdent leur droit à tout rappel.

301-26 3° Les musiciens gagistes admis à titre provisoire dans les corps comme candidats aux emplois de musicien, sauf rappel lors de leur nomination définitive. (Décision ministérielle du 21 novembre 1856, *Journal militaire*, page 479.)

4° L'exonéré qui, ayant fait un court séjour au corps, n'y a point été équipé. (Lettre ministérielle du 14 mai 1856.)

5° L'homme changeant de corps avant d'avoir été habillé ou équipé.

302-6 Les sous-officiers, caporaux ou brigadiers et soldats nommés maîtres ouvriers, n'ont droit à aucune première mise ni à aucun supplément de première mise, attendu qu'ils conservent ceux de leurs effets d'habillement, dont ils peuvent faire usage dans leur nouvel emploi.

Disposition applicable également à ceux qui changent de corps ou d'arme.

Ces dispositions ne sont pas applicables aux chefs armuriers, qui reçoivent tous indistinctement, au moment de leur promotion, la première mise d'équipement déterminée pour leur grade par le tarif.

La prime journalière d'entretien leur est payée avec la solde, comme cela a lieu pour les adjudants sous-officiers, et par suite ils n'ont pas de masse. (Note ministérielle du 7 août 1860, page 74.)

308-40 Dans les régiments d'infanterie la dépense du ferrage des chevaux d'officier fournis à titre gratuit et des médicaments, qui leur sont nécessaires, est supportée par la masse générale d'entretien, celle du harnachement et du ferrage n'étant pas allouée. (Décision ministérielle manuscrite du 31 décembre 1841, 17 mai 1856, *Journal militaire*, page 512.)

309-11 D'après un décret impérial du 24 janvier 1860, les corps en campagne doivent être pourvus de voitures, attelées de deux chevaux ou mulets appartenant à l'arme du train des équipages, pour le transport des bagages des officiers, de la caisse du conseil, de la comptabilité, des cantines d'ambulances, enfin des outils de l'armurier et des pièces d'armes. (Voir décision manuscrite du 26 juill. 1862, n° 9154, bureau de l'habillement.)

Lorsque les troupes doivent opérer en pays de montagnes, on substitue des mulets aux voitures; à cet effet les caisses et les cantines contenues dans les voitures sont garnies, sur leur côté postérieur, d'anneaux qui peuvent servir à les adapter sur des bâts.

Le nombre des voitures allouées est de :

Une par état-major de régiment ou de bataillon de chasseurs, deux par bataillon d'infanterie, une par demi-bataillon.

Des tableaux donnent le détail des caisses, cantines et autres objets composant leur chargement.

Il y a une caisse à effets par officier. Le colonel et le lieutenant-colonel en ont deux chacun.

Une cantine pour vivres par compagnie.

Une id. par officier supérieur.

Une id. pour les officiers de l'état-major du régiment. . . . { *officier payeur, porte-drapeau, chef de musique, lieutenants d'état-major.* }

Une id. pour l'adjudant-major et le médecin de chaque bataillon.

Une tente par officier supérieur ou capitaine.

Une id. pour le lieutenant et le sous-lieutenant d'une même compagnie.

Les hommes du train ainsi que leurs chevaux ou mulets sont mis en subsistance dans les corps.

Lorsque les militaires chargés du pansage et de la conduite des chevaux ou mulets n'appartiennent pas à l'arme du train, ils reçoivent un supplément de dix centimes.

Le nombre de ces militaires ne doit pas dépasser un par voiture.

Dans l'un ou l'autre cas, tous les conducteurs d'équipages régimentaires sont sous les ordres du vaguemestre de chaque corps. (3 mai 1832, service des armées en campagne, art. 161.)

Les chevaux et mulets sont fournis à titre gratuit, mais temporaire, par le service de la remonte générale; les voitures, les harnais, les bâts, les cantines et les caisses par celui des parcs de construction du train des équipages militaires.

Les fourrages sont tirés des magasins de l'État.

Un abonnement fixé à 36 fr. 50 cent. par an, 10 cent. par jour et par voiture, est alloué aux corps pour l'entretien des voitures. (Décision ministérielle du 5 décembre 1862.)

Les ustensiles de cuisine, qui garnissent les cantines pour vivres, doivent être payés à l'État. L'officier payeur en fait la retenue aux officiers à raison de 36 fr. 62 cent. la collection complète d'ustensiles par cantine pour vivres, et en verse le montant au Trésor.

Les tentes de marche sont payées de la même manière; le prix de la tente complète est de 45 fr. 38 cent.

Quant aux lits et couvertures, ils ne sont pas fournis par l'État; les officiers doivent s'en munir à leurs frais.

En Algérie et dans les contrées où les opérations nécessitent l'usage des mulets de bât, il est alloué, savoir :

1° Pour le transport de la caisse de la comptabilité et des effets d'ambulance (28 mars 1858),

Deux mulets par bataillon d'infanterie.

2° Pour le transport des outils et des pièces d'armes dans les corps qui sont pourvus d'armes de précision,

Un mulet par régiment ou par bataillon formant corps.

3° Pour le transport des bagages des capitaines, lieutenants ou sous-lieutenants (Décret impérial du 24 avril 1859),

Quatre mulets pour l'état-major d'un régiment.

Deux mulets pour l'état-major d'un bataillon formant corps.

Deux mulets par compagnie.

Il est alloué pour l'achat de la cantine et du bât une première mise de 130 fr., dont le paiement s'effectue sur les fonds généraux de la solde, s'ils ne sont pas fournis directement.

312-23 Cette allocation n'est pas due aux hommes à l'infirmerie, à la salle des convalescents ni aux hommes malades à la chambre. (Solution ministérielle du 29 avril 1853.)

312-31 A l'exception de ceux qui ont accompli leur quatorzième année.

312-38 Après homme de troupe, *intercaler :*

Cette prestation est due pour chaque sous-officier, caporal ou brigadier et soldat musicien gagiste, et enfant de troupe présent au corps.

Les militaires détenus y ont également droit.

Ces distributions de liquides sont autorisées par les généraux commandant les divisions militaires, qui convoquent préalablement l'intendant militaire et les officiers de santé en chef des hôpitaux militaires ou civils, afin de prendre leur avis sur la nécessité actuelle de ces distributions et sur le terme à leur assigner. Le résultat de la conférence est constaté par un procès-verbal, qui doit être immédiatement adressé au Ministre de la guerre par le général commandant la division.

Dans aucun cas, les généraux de division ne peuvent, sans une décision spéciale du Ministre, autoriser des distributions de cette nature, en dehors des limites fixées par le tarif ; mais ils doivent ou les différer ou en abréger la durée, lorsque l'état de la température ne les rend pas nécessaires.

313-7 Les distributions peuvent être faites en nature, s'il existe dans les magasins de l'Etat des approvisionnements, dont il soit convenable de prescrire la consommation immédiate.

Eau.

Quand un détachement se trouve caserné à plus de 500 mètres des fontaines, le chef de corps peut demander que l'eau soit apportée aux casernes.

Le sous-intendant militaire prend des mesures en conséquence.

Chaque homme a droit dans ce cas :

En été, du 1ᵉʳ avril au 1ᵉʳ octobre, à quatre litres d'eau.

En hiver, du 1ᵉʳ octobre au 1ᵉʳ avril, à deux litres d'eau.

Le génie fournit dans ce cas les tonneaux à eau nécessaires ou des voitures munies de tonneaux.

La ration n'est pas due à l'intérimaire du grade d'adjudant-major, dont le titulaire est en congé, parce qu'elle est perçue pour le cheval de celui-ci (feuille de vérification ministérielle, 1844); mais elle est due au capitaine commandant, en campagne, un bataillon par intérim, s'il justifie de la possession d'un cheval. (Décision ministérielle manuscrite du 21 janvier 1847.) — 313-32

Elle est encore due à l'officier qui obtient un congé pour se retirer dans ses foyers en attendant la liquidation de sa pension, jusqu'à la notification de sa retraite, réforme ou non-activité et sur l'exhibition des chevaux vivants. (Décision ministérielle du 20 janvier 1841.)

Lorsqu'un officier ou homme de troupe passe d'un corps dans un autre, le conseil d'administration du corps d'où il sort est tenu d'en donner avis sur-le-champ à son nouveau corps et de l'informer du jour du départ. — 322-14

L'officier est inscrit sur le contrôle du nouveau corps, s'il n'y est déjà, et désigné pour mémoire comme non arrivé.

Les feuilles nominales trimestrielles, établies conformément à l'ordonnance sur le service des hôpitaux par les officiers d'administration comptables et par les administrateurs ou gérants des hospices civils, sont transmises par les sous-intendants militaires à ceux de leurs collègues, qui ont la surveillance administrative des corps auxquels les militaires appartiennent. Ces derniers fonctionnaires les font parvenir, après inscription sur leurs contrôles, aux conseils d'administration des corps.

Immédiatement après leur radiation de l'effectif soldé, un bulletin conforme au modèle annexé à la présente note est établi par les soins du conseil d'administration de chaque corps pour tous les militaires qui, étant à l'hôpital, sont placés dans l'une des positions désignées ci-après : — 323-7

1° Démission acceptée; 2° destitution; 3° libération définitive; 4° libération anticipée; 5° condamnation entraînant la perte du grade; 6° pension de retraite; 7° non-activité; 8° réforme; 9° renvoi par suite de l'annulation de l'acte d'engagement; 10° réforme pour infirmités contractées depuis l'arrivée au corps; 11° réforme pour infirmités antérieures à l'admission sous les drapeaux.

Le bulletin indiquant les diverses mutations est soumis au visa du sous-intendant militaire ayant la surveillance administrative du corps, qui le transmet, sans délai, à son collègue chargé de la police de l'hôpital, où sont en traitement les militaires compris dans le bulletin précité. (Note ministérielle du 30 mai 1844.)

Une dépêche ministérielle manuscrite du 29 septembre 1847, insérée au *Journal militaire*, 1ᵉʳ semestre 1862, p. 378, a déterminé — 331-36 la manière dont les chefs de corps doivent recevoir les membres de l'intendance lors des revues.

Pour un sous-intendant, le colonel se trouve à quatre pas en avant du centre de l'état-major : il rend de l'épée le salut que le sous-intendant a dû faire en arrivant devant la droite de la troupe.

Pour un intendant, le colonel se trouve à la droite du grand état-major, mais à deux pas en avant : il a l'épée à la main et salue de cette arme.

333-40 Revue des hommes aux hôpitaux.

Indépendamment des revues prescrites par les articles qui précèdent, les sous-intendants militaires passent encore celles des militaires malades aux hôpitaux, soit que ces militaires appartiennent ou n'appartiennent pas aux corps placés sous leur surveillance administrative. Les officiers d'administration comptables ou les gérants des hospices civils leur remettent, pour cette revue, des états nominatifs spéciaux conformes au modèle 40.

Revues de départ, de passage ou d'arrivée.

Si un corps ou détachement reçoit l'ordre de changer de garnison, il est passé en revue la veille ou le jour de son départ. L'effectif constaté par cette revue est inscrit sur la feuille de route. Cette revue d'effectif est renouvelée dans chaque gîte où la troupe doit séjourner par le sous-intendant militaire et à son défaut par le commandant de la place, le sous-préfet ou le maire. Elle est encore renouvelée par le sous-intendant militaire le jour ou le lendemain de l'arrivée de la troupe au lieu de sa destination. Ces dispositions sont applicables aux détachements de recrues.

Avis des mouvements donnés par les généraux aux intendants.

Les généraux commandant les divisions sont tenus de prévenir les intendants militaires de tous les mouvements de troupe, qui doivent s'opérer dans leurs divisions respectives. Cet avis est donné plusieurs jours à l'avance lorsque le bien du service ne s'y oppose pas. Si les mouvements sont de nature à être tenus secrets, l'avis est donné dès que les circonstances le permettent.

Dans tous les cas, les intendants militaires doivent être prévenus assez à temps pour pouvoir faire préparer les vivres, le logement et les moyens de transport dans les lieux de passage.

Revues des intendants militaires.

Aux époques de leur inspection administrative et éventuellement toutes les fois que l'intérêt du service le commande, les intendants militaires passent en revue sur le terrain les corps et détachements stationnés dans l'étendue de leur division.

Ces revues ont lieu ainsi qu'il est prescrit pour les revues à passer par les sous-intendants militaires.

Revues des intendants généraux inspecteurs.

L'inspection des intendants généraux est indépendante de l'inspection générale d'armes : elle n'est soumise à d'autres conditions d'époque que celles commandées par les nécessités du contrôle, qu'elle exerce par délégation directe du Ministre. Elle a pour but d'apprécier la direction imprimée par les intendants militaires à l'administration de leurs divisions respectives, aussi bien en ce qui concerne la prévoyance des besoins, la création des ressources et leur utile emploi, qu'en ce qui touche l'intérêt de la troupe, qui doit être l'objet de leur constante sollicitude.

L'accomplissement de ces diverses attributions a pour objet de maintenir l'action uniforme et régulière des règlements administratifs, l'ordre et l'économie dans les dépenses et d'ouvrir l'accès à toutes les améliorations utiles.

Il est expressément recommandé à MM. les majors de veiller à ce que les feuilles de journées soient écrites *très-lisiblement et très-correctement*, qu'elles soient toujours faites sur des imprimés entièrement conformes au modèle (n° 41 A et B rectifié en conformité de la note ministérielle du 26 mars 1859). 341-36

Toute feuille incorrecte ou faite sur un autre modèle doit être rejetée par le sous-intendant militaire.

Il est tenu rigoureusement la main à l'exécution de ces dispositions dans les bureaux des intendants militaires et dans ceux du ministère de la guerre.

Les militaires rentrant de position d'absence le dernier jour du trimestre doivent être compris pour les rappels auxquels ils ont droit sur les feuilles de journées de ce trimestre. En principe, le droit au rappel de ce qui leur est dû, pour le temps de leur absence, est acquis aux militaires, dont il s'agit, le jour même de leur rentrée au corps. (Décision ministérielle du 7 octobre 1851 non insérée au *Journal militaire*.) 344-38

Supprimer : ou d'autres compagnies, escadrons ou batteries. 346-15
Supprimer : ou passant à d'autres portions du corps. 346-28
Ces pièces sont : 352-32
1° Feuilles de route ;
2° Billet de sortie des hôpitaux ;
3° Congés, permissions et prolongations de congés ou de permissions ;
4° Certificats de bonne conduite ;
5° Certificats de cessation de paiement et de non-paiement ;
6° Ordres de mission ;
7° Etats particuliers d'admission des enfants de troupe ;
8° Actes d'engagement ;
9° Lettres de service (ces titres ne sont pas joints aux feuilles de journées à envoyer au dépôt du corps par les portions employées aux armées) ;
10° Actes de rengagement.

Page, lig.

353-5 (deuxième ou troisième chevron, note ministérielle du 28 août 1839, *Journal militaire*, 163).

373-16 Tournées administratives des intendants militaires.

Chaque année, à l'époque de leur inspection administrative et lorsqu'ils ont passé les revues d'effectif mentionnées art. 529 du 25 décembre 1837, les intendants militaires se font présenter les registres et les pièces justificatives, à l'effet de vérifier et arrêter la comptabilité des corps de troupes pour l'exercice expiré, en se conformant aux dispositions qui leur sont prescrites à cet égard par des instructions spéciales du Ministre de la guerre, auquel ils rendent compte de leurs opérations. Ils examinent en même temps le travail des sous-intendants militaires dans toutes ses parties. Les intendants militaires sont tenus, sous leur responsabilité, de faire cesser les négligences ou abus qu'ils auraient découverts.

Responsabilité pécuniaire des officiers du corps de l'intendance militaire.

Les officiers de l'intendance militaire sont pécuniairement responsables de tout paiement et de toute fourniture qu'ils auraient autorisés contrairement aux lois, ordonnances et règlements, sauf leur recours sur les parties prenantes. Toutefois, ce recours ne peut être exercé que sur les officiers.

Quant aux sous-officiers, caporaux, brigadiers et soldats, il ne doit avoir lieu que si les sommes indûment perçues ont été versées à leur masse individuelle. Dans le cas contraire, les officiers de l'intendance militaire demeurent responsables des paiements irréguliers, s'ils les ont, au préalable, autorisés d'une manière expresse, sinon la responsabilité retombe sur les officiers qui ont pris l'initiative des paiements; elle est partagée, lorsqu'il y a lieu, par ceux que la nature de leurs attributions appelle à vérifier le paiement du prêt.

Dans aucun cas, les officiers de l'intendance militaire ne peuvent être constitués pécuniairement responsables qu'en vertu d'une décision du Ministre de la guerre.

ADMINISTRATION ET COMPTABILITÉ.

382-25 Les bataillons ou escadrons organisés sur le pied de guerre dans l'intérieur sont administrés distinctement par un conseil éventuel, même dans le cas où ils seraient stationnés dans le département où se trouve le conseil central (décision ministérielle du 19 novembre 1849, page 260); mais si les bataillons, escadrons ou fractions mobilisées sont stationnés dans la même place que le dépôt, le corps doit être administré par un seul conseil. (14 juin 1850, page 261.)

383-3 Dans chaque corps de troupes, les comptes en deniers sont tenus simultanément en deux parties dont l'une est réglée *par trimestre d'année* et l'autre *par trimestre d'exercice*.

La première comprend les recettes et dépenses effectuées dans le cours des trois mois qui forment le trimestre au titre duquel le compte est établi.

La seconde, sous le nom de *centralisation*, embrasse toutes les recettes et dépenses applicables à la liquidation des droits acquis tant au corps qu'à ses créanciers, pendant cette même période de trois mois, à quelque date qu'elles s'effectuent.

Les comptes en nature (service de l'habillement) sont tenus et réglés *par trimestre d'année*.

Les récépissés délivrés par les receveurs et les sommes qu'ils 398-35 remboursent doivent être déposés le jour même dans la caisse du conseil.

Le président encourt la responsabilité de l'inexécution de cette disposition, s'il néglige de remplir les formalités prescrites par l'art. 54 (Grandamy, page 395).

Aux armées, les dépôts sont reçus par les payeurs, qui prennent 399-18 les mesures nécessaires pour en assurer le remboursement suivant les besoins du service.

Si un payeur ne peut accepter un versement, faute d'être à portée d'en garantir le remboursement à la destination désignée par le sous-intendant militaire, il est tenu d'inscrire son refus sur le livret de compte courant.

Supprimer : dans la nomenclature des registres tenus par le tré- 401-27 sorier :

Un registre matricule des vétérinaires.

Ajouter :

Un carnet des fonds divers (11 août 1859).
Un registre spécial de la dotation de l'armée.
Un registre-journal des recettes et dépenses.
Un registre des actes d'exonération.

Le registre des délibérations et ceux qui sont destinés à recevoir 404-4 l'inscription des recettes et dépenses en argent et des recettes et consommations du service de l'habillement, ainsi que le registre des avances aux militaires isolés, sont cotés et paraphés par le sous-intendant militaire.

Les feuillets du contrôle général des effets de la première catégorie et de la matricule des effets et armes en service sont signés par le major, mais seulement après que la première inscription y a été faite.

L'initiative de l'établissement des services doit être prise par les 404-32 corps, qui procèdent à cette opération d'après les documents qu'ils ont par-devers eux ou qui sont produits par les intéressés, et même, à défaut de titres, d'après la propre déclaration de l'officier, lequel, dans tous les cas, doit être mis à même de présenter ses observations tant sur l'énumération de ses services que sur l'énoncé

Page, lig.

de son état civil. (Décisions ministérielles des 12 et 26 mars 1824, 24 août 1843 et 31 mars 1855, page 334.)

406-5 Les médailles d'honneur ou de sauvetage obtenues à titre de récompenses civiles pour traits de courage et de dévouement doivent être inscrites dans la colonne des observations générales. (Décision ministérielle du 17 janvier 1845, page 124.)

On doit porter dans la même colonne, lorsqu'il y a lieu, l'annotation suivante :

A fait partie des éclaireurs volontaires ou des francs tireurs devant Sébastopol. (Décision ministérielle du 3 février 1857, page 74.)

L'obtention des médailles commémoratives des campagnes de la Baltique, de Crimée et d'Italie doit être mentionnée : il en est de même des médailles de Chine et du Mexique.

Les décrets impériaux portant, à l'égard des militaires frappés de condamnation ou punis disciplinairement, soit suppression définitive, soit suspension temporaire de porter des décorations ou des médailles commémoratives, doivent être exactement mentionnés, dès qu'ils sont notifiés sur les registres matricules. Cette mention doit être reproduite sur les états de services extraits desdits registres.

410-37 Les mentions à l'ordre de l'armée d'Afrique ou de l'une des trois divisions de l'Algérie donnent lieu à inscription sur les états de service à titre d'actions d'éclat : elles ne doivent pas consister dans une simple nomination, mais être bien et dûment motivées par des faits dont le détail a dû entrer dans la rédaction de l'ordre du jour.

Toutes autres citations ne remplissant pas ces conditions ne doivent, dans aucun cas, être l'objet d'inscriptions sur les états de services. (Décision ministérielle du 23 mai 1853, page 639.)

411-13 L'envoi des feuillets individuels a été supprimé par arrêté du président de la République en date du 3 juin 1849.

Supprimer depuis : Dans les premiers quinze jours, etc., *jusqu'à* : Les officiers de santé, etc., *et le remplacer par :* Dans les cinq premiers jours de chaque mois le conseil d'administration adresse au ministère de la guerre l'état des mutations (mod. 11) survenues parmi les officiers pendant le mois qui précède.

Cet état fait connaître la position de chacun d'eux au moment où il est dressé.

Les états de mutations sont certifiés par le conseil d'administration et vérifiés par le sous-intendant militaire.

413-35 Lorsque la rentrée au service des hommes, qui ont cessé momentanément d'appartenir à l'armée, est antérieure au terme de deux ans fixé pour la remise au domaine des feuillets individuels et mobiles des matricules de compagnie, escadron ou batterie, la justification s'opère au moyen du feuillet mobile, qui doit être réclamé, soit au corps, soit au commandant du dépôt de recrutement, qui en est dépositaire; ce n'est qu'à défaut de ce premier moyen qu'on doit recourir au second et subsidiairement au troisième moyen qu'indique le paragraphe qui précède. (Circulaire ministérielle du 14 avril 1845, page 299.)

Supprimer : L'envoi des feuilles détachées de signalement, etc., 414-37
et remplacer par :
Ce registre est établi, en double expédition, par les soins du trésorier et sous la surveillance du conseil d'administration, et le duplicata des registres est envoyé au Ministre dès qu'il est rempli, c'est-à-dire lorsqu'il y est porté mille immatriculations. (Circulaire ministérielle du 1ᵉʳ février 1865.)

La circulaire ministérielle manuscrite du 16 mars 1856 a prescrit 415-12
l'établissement et la tenue d'une matricule spéciale pour le personnel de la musique :

Chefs, sous-chefs et musiciens des quatre classes.

Les élèves musiciens ne cessant pas de compter dans leur compagnie, escadron ou batterie, ne doivent pas être portés sur cette matricule.

Dans la quatrième colonne des feuillets où doivent être inscrits les grades et emplois, on indique les emplois et classes dans la musique, ainsi que l'instrument dont joue le musicien.

Tous les chefs, sous-chefs et musiciens, sans exception, et à quelque titre qu'ils appartiennent à l'armée, figurent sur cette matricule : le n° 1 est attribué au sous-chef et la série se continue sans interruption ni lacune, suivant l'ordre de classement des musiciens.

Tout soldat, qui a contracté un engagement volontaire pour entrer dans la musique, est d'abord inscrit sur la matricule de la troupe ; puis, une fois nommé musicien, il est reporté sur celle du personnel de la musique, avec un numéro au-dessous duquel est rappelé à l'encre rouge et en caractères de moindre dimension le numéro donné lors de l'incorporation.

Les musiciens qui rentrent dans le rang reprennent leur ancien numéro sur la matricule de la troupe.

Les artistes français et étrangers, qui ne sont pas liés au service, figurent seulement sur la matricule des musiciens.

A mesure que les feuilles détachées de signalement, destinées à l'administration centrale, sont remplies, elles doivent être envoyées au Ministre (direction du personnel, bureau des états-majors et des écoles militaires), elles tiennent lieu de duplicata du registre matricule.

Dans les huit premiers jours de chaque trimestre, les corps adressent un état des mutations, survenues pendant le trimestre précédent dans le personnel de la musique, conforme au mod. 12 du 10 mai 1844.

On remplace sur le titre les mots : *Hommes de troupe* par *Musiciens.*

Les chefs armuriers, étant classés parmi les employés de l'artillerie et commissionnés par le Ministre de la guerre, ne doivent pas figurer sur le registre matricule des corps de troupes auxquels ils

Page, lig.

415-17 *Ajouter au nota :*

sont attachés. (Décision ministérielle du 9 décembre 1859, p. 356.)

Et qui prescrit aux intendants militaires de se servir des feuillets mobiles pour les mutations des chevaux et mulets des officiers sans troupe en activité ou en disponibilité et de ceux des corps d'infanterie.

419-26 *Ajouter* dans l'accolade de fonds spéciaux :

De la dotation de l'armée. (Deux colonnes doivent être affectées au compte à ouvrir pour le service de la dotation de l'armée, et les sommes payées ou encaissées par le corps doivent y être incrites. [Circulaire ministérielle du 26 janvier 1856.])

419-27 7° Fonds versés, à quelque titre que ce soit, d'une portion d'un corps à une autre portion du même corps.

432-6 Nouveau modèle prescrit par la note ministérielle du 10 août 1863.

Les feuillets matricules du modèle 33 du 10 mai 1844, ne laissant pas assez d'espace pour l'inscription des services et des campagnes d'un grand nombre de militaires, le Ministre a modifié le tracé de ces imprimés.

Les nouveaux feuillets étant du même format que les anciens, peuvent être réunis avec ces derniers dans le même registre.

Les corps ne doivent d'ailleurs en faire usage qu'au fur et à mesure des besoins.

Les modifications portent sur la colonne *Rengagé*, réduite à trois lignes, et qui n'occupe que la moitié de la page : dans l'autre moitié se trouvent l'admission à la haute paye de rengagement et celle aux chevrons.

La colonne *Remplaçant* par continuation de service dans le corps est supprimée.

L'espace ainsi gagné est destiné à l'inscription des services et positions diverses avant l'incorporation et dans le corps.

La colonne *Campagnes* a été augmentée de tout l'espace réservé à la libération, qui est inscrite sur un espace pris sur le décompte des déductions sur la durée du service.

Les autres parties sont les mêmes.

Au verso les effets de campement sont inscrits entre les effets de la deuxième catégorie et les armes.

436-31 Modèle 34 modifié par décision ministérielle du 18 octobre 1862, *Journal militaire*, page 480.

441-35 On doit porter, dans la colonne d'observations de ce chapitre, sur le verso de la page, le nombre de blouses, pantalons et torchons de cuisine et des sacs à distribution en service au 1er janvier, le trimestre de leur mise en service, ainsi que ceux des effets de même nature, qui peuvent être reçus du magasin dans le cours de l'année : dans la colonne qui se trouve au recto, on doit également inscrire les mêmes effets, qui peuvent être réintégrés ou perdus dans le cours de l'année.

442-10 Malgré ces prescriptions formelles, qui sont le texte de l'ordonnance du 10 mai 1844, l'usage d'inscrire sommairement les bulle-

	Page, lig.

tins aussitôt qu'ils ont été remis à qui de droit, a prévalu : on n'attend pas l'expiration du trimestre.

Après l'établissement du chapitre XVIII, si un effet quelconque vient à être remplacé, le nouveau numéro est inscrit en regard de l'ancien dans la colonne *Reçus pendant l'année*, et non à la gauche de la table des numéros. — 443-4

Il est ouvert à l'avant-dernière page du livret un chapitre particulier pour les inscriptions à faire au titre de la dotation de l'armée. — 443-26

Toutefois les militaires de tous grades et de toutes armes, faisant partie d'un corps expéditionnaire devant opérer dans des régions lointaines, telles que la Chine, la Cochinchine ou l'île Bourbon, reçoivent trois mois de solde à titre d'avances avant le départ. (Article 282 du règlement du 22 juin 1847 sur le service de la solde des troupes de la marine rendu applicable aux troupes de terre par décret impérial du 5 novembre 1859. Décision ministérielle manuscrite du 24 novembre 1859, service de la solde.) — 445-18

ORDINAIRES.

Le secrétaire peut être un lieutenant ou un sous-lieutenant. (Décision ministérielle du 27 octobre 1864, page 280.) — 453-4

La commission est reconstituée trois fois par an aux dates des 1ᵉʳ janvier, 1ᵉʳ mai et 1ᵉʳ septembre. — 453-17

Deux membres sont remplacés aux dates intermédiaires des 1ᵉʳ mars, 1ᵉʳ juillet, 1ᵉʳ novembre. — 453-24

Lorsque les commissions éprouvent des difficultés provenant de coalitions ou de collusions, l'autorité militaire, sur le rapport des chefs de corps, recourt à l'intervention des fonctionnaires municipaux, des préfets et des sous-préfets. Le général commandant la division en réfère, s'il y a lieu, au Ministre. — 454-10

Les sommes déposées par les fournisseurs, à titre de cautionnement, sont versées dans la caisse du corps (fonds divers) : elles sont remboursées à ces industriels, à l'expiration de leur marché, par le trésorier ou l'officier payeur, sur l'invitation écrite du président de la commission et en présence du secrétaire de la commission. (Décision ministérielle du 27 octobre 1864, page 280.) — 454-24

La dépense résultant de l'achat des quatre registres tenus par les commissions d'ordinaire doit être, comme le livret, imputée sur le fonds des ordinaires par portions égales. Les corps doivent se fournir dans le commerce de tous les imprimés (registres et livrets) qui leur sont nécessaires pour la tenue et la comptabilité des ordinaires. (Modèles annexés au règlement du 14 décembre 1861. Circulaire ministérielle du 6 novembre 1862.) — 455-39

Supprimer depuis *Vérification de la comptabilité* jusqu'à *Dispositions diverses*, page 457, et le remplacer par *Vérification de la comptabilité, Rapports de gestion*. (Nouvelle rédaction par suite de la décision ministérielle du 27 octobre 1864, page 280.) — 456-34

Les registres décrits précédemment sont arrêtés par le secrétaire

Page, lig.

de la commission et visés, ainsi que les pièces à l'appui, par le président, après vérification en séance de la commission.

Le secrétaire établit, dans les premiers jours de janvier de chaque année, un seul rapport de gestion, comprenant l'ensemble des opérations de la commission pour l'année écoulée, tant pour les matières que pour les deniers.

Ce rapport est, après vérification en séance de la commission, visé par le président et transmis au colonel avec les justifications nécessaires, notamment les factures quittancées des fournisseurs.

Le colonel réclame les explications, prescrit les redressements et fait les recommandations nécessaires : il revêt ensuite le rapport de gestion de sa signature, le fait suivre de ses observations, et l'adresse, par la voie hiérarchique, au général commandant la division territoriale.

Les comptes sont ensuite déposés aux archives, où ils doivent être conservés pendant un laps de temps ainsi limité : livrets d'ordinaire cinq ans ; autres documents, deux ans.

Le maréchal commandant le corps d'armée centralise tous les rapports de son commandement, qui lui ont été adressés par la voie hiérarchique, et les transmet au Ministre.

461-21 On peut aussi faire passer la solde aux détachements par la voie des receveurs des finances, au moyen des mandats délivrés par les receveurs généraux et tirés sur leurs collègues, qui les paient dix jours après leur émission, hors du département.

Dans le département les mandats sont payables à vue et tirés, soit par le receveur général sur ses receveurs particuliers, soit par ceux-ci sur celui-là.

Le conseil d'administration verse la somme dans la caisse du receveur des finances de la localité, et reçoit en échange le mandat dont il vient d'être parlé.

Cette pièce est envoyée par la poste au commandant du détachement, qui en touche le montant à la caisse et à la date indiquée.

465-37 L'avoir à la masse individuelle des militaires sous les drapeaux admis à se faire exonérer du service en conformité de la loi du 26 avril 1855, est repris au profit du Trésor.

En cas de débet, ces militaires sont tenus d'en rembourser le montant à la caisse du corps. (Décision ministérielle du 8 avril 1856, page 428.)

En ce qui concerne les militaires de la réserve, le commandant du dépôt de recrutement doit veiller à ce que le remboursement en soit effectué au Trésor, contre un mandat au titre du corps qu'il adresse au conseil d'administration. (Décision ministérielle du 17 mai 1860, page 576.)

467-32 La propriété de la masse individuelle des musiciens français non liés au service et des musiciens étrangers ne leur est acquise qu'après deux ans de présence sous les drapeaux, à moins qu'ils ne soient retraités ou réformés pour infirmités contractées ou blessures reçues dans le service. (Décision ministérielle du 18 novembre 1856, page 472.)

Les fonctionnaires de l'intendance militaire doivent envoyer aux conseils d'administration des corps les feuilles de route des militaires libérés étant dans la réserve, aussitôt que les commandants des dépôts de recrutement les leur ont fait parvenir. Cette disposition a pour objet le prompt envoi des fonds de masse aux intéressés. (Circulaire ministérielle du 11 mai 1852, page 407.) — 468-17

Les mandats émis par les corps de troupes stationnés en Algérie, pour le paiement des mandats de fonds de masse individuelle des militaires libérés définitivement du service, sont payables à la caisse des dépôts et consignations dans le délai de quarante jours après leur date comme ceux émis en France. (Circulaire ministérielle du 24 janvier 1861, page 74.)

Les mandats de fonds de masse ayant trois années de date accomplies doivent être renvoyés, le 1ᵉʳ janvier de chaque année, par les intendants militaires au Ministre (bureau de la solde et des revues), lorsque ces mandats n'ont pas été réclamés, et qu'il est bien avéré que la résidence du titulaire est inconnue. (Décision ministérielle du 23 octobre 1852, page 245.)

Les fonds de masse appartenant aux militaires désignés pour la gendarmerie coloniale sont versés dans la caisse du receveur des finances, qui en délivre, au nom du caissier payeur central du Trésor à Paris (s'il s'agit des colonies soumises à la loi du 25 juin 1841, c'est-à-dire de la Martinique, la Guadeloupe, la Guyane française et la Réunion), ou au nom de l'agent comptable du service intermédiaire à Paris (s'il s'agit des colonies), un récépissé et une déclaration de versement indiquant l'objet pour lequel le versement est effectué. — 468-23

L'une des deux pièces reste entre les mains de la partie versante, et l'autre doit être adressée directement au département de la marine, qui reste chargé d'en faire parvenir la valeur aux conseils d'administration des corps de la gendarmerie coloniale. (Décision ministérielle du 26 mars 1851, page 113.)

Les dispositions de cet article (177) sont applicables aux bataillons d'infanterie légère d'Afrique aussi bien qu'aux autres corps de l'armée. (Décision ministérielle du 2 juin 1845, page 774.) — 468-26

Le débet des jeunes soldats de la deuxième portion du contingent appelés à l'activité, ou admis à devancer l'appel pendant le cours des années consacrées à leur instruction militaire, est effectué conformément aux dispositions de cet article, le corps instructeur étant considéré comme ancien corps. (Note ministérielle du 27 mai 1864, *Journal militaire*, page 509.)

Pour les hommes qui sont nommés gardes forestiers ou préposés des douanes, le mandat et le bulletin sont adressés au conservateur des eaux et forêts ou au directeur des douanes selon le cas. (Circulaire ministérielle du 1ᵉʳ décembre 1842, non insérée.) — 469-7

Page, lig.

474-5   *Ajouter :* à la libération définitive des hommes. (Décision ministérielle du 29 novembre 1858, page 549.)

474-20 Les masses de blanchissage créées par le règlement ministériel du 19 juillet 1854 ont été supprimées par décision ministérielle du 30 mai 1865, même pour les corps faisant encore usage des buanderies militaires ou civiles. Les frais de blanchissage du linge de la troupe doivent être supportés par les ordinaires dans tous les corps indistinctement. Les fonds provenant de ces masses ont été répartis entre les ordinaires, et pour celles qui en offraient le moyen, entre les masses générales d'entretien.

481-29 Les effets doivent être essayés aux hommes.

Extrait de l'instruction ministérielle du 7 janvier 1864, *Journal militaire*, page 29, pour l'essayage et la distribution aux hommes des souliers fabriqués par les ouvriers civils.

Les souliers de troupe confectionnés par les ateliers civils sont établis sur six pointures ou longueurs différentes, variant de 26 à 31 centimètres, et chacune comporte quatre grosseurs de doigt et de cou-de-pied ; chaque paire de souliers porte sur la partie apparente des semelles fortes, à la cambrure, un timbre sec imprimé au balancier, indiquant tout à la fois la pointure et la larger des chaussures (mesures prises à l'intérieur).

Ainsi, les souliers 26 et de la plus petite grosseur sont marqués du chiffre 26/1 ; les souliers de même pointure, mais de grosseur différente, sont marqués 26/2, 26/3, 26/4. Il en est de même pour les autres pointures.

Les pointures varient de un centimètre, les largeurs de cinq millimètres.

Les proportions de forme ont été combinées de telle sorte que quatre hommes ayant le pied de même largeur, mais chaussant, le premier 26, le deuxième 27, le troisième 28, le quatrième 29, trouveront des souliers bien proportionnés à leur pied en prenant, le premier du 26/4, le deuxième du 27/3, le troisième du 28/2, le quatrième du 29/1.

481-40 Il en est de même de ceux qui, à leur arrivée au corps, annoncent l'intention de se faire exonérer. (Décision ministérielle du 17 juill. 1856, page 12.)

483-9   Ces échanges sont autorisés par les chefs de corps et de préférence au profit des hommes d'une bonne conduite qui, par suite de circonstances exceptionnelles, auraient leur masse individuelle en débet ou au-dessous du complet.

HABILLEMENT.

487-21 D'où cette conséquence que si l'effet est remis en service dans le courant du trimestre pendant lequel il est entré en magasin, il doit être pris par l'homme qui le reçoit pour le nombre de jours dudit trimestre restant encore à courir à compter du jour où il est distribué ; que si, au contraire, il n'est remis en service que pendant l'un des trimestres suivants, celui, dans le cours duquel la rentrée en magasin a eu lieu, doit être considéré comme parcouru. (Décision ministérielle du 12 août 1862, *Journal militaire*, p. 126.)

La durée est suspendue, pour les hommes qui passent dans la réserve et pour ceux qui vont en congés renouvelables, pour les effets qu'ils emportent avec eux (les autres ont été versés définitivement en magasin). 487-25

Les artistes civils français et étrangers, que la décision ministérielle du 27 août 1856 autorise à admettre à titre provisoire comme candidats aux emplois de musicien, reçoivent à leur arrivée au corps tous les effets d'habillement, de coiffure et de grand équipement, que comporte la tenue des musiciens militaires titulaires, et, parmi les effets de petit équipement, ceux seulement dont il aura été reconnu indispensable de les mettre en possession. 488-10

Les effets d'habillement ne doivent être garnis des marques distinctives de classe qu'après la nomination desdits artistes à un emploi de musicien.

Dans le cas où ils quitteraient le corps, sans avoir été pourvus de cet emploi, ils ne doivent emporter ni les effets d'habillement, ni les effets de coiffure, ni ceux de grand équipement.

Les effets de petit équipement peuvent leur être laissés et la valeur en est remboursée à la masse individuelle, qui en a fait l'avance, au moyen d'un prélèvement sur la deuxième portion de la masse générale d'entretien. (Décision ministérielle du 21 novembre 1856.)

Les hommes qui, à leur arrivée au corps, annoncent l'intention de demander leur exonération du service, sont assimilés, sous le rapport des distributions d'effets de toute nature, aux militaires qui sont présumés ne pas devoir rester au corps ; il leur est fait en conséquence application des articles 206 et 231. Les chefs de corps déterminent selon ces circonstances la durée du délai pendant lequel il peut être sursis à la délivrance des effets nécessaires pour compléter la tenue des hommes de cette catégorie. (Décision ministérielle du 17 juillet 1856, page 12.) 488-20

Les effets à l'uniforme du corps apportés par les hommes rappelés de la réserve ne sont remplacés qu'à l'expiration de leur durée réglementaire (déduction faite du temps passé dans la réserve pendant lequel la durée est suspendue), à moins que le sous-intendant militaire, après avoir procédé à leur examen avec le conseil d'administration, n'en approuve le remplacement anticipé. 489-39

490-3

DEMANDES.

Remplacer : Les allocations à faire, etc., jusqu'à : Elles rendent un double office, etc., page 491, par :

16

Les allocations en matières à faire à chaque corps de troupes ou établissement considéré comme tel sont déterminées par le Ministre, d'après les demandes qui lui sont adressées.

A cet effet, le 1er janvier de chaque année, les conseils d'administration de chaque corps établissent, en double expédition, dans la forme déterminée par le modèle d'état, qui accompagnait la circulaire ministérielle du 30 octobre 1860, une situation indiquant les quantités d'étoffes et d'effets de toute nature existant à cette date dans leurs magasins et celles qu'ils présument devoir leur être nécessaires pour assurer tous leurs besoins pendant l'année courante et le premier trimestre de l'année suivante.

L'habillement, la coiffure et le grand équipement font l'objet d'une seule et même demande; le harnachement, dans les corps de troupes à cheval, est l'objet d'une demande distincte et séparée.

La situation relative à l'habillement, à la coiffure et au grand équipement présente, dans des chapitres distincts :

L'effectif total à entretenir en hommes pendant l'année courante et le premier trimestre de l'année suivante ;

La nature et le nombre des effets d'habillement confectionnés et à confectionner, des étoffes et des effets de coiffure et de grand équipement nécessaires, existant en magasin et à allouer, balance faite des besoins et des ressources.

Les demandes pour le harnachement présentent des indications et des distinctions semblables ou analogues.

Toutes ces demandes sont vérifiées en premier lieu par le sous-intendant militaire, chargé de la surveillance administrative du corps, qui doit en contrôler la scrupuleuse exactitude, et ensuite par l'intendant militaire, qui adresse les deux expéditions au Ministre (bureau de l'habillement), dans le plus bref délai possible.

Les besoins présumés doivent être calculés, le plus approximativement possible, de manière à éviter l'obligation d'adresser au Ministre, pendant l'année, des demandes d'allocations supplémentaires basées sur une insuffisance de prévisions, sans toutefois qu'il soit apporté pour cela aucune exagération dans l'appréciation des besoins.

492-15 EFFETS CONFECTIONNÉS.

(Circulaire manuscrite du 15 décembre 1862.)

Lorsque les effets confectionnés sont envoyés aux corps par les magasins de l'Etat, les ballots sont reçus par les corps : le sous-intendant militaire doit assister à l'ouverture des caisses ou ballots.

Les effets sont immédiatement, et d'après leur taille, essayés aux hommes ; on vérifie leur confection, on s'assure qu'ils peuvent être distribués d'après la taille pour laquelle ils sont indiqués, qu'ils ont les dimensions fixées par la décision ministérielle du

30 mars 1860 (*Journal militaire*, p. 393), pour l'uniforme de l'infanterie.

Il est établi, séance tenante, en trois expéditions, dont l'une reste au corps et les deux autres sont envoyées au Ministre par l'intermédiaire de l'intendant, un bulletin faisant connaître :

1° Le nombre et la nature de chaque espèce d'effets reçus par le corps ;

2° Les observations du conseil d'administration sur la qualité, la confection des effets et leur conformité avec les modèles-types, les défectuosités signalées, s'il y a lieu, et, dans ce cas, le moyen d'y remédier et le prix estimatif (valeur des matières premières et main-d'œuvre comprises) des retouches ou réparations dont ils ont paru susceptibles.

Lorsqu'il s'agira d'effets d'habillement, on indiquera si la dépense, qu'entraînera la mise en état des effets, peut être couverte par l'indemnité d'essayage et d'ajustage allouée au maître tailleur, ou si le corps demande une allocation spéciale.

La circulaire manuscrite du 30 juin, relative à l'essayage et à l'ajustage fixe, pour le maître tailleur, une indemnité de 10 centimes par habit et de 5 centimes par pantalon. Les maîtres tailleurs doivent exécuter les retouches légères.

Cette indemnité est payée au maître tailleur, sur factures spéciales, par les conseils d'administration des corps, qui comprendront cette dépense dans leur compte de gestion du service de l'habillement sur les fonds duquel elle sera imputée.

Les réparations ou modifications importantes rendues nécessaires par des malfaçons régulièrement constatées, à l'égard desquelles le Ministre statue, par des décisions spéciales, sur le vu des procès-verbaux établis en exécution des circulaires ministérielles du 31 décembre 1861 et du 15 décembre 1862, sont faites avec les économies de coupe (pantalons) et, à défaut de ressources, imputées au service courant.

La deuxième expédition du bulletin précité, après avoir été revêtue de la décision du Ministre, est transmise par le Ministre à l'inspecteur général, qui doit s'assurer si l'on s'est conformé aux dispositions prescrites.

Toutes ces réceptions sont inscrites au registre des recettes par chapitres, ainsi que celle des effets confectionnés par le maître tailleur et les matières achetées (épaulettes, cordons de clairon, galons, rubans de médaille).

ÉTOFFES. 492-16

Remplacer, dans le premier cas, par :
Lorsque les étoffes proviennent des magasins de l'Etat.
Supprimer : de plus, en ce qui concerne les étoffes. 492-19

Page, lig.

493-5   Conditions de fabrication.

    Voir la notice annexée au cahier des charges du 21 janvier 1864 (*Journal militaire*, 2ᵉ sem. 1864, page 345) pour l'adjudication de la fourniture des étoffes de laine. Cette notice ne diffère pas essentiellement de celle annexée au cahier des charges du 29 mai 1850.

497-14   Voir le cahier des charges du 21 janvier 1864 (*Journal militaire*, 2ᵉ sem. 1864, p. 345) pour l'adjudication de la fourniture des étoffes de laine du 1ᵉʳ janvier 1865 au 31 décembre 1873.

    Ce cahier des charges remplace celui du 29 mai 1850, dont il ne diffère pas essentiellement.

507-23   Notice sur la vérification des étoffes destinées à l'habillement des troupes.

    La notice annexée au cahier des charges du 21 janvier 1864 ne présente que quelques légères différences avec celle annexée au cahier des charges du 29 mai 1850.

    Ces différences sont :

507-26   *Supprimer :* D'après les dispositions de l'article 51 du cahier des charges.

508-13   *Ajouter :* Après décatissage et lorsque les étoffes ne contiendront plus d'humidité, les draps seront métrés et pesés pièce par pièce, afin qu'on puisse en connaître le poids réel par mètre : cette opération, qui sera faite par les soins du comptable du magasin, sera contrôlée par la commission de vérification toutes les fois qu'elle le jugera nécessaire.

508-37   *Mettre :* art. 21 au lieu de art. 26.

512-28   Ces achats se bornent aux :

Épaulettes et contre-épaulettes . . . . { Au compte du service de l'habillement.

Cordons de clairon . . . .
Galons . . . .
Effets de.. . . . . { sapeurs . . . .
               tambours . . . .
               caporaux-tambours . . . .   Au compte
               tambour-major . . . .   de la masse générale
Rubans de médailles commémoratives . . . .   d'entretien.
Effets de cuisine.. . . . { blouses . . . .
                  pantalons . . . .
                  torchons . . . .
Sacs à distribution. . . . .

514-35   Les ouvriers militaires détachés dans les manufactures d'armes, en raison des besoins de la fabrication, n'ont pas droit au remplacement des effets d'habillement pendant leur séjour dans la manufacture.

    Lorsqu'ils sont rendus à leurs corps, ils rentrent dans tous les

droits stipulés dans les règlements. (Décision ministérielle du
26 avril 1854, *Journal militaire*, page 812.)

L'homme qui a été habillé et qui veut se faire exonérer n'a rien 519-32
à payer pour le prix de ses effets dont le montant est compris dans
le prix de l'exonération.

Mode d'après lequel sont décomptés le prix des armes et la moins-value des effets 520-21
dont le montant doit être versé au Trésor.

Le décompte des moins-values dont le montant doit être versé
au Trésor, aux termes de l'art. 182, s'établit sur le nombre de
trimestres, que les effets de la première catégorie et le nombre
d'années, que les effets de la deuxième catégorie, ceux de harnachement et les instruments de musique ont encore à parcourir,
pour atteindre le terme de leur durée réglementaire. Le trimestre
courant, pour les premiers, et l'année courante pour les autres,
sont comptés comme durée restant à faire. Ces derniers sont considérés, même après que leur durée réglementaire est accomplie,
comme ayant encore une année de service à faire, lorsque la réforme n'en a pas été prononcée.

Si les effets, dont la moins-value est à la charge de la masse individuelle, ne sont pas réintégrés au magasin, le décompte, dressé
d'après les bases fixées ci-dessus, est augmenté d'un trimestre ou
d'une année, selon la nature des objets que l'homme n'aura pu
représenter, sans que l'imputation puisse néanmoins excéder, en
aucun cas, le prix coûtant.

Le remboursement, prescrit par le paragraphe qui précède, de
la valeur proportionnelle, pour un trimestre ou pour une année,
des effets perdus est exigé, alors même que les effets ont atteint
leur durée réglementaire.

Les armes perdues ou mises hors de service par les hommes
sont toujours portées, dans le décompte, au prix intégral de fabrication.

Règle générale.—L'homme ne doit payer la moins-value d'un effet
que quand il ne peut plus être réparé ou quand la dépense à faire,
pour le mettre en état, est supérieure à sa valeur relative.

Toutes les fois qu'il ne s'agit pas d'armes, l'homme doit payer
non pas le prix intégral des effets qu'il a détériorés, mais seulement la valeur eu égard à la diminution qui est apportée, par son
fait, à la durée qui leur restait à parcourir, valeur qui doit être
calculée d'après les divers modes indiqués, article 251.

Quand l'effet a été détérioré par l'homme, sans toutefois le mettre
complètement hors de service, il y a lieu d'apprécier la dépense
que doit nécessiter la réparation ou le nettoyage de l'effet détérioré, et de la mettre au compte de la masse individuelle. L'effet,
ainsi remis en état, doit être remis en magasin et distribué avec
la même durée que celle qui restait à parcourir au moment de la
réintégration.

Dans les cas très-rares où la détérioration, bien que constatée, ne peut entraîner la mise hors de service et ne nécessite pas une réparation actuelle, il ne doit point être fait d'appréciation de la durée dont l'effet pourrait être diminué. Cet effet, s'il est réintégré en magasin, peut être délivré avec la durée qu'il a encore à parcourir légalement, sauf à prononcer ultérieurement, s'il y a lieu, son remplacement anticipé.

Il est de principe rigoureux qu'on ne doit jamais (principalement au moment des libérations) abandonner à l'homme l'effet quel qu'il soit, dont il paye la moins-value en augmentant la valeur d'un trimestre ou d'une année, suivant qu'il appartient à la première ou à la deuxième catégorie comme s'il n'était pas représenté. L'effet détérioré doit être réintégré en magasin pour servir aux réparations ou pour être versé aux domaines. Cette disposition doit s'appliquer à tous les effets en général et à toutes les positions du soldat, car on ne saurait admettre, sans s'exposer à de graves abus, qu'un effet soit abandonné à un homme, en surplus de ceux qu'il doit posséder, parce qu'il aurait été astreint ou même parce qu'il aurait consenti à en payer la valeur relative.

Le mode de paiement des dépenses à faire pour la réparation des effets détériorés par les hommes, mais encore susceptibles d'être maintenus en service, a été réglé par la circulaire manuscrite du 19 mai 1837 (voir à la fin de cet article) qui confère aux sous-intendants militaires la faculté de statuer sur la nécessité des réparations, sur leur importance, sur les imputations à faire à la masse individuelle et sur les paiements à faire aux maîtres ouvriers pour les frais de main-d'œuvre.

Lorsque la détérioration des effets provient de circonstances indépendantes de la volonté des hommes, elles doivent être constatées dans des procès-verbaux détaillés, dont les conclusions sont soumises à l'approbation du Ministre, toutes les fois qu'elles entraînent une dépense de quelque importance, afin qu'il apprécie au compte de qui doit tomber la dépense.

Lorsque la réparation des effets a été autorisée au compte de l'Etat et qu'elle est payée par la masse générale d'entretien, cette masse doit supporter non-seulement la dépense de la main-d'œuvre, mais aussi celle des étoffes, qui, employées à cette réparation, sont prélevées sur les ressources du service courant, en opérant le versement des prix desdites étoffes dans une caisse publique : le récépissé du versement est transmis au Ministre (bureau de l'habillement), afin qu'il puisse faire opérer le remboursement au titre du budget de l'habillement de la somme qu'il représente.

D'après les termes de la circulaire manuscrite du 22 novembre 1841, l'imputation au compte de la masse individuelle des effets perdus ou détériorés par les hommes, et qui ont été achetés sur les fonds de la masse générale d'entretien, ne doit pas donner lieu à un remboursement en faveur de cette masse, mais être versée dans une caisse publique.

Cette disposition s'applique par voie d'analogie aux effets qui ont été achetés sur les fonds de la masse d'entretien du harnachement et du ferrage.

Lorsque les remplacements, par suite de moins-value, s'appliquent à un grand nombre d'effets ou acquièrent, dans le même corps, un caractère de périodicité, les sous-intendants militaires doivent prendre les ordres des intendants militaires avant de consigner un arrêté approbatif sur les bulletins d'imputation prescrits par l'article 182 du 10 mai 1844. (Décision ministérielle du 6 septembre 1853, page 222.)

Décision ministérielle manuscrite du 19 mai 1837.

1° Toutes les fois que les réparations à exécuter à des effets d'habillement, dont la détérioration prématurée résultera du fait même des hommes, ne pourront être opérées au moyen des débris provenant des effets réformés, et qu'il faudra recourir à l'emploi de matières neuves, il en sera rendu compte au sous-intendant militaire chargé de la police administrative du corps ;

2° Ce fonctionnaire, après avoir reconnu l'exactitude des faits, autorisera le conseil d'administration à prélever, sur les ressources que présentera son magasin, les quantités de drap neuf ou de toile neuve, dont l'emploi aura été jugé indispensable. Ces prélèvements, dont le total figurera, en matière, au chapitre 1er des comptes annuels de gestion et en deniers dans la colonne F de ce même article, seront opérés non pas sur les économies de coupe, mais bien sur les matières appartenant au service de l'habillement ;

3° Le montant des prélèvements sera précompté sur les fonds de la masse individuelle des hommes et versé dans une caisse publique, en sorte qu'il y aura deux imputations distinctes à faire au compte des hommes, l'une pour la valeur des matières premières remboursées au Trésor, et l'autre pour les frais de main-d'œuvre dus au maître tailleur ;

4° Les sommes prélevées sur la masse individuelle pour paiement des matières premières donneront lieu à des versements spéciaux dans les caisses publiques, et les récépissés constatant les versements seront transmis au Ministre successivement par la voie hiérarchique ;

5° Un état récapitulatif de ces récépissés, dressé en double expédition et faisant connaître la date et le montant de chaque versement, sera joint au compte de gestion.

Les épaulettes, qui ont été remplacées après avoir atteint le temps de leur durée légale, sont laissées aux hommes, qui en étaient pourvus, pour servir aux exercices journaliers, la paire d'épaulettes en cours de durée devant être réservée pour la grande tenue (décision ministérielle du 7 octobre 1853, page 259); elles ne deviennent pas comme le pantalon la propriété de l'homme et doivent être versées en magasin, lorsque l'homme en a deux paires. 521-33

Les effets hors de service doivent être remis au domaine avant 523-32

Page, lig.

leur déplacement, sauf aux agents de cette administration à se concerter avec l'autorité militaire au sujet du transport à effectuer de la manière la moins onéreuse pour le Trésor, s'ils sont susceptibles d'être vendus plus avantageusement dans une localité autre que celle où ils se trouvent. (Note ministérielle du 10 octobre 1864, *Journal militaire*, page 195.)

524-6 Cette note doit être transcrite sur le livret des hommes et sur le livre de détail à la suite de l'arrêté provisoire de la masse individuelle. (Note ministérielle du 12 décembre 1865.)

ARMEMENT.

533-11 La note ministérielle du 16 janvier 1864 (*Journal militaire*, p. 31) a prescrit le remplacement des 2º et 3º alinéa de l'art. 48 du règlement du 1ᵉʳ mars 1854, par les dispositions suivantes :

Lorsque la distance excède douze kilomètres, le transport est effectué aux frais de l'Etat, par la voie des transports directs de la guerre.

Dans ce dernier cas, les armes sont encaissées.

En conséquence, on doit supprimer depuis : quand la distance jusqu'à la même règle.

536-28 Lorsque le paiement de l'arme par la masse individuelle remonte à plus d'une année, le corps doit établir un compte de gestion spécial par rappel sur l'exercice clos au titre duquel le versement au Trésor aura été effectué.

La déclaration de versement au Trésor prescrite par le règlement doit accompagner ce compte. (Circulaire ministérielle du 16 octobre 1861, page 294.)

547-26 Ce tarif est celui du 2 octobre 1843 (*Journal militaire*, page 407).

548-35 L'abonnement, non plus que le régime de clerc à maître, ne s'appliquent aux fusils d'enfants de troupe : les dépenses d'entretien de ces armes sont à la charge des corps ou de qui de droit.

551-25 L'article 186 a été modifié par la circulaire ministérielle du 16 octobre 1861 (*Journal militaire*, page 294), de la manière suivante :

Sont seules considérées comme appartenant à un exercice les dépenses faites pendant le cours de cet exercice, c'est-à-dire du 1ᵉʳ janvier au 31 décembre inclusivement.

557-4 Le § 2 de l'article 223. Si la distance est de 12 à 40 kilomètres, etc., a été supprimé par la note ministérielle du 16 juillet 1864 (*Journal militaire*, page 102), et le 3ᵉ paragraphe a été modifié en remplaçant 40 par 12.

557-34 Le § 231 a été modifié par la même note en remplaçant 40 par 12.

DU CONTROLE ADMINISTRATIF DES CORPS ET DE L'ARRÊTÉ DE LEURS COMPTES.

Les sous-intendants vérifient le *registre-journal* des recettes et dépenses dans le délai de quinze jours, à compter de celui où la balance doit être établie par le conseil (article 125), c'est-à-dire dans les quinze premiers jours du trimestre, le *registre de la centralisation* et le *registre des recettes et consommations du service de l'habillement*, ainsi que les *comptes ouverts* avec les compagnies, escadrons ou batteries et avec les maîtres ouvriers, dans les dix jours qui suivent l'époque à laquelle les inscriptions de ces deux registres doivent être closes et certifiées ou arrêtées par le conseil. (Articles 126 et 130.) 568-14

La vérification annuelle des intendants militaires a lieu dans le mois qui suit la vérification faite par les sous-intendants de la centralisation du quatrième trimestre, pour les corps stationnés dans le chef-lieu de la division territoriale, et à l'époque des tournées d'inspection administrative pour les autres corps.

Ces vérifications doivent s'étendre encore aux fonds existant dans la caisse du trésorier et de l'officier payeur. 568-22

Cette dernière opération doit être inopinée et avoir lieu sans avis préalable : le fonctionnaire du contrôle constate les fonds existant dans la caisse et arrête le journal.

En cas d'irrégularité ou de déficit, il se rend immédiatement chez le chef du corps où le conseil doit être convoqué. (Circulaire ministérielle du 28 avril 1863, page 210.)

TABLE DES MATIÈRES.

	Pages.
AVERTISSEMENT.	V
Programme des connaissances exigées des capitaines proposés pour l'avancement et présentés spécialement pour les fonctions de major. (Décision ministérielle 3 du octobre 1865, *Journal militaire*, page 260.).	VII

PREMIÈRE PARTIE.

RECRUTEMENT.

Opérations préliminaires.

Établissement, examen et rectification des tableaux de recensement.	1
Opération du tirage au sort.	2

Formation du contingent.

Répartition du contingent.	3
Opérations des conseils de révision.	3
Composition des conseils.	3
Exclusions.	5
Exempts.	5
Obligations des conseils d'administration et des officiers de recrutement relativement à la délivrance des certificats de présence sous les drapeaux.	6
Dispensés.	7
Substitutions et remplacements.	7
Tableau généalogique présentant les divers degrés de parenté jusqu'au sixième degré.	8
Substitutions.	8
Remplacements.	9
Exonération.	10
Formation de la liste départementale du contingent.	10

Versement du contingent dans l'armée.

Immatriculation immédiate par les commandants des dépôts de recrutement au titre des divers corps de l'armée.	12
Division du contingent en deux classes.	13
Des devancements d'appel à l'activité.	13
De l'appel à l'activité.	14
Sous-répartition du contingent.	14
Mise en route des jeunes gens.	14
Indemnité que reçoivent les jeunes gens à leur arrivée au chef-lieu du département.	14
Revue de départ.	15
Sursis de départ.	15
Renvoi devant la commission spéciale.	15

	Pages.
Soutiens de famille..	16
Réclamations pour exemption et dispense..	16
Changement de destination..	16
Départ des jeunes soldats..	17
Contrôles signalétiques..	17
Arrivée au corps..	18
Envoi au Ministre des feuilles détachées de signalement..	18
Des engagements..	18
Engagements volontaires..	18
Arrivée au corps..	22
Engagements volontaires après libération..	22
Des rengagements..	22
Durée réglée suivant l'âge des militaires..	23
Sous-officiers et caporaux.	24
Militaires en congé temporaire..	24
Militaires dans la réserve..	24
Remplacement au corps..	24
Libération..	25
DOTATION DE L'ARMÉE.	26
Recettes.	27
Dépenses..	27

De l'exonération du service.

1° Des jeunes gens compris dans le contingent.	28
2° Des militaires sous les drapeaux..	29
3° Des militaires de la réserve ou en congé..	30
4° Des dispensés..	30
5° Des rengagés et engagés volontaires après libération.	30
Des rengagements..	32
Des engagements volontaires après libération..	34
Remplacements par voie administrative..	35
Paiement des allocations..	37
Remboursement des avances..	40

Comptabilité de la dotation de l'armée.

Registre spécial de la dotation de l'armée..	41
Feuilles de journées spéciales de la dotation de l'armée..	42
Inscriptions à porter sur le livret individuel des militaires..	44
Inscriptions à faire sur le registre-journal de la dotation et sur le registre-journal des recettes et dépenses du corps..	45
Registre des actes d'exonération..	45
ORGANISATION DE LA RÉSERVE.	46
Administration des jeunes soldats de la deuxième portion du contingent.	47

	Pages.
Dispositions préliminaires....................	47

Habillement et équipement.

Formation des approvisionnements.................	48
Tableau des effets qui doivent être délivrés aux jeunes soldats....	50

Solde et masse individuelle. 53

Dispositions générales......................	58
Jeunes soldats de la deuxième portion du contingent ayant terminé leur instruction.........................	58

PENSIONS MILITAIRES DE L'ARMÉE DE TERRE. 60

Pensions de retraite. 60

Pensions de retraite pour ancienneté de service...........	60
Des droits à la pension.....................	60
Décompte des services.....................	61
Décompte des campagnes....................	61
Fixation de la pension d'ancienneté...............	62
Pensions de retraite pour cause de blessures ou d'infirmités.....	63
Des droits à la pension.....................	63
Fixation de la pension.....................	64

Pensions des veuves et des orphelins. 65

Des droits à la pension.....................	65
Fixation des pensions des veuves.................	66

Instruction des demandes. 66

Pour ancienneté de service....................	66
Sous-officiers et soldats.....................	67
Pour blessures ou infirmités...................	68
Justifications à l'appui des demandes...............	70
Des justifications des droits à la pension par les veuves et les orphelins des militaires.........................	72
De la liquidation.......................	73
Jouissance des pensions militaires...............	73
Tableaux des pièces qui doivent accompagner les mémoires de proposition pour l'admission aux pensions militaires..........	74
1er Tableau. Pensions de retraite pour ancienneté de service....	74
2° Tableau. Pensions de retraite pour causes de blessures ou d'infirmités...........................	75
3° Tableau. Pensions pour les veuves ou secours annuels pour les orphelins de militaires tués sur le champ de bataille ou dans un service commandé.......................	75
Pour les veuves.....................	75
Pour les orphelins....................	76

Gratifications de réforme renouvelables. 76

Propositions de gratifications de réforme renouvelables et pièces à produire à l'appui........................	76

Pages.

Mode de concession des gratifications de réforme renouvelables, et remise des titres.. 77
Date de jouissance de la gratification et inscription sur les contrôles des sous-intendants militaires.. 78
Paiement des gratifications et justification de la dépense.. 78
Changement de résidence.. 79
Caractère de l'allocation, substitution en cas de décès du titulaire. . 80
Visites bisannuelles, mesures relatives aux militaires qui ne s'y sont pas présentés.. 80
Militaires réintégrés dans la jouissance de la gratification de réforme renouvelable.. 81
Délai pour l'admission et la réadmission à la gratification renouvelable.. 81
Militaires réformés admis à la jouissance de la pension de retraite. . 81
Disposition spéciale aux militaires amputés ou aveugles n'ayant pas droit à pension.. 82

DE L'AVANCEMENT. 83

De la hiérarchie militaire.. 83
Règles générales pour l'avancement. 86
Avancement au choix.. 88
Formation des tableaux d'avancement, des listes d'ancienneté et des listes d'aptitude aux fonctions spéciales.. 88
Tableau d'avancement au grade de caporal ou de brigadier et aux emplois du grade de sous-officier.. 89
Tableau d'avancement aux différents grades d'officier et listes d'aptitude aux fonctions spéciales.. 90
Listes d'ancienneté.. 91

Nominations.

Admission dans les compagnies d'élite et passage des soldats à la première classe.. 92
Avancement au grade de caporal ou de brigadier et aux emplois du grade de sous-officier. 92
Sous-officiers, caporaux ou brigadiers détachés de leur corps pour un service spécial.. 97
Avancement aux différents grades et emplois d'officier. . . . 98
Sous-lieutenant.. 99
Lieutenant et capitaine.. 100
Officiers supérieurs.. 102
Officiers en non-activité.. 103
Changement de fonctions dans le même corps.—Changement de corps ou d'arme.. 105
Officiers employés temporairement à un service spécial ou à une mission.. 107

De l'avancement en campagne.

De l'avancement dans les corps en campagne.. 108

	Pages.
De l'avancement dans les places de guerre.	111
Des prisonniers de guerre.	111

Dispositions particulières à chaque arme.

Infanterie.	112
Conditions pour parvenir à la première classe dans le grade de lieutenant et dans celui de capitaine.	113
Classement des capitaines et des chefs de bataillon.	113
Chasseurs à pied.	114
Bataillons d'infanterie légère d'Afrique.	114
Compagnies de discipline.	114
Dispositions particulières à la garde impériale.	115
Dispositions particulières à la cavalerie.	116
Admission des cavaliers à la première classe.	116
Avancement aux différents grades et emplois d'officiers.	116

JUSTICE MILITAIRE.

Organisation et compétence des tribunaux militaires.	118
Des conseils de guerre.	118
De la compétence des tribunaux militaires.	123
Compétence des conseils de guerre.	123
Compétence des conseils de guerre permanents dans les divisions territoriales en état de paix.	123
Compétence des conseils de guerre aux armées et dans les divisions territoriales en état de guerre.	125
Compétence des conseils de guerre dans les communes, les départements et les places de guerre en état de siége.	126
Compétence en cas de complicité.	127
Des conseils de révision.	127
Compétence des conseils de révision.	128
Des prévôtés.	129
Compétence des prévôtés.	129
Des pourvois devant la Cour de cassation.	130
Insoumission.	131
Recherche et poursuite des insoumis.	132

ÉTAT DES OFFICIERS. 135

De l'activité.	136
De la non-activité.	136
De la réforme.	137
Réforme pour infirmités incurables.	138
Réforme par mesure de discipline.	138

Des conseils d'enquête.

Pages.
Composition des conseils d'enquête.................... 138
Tableau n° 1. Conseil d'enquête de régiment............ 140
Tableau n° 2. Conseil d'enquête de division.............. 140
Des formes de l'enquête............................. 141
Traitement de réforme............................... 144

De la retraite................................ 145

BLANCHISSAGE DU LINGE DE LA TROUPE.

Convention ayant pour objet de fixer les conditions d'exécution et le prix du blanchissage du linge de la troupe par l'adjudicataire du service des lits militaires.......................... 146

SERVICE DE MARCHE. 150

DES FEUILLES DE ROUTE. 150

Feuilles de route collectives....................... 151
Feuilles de route individuelles..................... 152
Cas de perte d'une feuille de route................. 153

DES FRAIS DE ROUTE DES MILITAIRES ISOLÉS. 155

Dispositions communes à toutes les parties prenantes........ 155

Des droits aux frais de route................ 155

Mode de locomotion prescrite aux militaires isolés......... 155
De l'indemnité de transport......................... 157
De l'indemnité journalière.......................... 157
Tarif des indemnités de transport et journalière........ 158
Des délais de route................................ 158
Calcul des délais de route.......................... 158
Délais de tolérance.—Officiers...................... 159
Sous-officiers et soldats........................... 159
Militaires ayant dissipé leurs indemnités............ 160
Militaires entrant à l'hôpital en route.............. 160
Des séjours en route............................... 160
Cas de retard à l'arrivée........................... 161

Du décompte des indemnités. 161

Bases des décomptes................................ 161

CONVOIS MILITAIRES. 162

But et organisation du service..................... 162
Marchés par départements........................... 162

Principes d'allocation. 162

Militaires isolés............................... 162

Positions donnant droit aux convois................ 162
Mode de délivrance des mandats..................... 164

	Pages.
Transport des militaires des corps ou établissements aux gares des chemins de fer et *vice versâ*........	164
Dispositions communes aux deux catégories........	165
Corps et détachements........	165
Allocations en raison des effectifs........	165
Charge des voitures........	165
Allocations supplémentaires........	166
Militaires ou marins escortés........	166
Dispositions générales........	167
Extrait du cahier des charges pour l'exécution du service des convois militaires, du 1ᵉʳ juillet 1866 au 30 juin 1871........	167
Tableau des positions dans lesquelles les militaires isolés ont droit aux convois........	169

ÉCOLES RÉGIMENTAIRES. 171

Organisation des écoles........	171
Attributions du directeur........	171
Durée des cours........	172
Situations à adresser au Ministre........	172
Local et mobilier des écoles........	173
Matériel d'enseignement........	173
Réception et remise du matériel........	173
Inventaire annuel........	174
Comptabilité........	174

DEUXIÈME PARTIE.

ÉTAT CIVIL DES MILITAIRES. 179

CASERNEMENT. 179

Attributions des commandants de place........	179
Attributions des officiers du génie........	179
Attributions des fonctionnaires de l'intendance militaire........	180
Assiette du logement........	181
Matériel du tir........	182
Matériel des gymnases et des écoles de natation........	182
Pompe à incendie........	182

LITS MILITAIRES. 183

Objet de service........	184
Nomenclature des diverses parties du mobilier........	184
Fournitures d'officier destinées aux employés militaires........	184
Ameublements destinés aux employés militaires et aux adjudants sous-officiers........	184

Destination des demi-fournitures. 184

DES HOPITAUX. 185

Du mouvement des malades. 185
Des conditions d'admission. 185
Cas généraux d'admission. 185
Les galeux ne sont ordinairement pas traités dans les hôpitaux. . . 186
Billets d'entrée. 186
Moyens de transport. 187
Escorte. 188
Visite des officiers de jour. 188
Règles de la visite de l'officier de jour. 188
Rapport de l'officier de jour. 188
Désignation des militaires. 189
Tableau des établissements thermaux en France. 190

Des hôpitaux d'eaux minérales en Algérie. 190

Tableau des établissements thermaux en Algérie. 191

Des infirmeries-hôpitaux. 191

Leur but. 191
Exécution du service. 191

Des hospices civils 192

Admission dans les hospices civils. 192
Traitement des malades. 192
Cas où il y a lieu de former des salles militaires. 192
Visites, prescriptions et distributions. 192
Cas où il n'y a pas lieu de former une salle spéciale pour les militaires. 193
Prolongation abusive du séjour. 193

Mode d'approvisionnement des infirmeries régimentaires. . . 194

SERVICE DE MARCHE. 196

Frais de route des militaires isolés. 196
Indemnité de déplacement. 196
Indemnité extraordinaire de voyage. 196

Transports généraux. 196
Transports des magasins des corps. 196
Convois militaires. 197

SERVICE DES SUBSISTANCES. 197

CHAUFFAGE ET ÉCLAIRAGE. 197

Salles des convalescents. 198

	Pages.
Cuisson des aliments..........................	199
Chauffage d'hiver..............................	199
Infirmeries régimentaires de la place de Paris........	199
Poêles dans les chambres........................	199
Durée du chauffage des écoles....................	199
Répartition intérieure du chauffage des chambres..........	200
Destination du chauffage des chambres................	200
Economies à faire pendant les temps non rigoureux.........	200

SOLDE ET REVUES. 201

Militaire proposé pour la retraite..................	201
Solde due aux militaires décédés..................	202
Sursis d'arrivée..............................	202
Congés de semestre............................	208
Congés de convalescence........................	209
Congés pour affaires personnelles..................	210
Congés illimités et congés à titre de soutien de famille........	210
Militaires allant aux eaux........................	222
Eau..	228
Revue des hommes aux hôpitaux...................	230
Revues de départ, de passage et d'arrivée..............	230
Avis des mouvements donnés par les généraux aux intendants....	230
Revues des intendants militaires...................	230
Revues des intendants généraux inspecteurs............	231
Tournées administratives des intendants militaires..........	232
Responsabilité pécuniaire des officiers du corps de l'intendance militaire......	232

ADMINISTRATION ET COMPTABILITÉ. 232

Ordinaires...................................	237
Habillement..................................	240
Demandes....................................	241
Effets confectionnés..........................	242
Etoffes.....................................	243
Conditions de fabrication........................	244
Notice sur la vérification des étoffes destinées à l'habillement des troupes....	244
Mode d'après lequel sont décomptés le prix des armes et la moins-value des effets dont le montant doit être versé au Trésor.....	245

ARMEMENT. 248

DU CONTROLE ADMINISTRATIF DES CORPS ET DE L'ARRÊTÉ DE LEURS COMPTES. 249

A LA MÊME LIBRAIRIE :

fr. c.

GRANDAMY. Cours d'Administration à l'usage spécial de MM. les Officiers proposés pour le grade de Major, 2ᵉ édition. 1863. avec Appendice, pour répondre au Programme du 3 octobre 1865 inséré au *Journal militaire officiel* (2ᵉ semestre 1865, page 260). 1866. 1 fort vol. in-8°.................... 12 00

—Appendice pour répondre au Programme du 3 octobre 1865, inséré au *Journal militaire officiel* (2ᵉ semestre 1865, page 260), 1866. seul.................................. 3 00

BEAUGÉ. Cours d'Administration militaire à l'usage des officiers et des sous officiers des corps d'infanterie. 1864, 1 vol. in-12, avec Supplément...................... 5 00

CAYOL (J.-A.). Manuel de l'Administration des corps de Troupes en Campagne. 1862 in-8°.................. 4 00

—Manuel du Matériel et des Équipages de Campagne des Troupes. 1865. 1 vol. in-8°, avec 7 planches......... 4 00

MILLET. Aide-Mémoire d'Administration à l'usage des sous-officiers. 1860-61. (Infanterie ou cavalerie).......... 5 00

RICHARD. Cours de Législation et d'Administration militaires professées à l'École impériale spéciale militaire. 1862. 2 forts vol. in-8°............................ 16 00

VAUCHELLE. Cours d'Administration militaire. 4ᵉ édition, 1864. 3 vol. in-8°............................ 24 00

www.ingramcontent.com/pod-product-compliance
Lightning Source LLC
Chambersburg PA
CBHW050316170426

43200CB00009BA/1349